21世纪经济管理新形态教材·创新创业教育系列

大学生职业生涯发展与就业指导

穆洋 陈琳 周蕊 刘胜地 ◎ 编著

清华大学出版社
北京

内 容 简 介

本书是一本专为高校学生量身打造的职业生涯规划与就业指导教材,特别适用于大学生群体,同时也可供高校教师、职业规划师及职场新人参考使用。本书紧扣国家政策导向,立足于当前快速变化的社会与就业环境,旨在帮助大学生全面认知职业生涯,科学规划学业与职业发展路径,提升就业竞争力,顺利实现从校园到职场的过渡。全书共七章,内容体系完整且逻辑清晰。每一章开篇都精心设计了一个经典案例,案例与职业生涯发展紧密结合,引导大学生树立正确的价值观、人生观和职业观,增强社会责任感和历史使命感,为职业生涯发展注入强大的精神动力。

本书具有实用性强、针对性强、时代性强、互动性强、创新性强等特点,通过案例分析、实用工具、实践练习、互动任务等多种形式,激发大学生的学习兴趣,促进知识内化与应用。同时,本书紧跟新兴职业与就业趋势,融合多学科知识与 AI 技术工具,为大学生提供全面、系统、前瞻性的职业生涯发展与就业指导,助力大学生开启成功的职业生涯之门,实现个人价值与职业梦想。

图书在版编目(CIP)数据

大学生职业生涯发展与就业指导 / 穆洋等编著. --北京 : 清华大学出版社,2025. 6(2025.8重印).
(21 世纪经济管理新形态教材). -- ISBN 978-7-302-69588-2

Ⅰ. G647.38

中国国家版本馆 CIP 数据核字第 20256823HW 号

责任编辑:付潭蛟
封面设计:汉风唐韵
责任校对:王荣静
责任印制:刘 菲
出版发行:清华大学出版社
   网   址:https://www.tup.com.cn,https://www.wqxuetang.com
   地   址:北京清华大学学研大厦 A 座   邮   编:100084
   社 总 机:010-83470000   邮   购:010-62786544
   投稿与读者服务:010-62776969,c-service@tup.tsinghua.edu.cn
   质 量 反 馈:010-62772015,zhiliang@tup.tsinghua.edu.cn
   课 件 下 载:https://www.tup.com.cn,010-83470332
印 装 者:北京同文印刷有限责任公司
经   销:全国新华书店
开   本:185mm×260mm   印 张:14.25   字   数:323 千字
版   次:2025 年 7 月第 1 版   印   次:2025 年 8 月第 2 次印刷
定   价:49.00 元

产品编号:109764-01

在全面建设社会主义现代化国家的新征程上，党的二十大报告深刻指出"实施科教兴国战略，强化现代化建设人才支撑"，并强调要"促进高质量充分就业"。这些战略指导思想深刻揭示了教育对于国家发展的重要性，不仅为我们指明了教育和人才培养的方向，也为大学生的职业生涯发展提供了政策支持和行动指南。

国务院发布的《"十四五"就业促进规划》（国发〔2021〕14号）明确指出"加强职业生涯教育和就业创业指导，加大就业实习见习实践组织力度，开展大规模、高质量高校毕业生职业技能培训，提高高校毕业生就业能力"及"以实现更加充分更高质量就业为主要目标，深入实施就业优先战略"等，这些政策指导为教育工作指明了行动方向。

在当今快速发展的时代，大学生正处于人生的关键阶段，面临着日益复杂的职业选择和挑战。他们需要明确自己的职业目标，了解职业市场的需求，掌握求职技巧，提升职业素养，以实现自己的人生价值。为了帮助大学生更好地规划自己的职业生涯，顺利实现从校园到职场的过渡，我们精心编写了本书。本书旨在积极响应国家政策，通过加强职业生涯教育和实践培训，为高校学生提供全面、系统的职业生涯发展与就业指导，提升大学生的就业竞争力。我们致力于帮助大学生更好地适应社会需求，实现个人价值与职业发展。

本书由天津天狮学院穆洋、陈琳、周蕊、刘胜地一行教学团队编写，其中第一章、第二章由陈琳编写；第三章、第四章由周蕊编写；第五章、第六章由穆洋编写；第七章由刘胜地编写。本书内容结合了最新的职业发展理论和实践经验，广泛调研了大学生的实际需求和困惑，涵盖了职业生涯规划的各个环节，从自我认知、职业探索到求职准备、面试技巧，再到职业适应与发展，力求为大学生提供一站式的指导服务。

本书具有以下五方面的特点。

一是实用性强。本书包含丰富的案例分析与实效工具，旨在助力大学生将抽象的理论知识转化为具体的行动指南，从而有效提升其职业竞争力。例如，在自我认知部分，通过具体的性格测试案例和分析，让大学生更好地了解自己的性格特点和职业倾向；在求职准备环节，提供了简历撰写指导，帮助大学生制作出吸引人的求职简历。同时，本书还贴心配备了诸多辅助资源，涵盖"常见面试108问""心理压力测试""气质测试""无领导小组讨论经典26题"等宝贵素材，全方位地为大学生在求职征途上铺设坚实基石。

二是针对性强。本书内容覆盖不同专业、不同年级的大学生的特点和需求，提供个性化的指导建议。对于大一的新生，引导其尽快适应大学生活，树立职业规划意识，为专业学习打下牢固的基础；对于大二、大三的学生，鼓励其通过实习、实践等积累经验；对于大四的学生，重点指导其进行求职和职业选择。

　　三是时代性强。紧跟时代发展步伐，关注新兴职业和就业趋势，为大学生提供具有前瞻性的职业指导。随着人工智能、大数据、区块链等新兴技术的发展，许多新的职业应运而生，本书介绍了一些新兴职业，帮助大学生了解未来职业发展的方向。同时，本书也关注传统行业的转型升级，为大学生提供如何在传统行业中寻找创新发展机会的建议。

　　四是互动性强。通过互动任务、实践与练习、案例分析、小组讨论等方式，激发大学生的学习兴趣和主动性，促进他们之间的交流与合作。例如，每章的结尾会有不同的实践与练习，引导大学生思考自己的职业规划和发展方向，构建分享交互式课堂氛围，使得大学生在分享中学习知识，并主动探讨职业目标和求职经验，互相学习和启发。

　　五是创新性强。本书采用多学科综合视角，融合心理学、管理学、经济学等学科精华，为大学生提供全面的职业发展知识，以创新的教学方法及现代企业常用的培训方法增强互动性和吸引力，激发大学生的学习兴趣。同时，通过引入 AI 技术工具，如个性化简历优化、模拟面试等，帮助大学生有效克服紧张情绪，全方位助力大学生的求职之路。

　　此外，为了更好地满足大学生的需求，我们还在本书中增加了一些赛事内容，如全国大学生职业生涯规划大赛等章节，方便大学生更好地体验实战。

　　我们衷心希望本书能够成为高校学生在职业生涯发展道路上的良师益友，帮助他们开启成功的职业生涯之门。同时，我们也期待广大教师和学生在使用本书的过程中，提出宝贵的意见和建议，以便我们不断完善和改进本书内容，为学生提供更加优质的教育服务。

　　最后，感谢所有参与本书编写和出版的人员，感谢他们的辛勤付出和无私奉献。让我们携手共进，为大学生职业生涯发展与就业指导工作贡献自己的力量。

编者

2025 年 6 月 6 日

职业生涯认知

学习重点

- 理解大学阶段与个人职业生涯发展的关系。
- 理解职业生涯管理的意义。
- 掌握职业生涯规划的定义和职业生涯规划的原则。
- 理解职业生涯规划的基本理论。
- 掌握职业生涯规划的操作步骤。

扩展阅读 1.1 带领村民
脱贫致富的大学生村官
——杨宁

第一节 大学的新起点

一、上大学的意义

当前社会竞争激烈，大学毕业生人数增多、就业压力增大，一些人在大学毕业后找不到好工作，因此出现了"上大学无用"的说法，认为上大学没有意义，这是缺乏对大学的了解。

实际上，每年毕业季都有很多同学拿着让自己满意的工作邀请离开校园，奔赴职场，几年后成为公司中的骨干力量。还有同学拿着心仪的大学录取通知书到国内外知名大学继续深造、追求梦想。更有同学毕业后自主创业，带动周围同学一起奋进，收获一番事业。同样是上大学，为什么不同的人会有不同的结果呢？归根结底在于不同的人对大学的理解以及在大学期间对自己大学目标的制定是否准确。下面就让我们一起来看看上大学的意义有哪些。

1. 提高专业知识和技能

大学是深入学习专业知识、培养专业技能的重要阶段。通过系统的课程学习，学生可以掌握扎实的理论基础和实践技能。大学可以培养学生的批判性思维、创新能力和解决问题的能力，这些能力在未来的职业生涯中至关重要。

2. 提供更多就业和职业发展机会

许多高薪职业和高级职位都要求求职者具备大学学历背景。在求职过程中，大学的相关学历背景通常被视为求职者具备基本素质和能力的证明，有助于提升求职者的竞争力。因此，上大学可以为求职者提供更多的就业机会和职业发展空间。

3. 扩展人脉与社交网络

大学是结识志同道合的朋友、建立广泛人脉的重要平台。通过参加社团活动、实践项目、实习、志愿服务等活动，学生可以结交具有不同文化、不同背景、不同思想的人，从而拓宽视野，丰富经历。这些人际关系在未来的生活和事业中都可能发挥重要作用。

4. 有助于自我发现与个人成长

上大学是一个自我发现和个人成长的过程。通过参与各种活动和挑战，学生可以了解自己的兴趣、优势和潜力，为未来的职业规划和人生目标打下基础。

同时，学生可以在独立生活中学会管理时间、承担责任，逐渐成熟和自信。

5. 提升社会认知与责任感

大学教育不仅关注学术知识的传授，还注重培养学生的社会责任感和公民意识。通过参与社会实践、志愿服务等活动，学生可以更深入地了解社会现象和问题，培养对社会的责任感。

6. 获得文化与艺术的熏陶

大学校园通常拥有丰富的文化和艺术资源，如图书馆、体育馆、音乐会、展览会等，这些资源可以为学生提供良好的文化氛围和艺术熏陶。通过参与文化活动和艺术实践，学生可以培养自己的审美能力和创造力，丰富自己的精神生活。

总而言之，大学时期是一个人人生中重要的成长时期，直接影响着个人未来的发展。上大学绝不仅仅为了学习专业知识和获得毕业证书。大学为学生搭建了自我成长的平台，提供了求知、交友、提高素质、增长见识的资源，大学生活对个人成长、职业发展、社会认知等方面都具有重要意义。

二、大学与中学生活的区别

大学与中学生活在多个方面存在显著的区别。了解大学与中学生活的区别，对于刚刚步入大学校园的学生而言，是至关重要的一步。这一过程不仅能够帮助学生更好地适应大学生活，还能够让学生更加明确自己的目标和规划，为未来的职业生涯打下坚实的基础。大学与中学生活的区别主要表现在以下几个方面。

1. 教育目标和课程设置的不同

中学的教育目标主要专注于基础知识的传授，为学生打下扎实的学科基础，并为高考做准备；课程设置相对固定，以基础学科为主，课程内容较为统一。而大学的教育目标更加注重专业知识的培养，旨在培养学生的专业能力、创新精神和实践能力；课程设置更加丰富多样，学生可以根据自己的兴趣和未来职业规划选择专业与课程。

2. 教学方式和学习自主性的不同

中学的教学方式以教师讲授为主，学生被动接受知识。课程安排由学校统一规定，教师辅导细致，学生需按部就班完成学习任务。而大学的学习内容更加丰富，课程选择灵活，教师授课方式以引导为主，更加注重启发式和讨论式教学，鼓励学生主动学习和思考，学生需自主预习、复习，更注重培养自学能力和研究能力。与中学时班主任时刻紧盯、各科老师虎视眈眈相比，在大学的学业生涯中，学习更需要自主性，"自立"成为大学生活的主旋律。

3. 学习环境和生活管理的不同

中学的学习环境和生活环境相对封闭，学生大部分时间都在校园内，与同学和老师的交流较为固定，生活作息时间也由学校统一安排，生活和学习较为规律。大学的学习环境和生活环境相对开放，学生有更多自由时间，需要自我管理和自我约束。与来自不同地区、不同背景的同学相处，生活作息更加自主，需要学会独立管理和安排日常生活。

4. 社交圈子和人际关系的不同

中学的社交圈子以同学和老师为主，社交范围有限，人际关系相对简单。而大学的社交圈子更加广泛，学生可以参加各种社团活动，结识来自不同专业和背景的朋友，需要学会与不同背景的人相处，人际关系更加复杂和多元。

5. 目标规划和职业规划的不同

中学的目标明确且具体，主要以高考为目标，依靠老师和家长引导，职业规划意识较弱，主要以提高成绩为目标。而大学的目标更加多元化，学生需自主规划未来发展，包括就业、考研、出国留学等，需要开始考虑自己的职业发展方向，为未来就业做准备。

大学与中学生活在教育目标、课程设置、教学方式、学生自主性、学习环境、生活管理、社交圈子以及目标规划与职业规划等方面都存在显著差异。这些差异要求学生在进入大学后需要积极适应新的生活方式和学习环境，培养独立自主的能力，为自己的未来打下坚实的基础。

三、大学开设职业生涯规划课的意义

大学是年轻人成长的重要阶段，也是从校园走向社会的过渡阶段。大学开设职业生涯规划课程对于大学生的个人成长、职业发展和社会适应具有重要意义，是非常有必要的。大学开设职业生涯规划课的意义主要体现在以下几个方面：

1. 帮助学生了解自己，增强自信心

职业生涯规划课程通过自我评估和职业测评工具，帮助学生了解自己的兴趣、优势、性格和价值观，客观地认识自己，发现自己的潜力和可能性，从而增强自信心和自我认知。这有助于学生在面对未来的挑战和机遇时更加从容和自信，从而确定适合自己的职业方向。

2. 帮助学生了解职业环境，提升市场适应能力

通过职业生涯规划课程，学生可以更好地了解市场和行业的发展趋势，掌握最新的职业信息和技能要求，从而更好地适应市场需求。这不仅能提高学生的就业竞争力，还能帮助他们更好地规划未来的职业发展路径。

3. 帮助学生明确职业目标，培养职业规划意识

职业生涯规划课程可以帮助学生培养职业规划意识。当学生对自己和职业环境都有了深入的了解后，就能明确自己的职业目标，并为实现这些目标制订具体的计划。这样做可以促使他们在大学期间就做好职业发展的准备，有助于毕业后更快地找到适合自己的工作，适应职场环境。

4. 帮助学生提升就业竞争力，促进全面发展

职业生涯规划课程能够帮助学生掌握求职技巧，如简历撰写、面试准备等，从而提高他们的就业竞争力。通过了解行业趋势和市场需求，学生可以更有针对性地提升自己的专业技能和综合素质，包括技能、知识和人际交往能力等，从而实现个人的全面发展，以适应不断变化的市场环境。

总之，大学开设职业生涯规划课对于学生来说具有重要意义，它不仅帮助学生了解自己、提升就业竞争力，还能促进学生的全面发展，为未来的职业生涯打下坚实的基础。

四、大学阶段与个人职业生涯发展

大学阶段是个人职业生涯发展的重要起点和准备期，它为学生提供了获取知识、培养技能、建立人际关系以及探索职业兴趣的平台。大学阶段的学习收获将影响并塑造个人的职业生涯发展。因此，大学生应该珍惜大学阶段的学习时光，明确大学时期的学习目标。

1. 获取知识与技能

在大学期间，学生可以通过专业课程的学习，掌握扎实的专业知识，为未来的职业生涯奠定坚实的理论基础。学生还可以通过选修课、讲座等方式拓宽自己的知识结构，丰富知识储备。此外，大学还提供了丰富的实践机会，如实习、实验、项目合作等，使学生能够在实践中运用所学知识，培养实际操作能力和解决问题的能力，这些技能和经验在未来的工作中将发挥重要作用。

2. 探索职业兴趣

大学阶段是学生探索自我、发现兴趣的重要时期。通过参加各种社团、学术竞赛、实习等活动，学生可以更全面地了解自己的兴趣所在，明确自己的职业方向。同时，大学还提供了职业规划服务，帮助学生进行职业测评、职业咨询和简历制作等，进一步帮助学生明确职业目标。

3. 拓展人际关系

在大学期间，学生将与来自不同背景、专业和领域的人建立联系，这些人际关系在未来的职业生涯中可能发挥重要作用。通过参加社团、活动、交流会议等，学生可以结识志同道合的朋友，拓展自己的人脉圈。这些人际关系不仅可以为学生提供职业信息和机会，还可能成为他们未来职业生涯中的合作伙伴或支持者。

4. 塑造职业素养

大学期间是学生塑造和提升职业素养的关键时期。通过参加各种实践活动、志愿服务和团队项目，学生可以获得团队合作、沟通协调、领导能力等职业素养。同时，大学还注重培养学生的创新思维和批判性思维能力，这些能力在未来的工作中将帮助学生更好地应对挑战和解决问题。

5. 获取就业机会

大学期间是学生获取就业机会的重要时期。通过参加招聘会、宣讲会、实习招聘等活动，学生可以了解企业的招聘需求和用人标准，从而有针对性地提升自己的能力和素质。同时，大学还提供了各种创业支持和服务，鼓励学生自主创业，实现个人价值和梦想。

大学阶段对个人职业生涯发展具有深远的影响。因此，大学生应该充分利用大学提供的资源和机会，努力提升自己的能力和素质，明确自己的职业方向和目标，为未来的职业生涯奠定坚实的基础。同时，大学生也要保持积极、开放的心态，勇于尝试和探索新的职业机会和发展路径。

本节知识回顾

1. 上大学的意义包括：提高专业知识和技能、提供更多就业和职业发展机会、扩展人脉与社交网络、_____、_____和文化与艺术的熏陶。

2. 在大学与中学生活的区别中，中学的教学方式以教师讲授为主，学生被动接受知识。而大学的教学方式更加注重_____，鼓励学生主动学习和思考。

3. 大学阶段为个人今后的职业生涯发展奠定了基础，可以让学生获取知识和技能、探索职业兴趣、_____、_____、_____。

4. 大学开设职业生涯规划课的意义在于帮助学生了解自己，了解职业环境，明确_____，提升_____。

第一章第一节知识回顾答案

第二节　职业与职业生涯

一、职业的含义与特征

1. 职业的含义

"职业"这一术语在社会学和经济学中承载着多重含义。从一般意义上讲，它指的是个人所从事的作为主要生活来源的工作。这种工作通常要求人们具备某种特定的技能或专业知识，并在社会分工体系中占据一定的位置。

职业是社会分工的产物，个体可以从职业中获取经济收入、社会角色和社会关系。人们通过从事某种职业，不仅可以获得经济收入以维持生计，还可以获得一种社会角色，它代表了个体在社会结构中的身份和地位。每一种职业都对应着一系列的社会期望和职责，这些期望和职责通常与职业的性质、社会地位以及从业者所需的专业知识和技能紧密相关。与此同时，通过职业，人们可以加强个体与社会的互动关系，在职业活动中与他人建立联系，形成特定的社会关系网络。这些社会关系网络对个体的职业发展、社会支持以及个人成长都具有重要意义。

职业会随着社会的进步和发展而不断变化。随着新技术的出现和产业的升级，新的职业不断涌现，而一些传统的职业则可能逐渐消失。这种变化不仅反映了社会经济发展的趋势，也对个体的职业选择和职业发展提出了新的挑战和机遇。

总之，职业是一个多维度的概念，它涵盖了个人的谋生手段、社会角色、社会关系以及社会分工等多个方面。对于个体而言，选择合适的职业是实现自我价值、获得社会认可的重要途径；而对于社会而言，职业的发展和变化则是推动社会进步和发展的重要力量。

2. 职业的特点

1）基础性

职业是个人和社会存在和发展的基础，职业为人们解决了生活的经济来源问题。人们为了生存，必须从事职业活动。人们的各种社会活动大多建立在职业的基础上，"衣食足而知荣辱"，有了职业生活，才有其他一切社会活动的基础。

2）广泛性

职业涉及社会中的大部分成员，涵盖了社会各阶层、各领域的工作。从政治、经济到教育、技术，职业无处不在，与人们的日常生活紧密相连。这种广泛性使得职业成为连接个体与社会的桥梁。

3）时代性

职业的时代性有两个含义：一是职业随着时代的变化而变化，一部分新职业产生，替代一部分与社会发展不相适应的职业；二是社会有自己的"时尚"属性，它表现为该社会中人们所热衷的职业。

4）同一性

在同一类别的职业内部，其劳动条件、工作对象、生产工具、操作内容以及人际关系等方面都具有一定的同一性或相似性。这种同一性使得从业者能够形成共同的行为模式和语言，便于交流和合作。

5）差异性

不同的职业之间存在差异。这种差异不仅体现在职业劳动的内容上，还体现在职业的社会心理、从业者的行为模式等方面，使得每种职业都具有其独特的特点和要求。

6）层次性

社会职业可以区分为不同的层次。虽然从社会需要的角度来看，各种职业没有重要与否、高低贵贱的等级性，但在现实社会中，人们对不同职业的评价确实存在差别。这种层次性往往与职业的社会地位、收入水平、工作条件等因素有关。

二、职业生涯的含义

"职业生涯"是一个涵盖个人一生中所有职业经历的概念，贯穿职业准备到职业结束的全过程。它不仅仅关注于某一项工作或职位，而是涵盖了个人在职业领域内的所有活动和经历，包括职业选择、职业发展、职业成就等各个方面。

具体来说，职业生涯的含义可以从以下几个方面来理解。

（1）时间跨度。职业生涯通常跨越一个人的大部分生命时间，从职业准备阶段（如教育、培训等）开始，到实际从事职业活动，再到退休或职业终止。

（2）职业选择。职业生涯的起点是职业选择，这包括选择适合自己的职业领域、行业、职位等。职业选择受到个人兴趣、能力、价值观以及市场需求等多种因素的影响。

（3）职业发展。在职业生涯中，个人会经历不同的职业发展阶段，如职业探索、职业定位、职业晋升等。这些阶段伴随着个人职业能力和职业素养的提升，以及职业目标的调整和实现。

（4）职业成就。职业生涯中的职业成就通常表现为职位晋升、薪资增长、荣誉奖项等方面。这些成就不仅反映了个人在职业领域内的努力和付出，也体现了个人对社会的贡献和价值。

（5）职业满意度。职业生涯的满意度是评价个人职业成功与否的重要指标之一。它反映了个人对职业环境、工作内容、薪资待遇、职业发展等方面的满意度，以及个人在职业领域内的幸福感和成就感。

（6）职业转换。在职业生涯中，个人可能会由于各种原因（如市场需求变化、个人兴趣转变等）而需要进行职业转换。这包括跨行业、跨领域或跨职位的转换，需要个人具备适应性和灵活性，以及重新学习和规划的能力。

（7）职业终止。职业生涯的终点通常是退休或职业终止。这标志着个人在职业领域内的活动告一段落，但并不意味着个人的人生价值和社会贡献就此结束。

职业生涯是一个复杂而多元的概念，它涵盖了个人在职业领域内的所有活动和经历。通过理解职业生涯的含义，我们可以更好地规划自己的职业发展路径，实现个人价值和社会价值的最大化。

三、职业生涯管理

1. 职业生涯管理的概念

职业生涯管理是指在一个组织内，组织为其成员实现职业目标、确定职业发展道路、充分挖掘员工的潜能，使员工贡献最大化，从而促进组织目标实现的活动过程。它是企业将员工的个人发展与企业发展的目标相结合，通过职业生涯的设计、规划、执行、评估和反馈，使员工的职业生涯目标与企业发展的战略目标相一致，从而促进企业与员工共同进步和发展的一种管理机制。

从个人的角度来看，职业生涯管理意味着要对自己的职业目标、兴趣、能力和价值观有清晰的认识，并据此制定适合自己的职业发展规划。这包括了解自己的职业定位、职业发展路径以及所需的技能和知识，以便在职业生涯中不断进步和成长。

从组织的角度来看，职业生涯管理则关注如何根据组织的战略目标和业务需求，为员工提供职业发展机会和路径。这包括制订职业发展计划、提供培训和发展资源、建立职业晋升通道以及评估员工的职业发展状况等。通过这些措施，组织可以激发员工的工作积极性和创造力，提高员工的满意度和忠诚度，从而促进组织的持续发展和竞争力提升。

在职业生涯管理的过程中，既需要组织和个人相互协作和配合，还需要考虑市场变化和组织变革等因素，因为随着市场环境和组织战略的不断变化，个人的职业目标和组织的职业发展需求也会发生变化。因此，职业生涯管理是一个持续不断更新的过程，需要个人、组织共同努力和投入。通过制定明确的职业目标和规划、提供职业发展机会和平台、建立有效的评估和反馈机制以及加强培训和学习支持等措施，可以促进个人的职业发展和组织的持续发展。

2. 职业生涯管理的意义

从个人的角度来看，职业生涯管理具有以下意义：

（1）职业生涯管理有利于个人实现自己的职业目标和理想。职业生涯管理为个人搭建起通往职业理想的桥梁。通过系统的自我评估，员工能清晰界定个人优势与职业方向的契合点，将模糊的理想转化为可量化的阶段目标，从而提高职业理想达成率。定期的职业复盘可以帮助个人动态调整策略，确保个人在任何环境下都能坚定职业理想。这种目标管理不仅推动职位晋升，更通过成就反馈强化职业信念，形成不断成长的良性循环。

（2）职业生涯管理可使个人在职业历程中的工作更富有成效。职业生涯管理如同为个人的职业发展装上加速器。通过制订职业发展计划，个人能精准识别自己的技能缺口，制定提升方案。同时，职业生涯管理帮助个人运用时间管理矩阵区分任务紧急性与重要性，避免低效忙碌。这种效能提升不仅体现在短期业绩上，更通过能力复利积累，形成职场竞争力保障机制，使工作产出呈现指数级增长。

（3）职业生涯管理可帮助个人实现工作与家庭的平衡。职业生涯管理为个人构建了工作与家庭的智能调节机制。通过前瞻性规划，员工可主动设计符合家庭需求的工作模式，帮助自己有效应对育儿、养老等家庭挑战，形成职场能量反哺家庭生活的良性循环。这种平衡策略不仅提升幸福感，更通过减少职业倦怠，实现可持续的职业生命力。

从组织的角度来看，职业生涯管理具有以下意义：

（1）职业生涯管理有利于员工成长和职业能力的提高。组织在设计和实施职业生涯管理时，需要根据员工的不同特点和成长需求，结合组织的发展需要，制定具体的员工职业生涯规划，从而提高员工的职业技能和职业素养。

（2）职业生涯管理有利于激励员工成长和促进组织发展。职业生涯管理可以使员工在实现财富和地位需求的基础之上追求更高层次的自我价值，从而激发员工的工作积极性和创造力，促进组织的持续发展。

（3）职业生涯管理有利于提供平等的就业机会和稳定的人力资源。职业生涯管理考虑了不同员工的特点，并据此设计不同的职业发展途径，以利于不同类型员工在职业生涯中扬长避短，从而实现人力资源的优化配置和稳定。

本节知识回顾

1. 职业，从一般意义上讲，它指的是个人所从事的_____的工作。

2. 职业的特点包括：基础性、广泛性、时代性、同一性、_____和_____。

3. 职业生涯是一个涵盖个人一生中_____的概念，贯穿职业准备到职业结束的全过程。

4. 职业生涯管理是指在一个组织内，组织为其成员实现职业目标、确定_____、充分挖掘员工的潜能，使员工贡献最大化，从而促进组织目标实现的活动过程。

5. 从组织的角度来看，职业生涯管理的意义包括：有利于员工成长和职业能力的提高、有利于_____、有利于_____。

第一章第二节知识回顾答案

第三节　职业生涯规划概述

一、什么是职业生涯规划

职业生涯规划，也称为职业生涯设计，是一个综合性的过程，它涉及个人对自身职业生涯的主客观条件进行测定、分析、总结，并根据自己的兴趣、爱好、能力、特点进行综合权衡与评估，再结合时代特点，根据自己的职业倾向，确定最佳的职业奋斗目标，并为实现这一目标做出行之有效的安排。职业生涯规划的好坏可能会影响一个人的整个生命历程。

职业生涯规划对大学生成长成才具有重要作用。通过职业生涯规划，大学生可以分析自我，确立人生的方向，制定奋斗的策略，评估个人特点和强项，在职业竞争中发挥个人优势，准确定位职业方向，增强职业竞争力，发现新的职业机遇。

二、职业生涯规划的重要性

职业生涯规划是个人发展与成功的重要基石，它不仅关乎当前的职业选择和定位，还深远影响着未来的职业成长和人生方向。职业生涯规划的重要性主要表现在以下几个方面：

1. 明确目标和行动步骤

通过职业生涯规划，我们能够清晰地认识自己的职业兴趣、优势、价值观和长期职业目标。我们可以设定明确的目标，并制定出具体的行动步骤。这有助于个人在职业生涯中保持方向感，避免盲目行动。明确的职业目标有助于指导日常决策和行动，使个人能够集中精力朝着目标前进。

2. 提升自我认知

在职业生涯规划过程中，我们会进行自我评估，了解自己的性格、技能、兴趣和动机。这种自我认知有助于我们更好地了解自己在职业环境中的定位。同时，也可以更好地了解自己的优势和不足，发挥自己的长处，避免或减少短处对职业的影响，从而在职业生涯中发挥优势。

3. 加快成功的步伐

有了明确的职业规划，我们可以制订有针对性的职业发展计划，比如提升技能、积累经验和拓展人脉，这些计划不仅可以更有效地利用时间和资源，从而加快成功的步伐，还有助于个人在职场中不断进步，提升竞争力，实现职业晋升和薪酬增长。通过规划和努力，我们或许可以提早实现目标，获得成功。

4. 增强应对职业变化的能力

在快速变化的职业环境中，职业生涯规划有助于我们提前预测和应对潜在的职业风险和挑战。通过制订灵活的职业发展计划，我们可以更好地适应市场变化，抓住新的职业机遇。

5. 提高职业满意度

当我们从事与自身兴趣、价值观和能力相匹配的职业时，更容易获得职业满足感。职业生涯规划有助于我们找到最适合自己的职业路径，从而提高工作满意度。通过不断追求职业目标，我们可以在工作中实现自我价值，为社会做出贡献。

三、职业生涯规划的原则

大学生职业生涯规划是帮助个人明确职业目标、规划发展路径、提升就业竞争力的重要过程。以下是进行职业生涯规划时应遵循的几个基本原则：

1. 自我认知原则

职业生涯规划应根据个人的具体情况进行设计，结合个体的知识结构、能力倾向、性格特征、职业喜好等内在素质，以及外部的职业环境和资源进行系统评估，设定合理的职业发展目标和规划。我们应深入了解自己的兴趣、能力、价值观和个性特点，这是职业生涯规划的基础。通过自我评估，我们可以更准确地定位自己在职业中的位置，找到与个人特质相匹配的职业方向。

2. 可行性原则

规划的目标和计划应具体明确，具有可检查性。目标应基于现实条件，计划应可行，效果应可度量。我们在制定职业生涯规划时应基于现实条件进行，考虑个人资源、社会需求、行业发展趋势等因素。目标设定要具有可实现性，避免过于理想化或脱离实际。选择符合社会发展方向的职业，不仅有助于个人实现职业目标，也能更好地服务社会。

3. 阶段性原则

职业规划需要分阶段进行，每个阶段都要有明确的目标和任务，以确保每个阶段都有所收获和进步。每达成一个阶段性目标都是向最终目标迈进了一步。我们可以把职业生涯划分为不同的时间段，并为每个时间段设定具体的目标和任务。例如，我们可以设定大学期间每年的目标以及毕业后的目标。这些目标和任务应该与大学生的个人发展、专业背景和职业兴趣相符合，以确保职业规划的针对性和有效性。阶段性原则有助于我们更好地规划自己的职业生涯。

4. 持续性原则

职业生涯规划不是一次性的活动，而是需要持续关注和调整的过程。随着个人成长和环境变化，职业规划也应相应地进行更新和优化。职业生涯是一个长期的发展过程，应分阶段进行规划。每个阶段都应有明确的目标和计划，同时保持灵活性，根据实际情况适时调整规划。我们在制定职业生涯规划时，应注意各阶段的目标应该是连续的、持续发展的，要注意总目标和阶段性的目标应该是统一的，一生的总体规划和每个阶段的规划应该一致，保持整个发展过程的连续性。

5. 全面发展原则

职业生涯规划应注重个人素质的全面提升，包括专业知识、职业技能、沟通能力、团队协作等多方面的发展。我们在规划自己的职业生涯时应该通过不断学习和实践，丰富自己的知识，提高技能和综合素质，发展自己的核心竞争力。

6. 动态调整原则

职业生涯规划应该根据实际情况进行动态调整。当我们遇到职业瓶颈或发展机会时，应及时评估并调整规划，以适应新的职业发展需求。动态调整原则强调职业规划的灵活性和适应性。大学生在职业生涯初期，面临着从校园到职场的重大转变，个人的兴趣、能力、价值观和目标可能会发生改变，同时外部环境如经济形势、行业趋势和技术发展也在不断变化。因此，我们需要定期对职业规划进行评估和调整，以确保职业发展路径始终与个人情况和职业市场保持同步。

总之，我们在进行职业生涯规划时，应遵循自我认知、可行性、阶段性、持续性、全面发展和动态调整等原则。通过科学合理的规划，为未来的职业发展奠定坚实的基础。

四、职业生涯规划对大学生的意义

大学阶段是一个人进行职业生涯规划的重要阶段，对个人未来的职业发展有着非常深远的影响。对于大学生来说，职业生涯规划就是在认识自己的基础上，根据自己的优缺点、专业特长，结合就业环境，对未来的职业目标进行规划并制定合理方案的过程。好的职业生涯规划对大学生职业目标的实现、个人的成长以及实现理想的人生都具有深远的意义，主要体现在以下几个方面：

1. 有助于大学生认识自我，明确职业方向

大学生通过职业生涯规划，可以更清晰地认识自己的兴趣、性格、能力、价值观，清楚自己的优缺点，了解自己的实际情况，摆正自己的位置，从而明确自己未来想要从事的职业领域。这有助于避免大学生在就业市场上盲目跟风或频繁跳槽，从而提高职业满意度和稳定性。

2. 有助于大学生激励自己努力学习，提升就业竞争力

职业生涯规划要求大学生根据目标职业的要求，提前进行知识储备和技能提升。为了实现职业目标，大学生会投入更多的时间和精力去掌握所学的知识，通过科学的方法来扩展自己的知识结构、丰富知识储备，通过不断的实践来增强自己的实际操作能力。这些经历不仅有助于大学生在求职时脱颖而出，还能为大学生未来的职业发展打下坚实的基础。

3. 有助于大学生的个人成长与发展

职业生涯规划鼓励大学生设定明确的目标，并为之付出努力。在追求目标的过程中，大学生可以不断挑战自我，提升自我认知和自我管理能力。这些能力的提升有助于大学生在未来的职业生涯中更好地应对各种挑战和机遇。

4. 有助于大学生增强自身的适应性和灵活性

通过职业生涯规划，大学生可以更加敏锐地感知职业市场的变化，及时调整自己的职业目标和行动计划。这有助于大学生在职业生涯中保持灵活性和适应性，更好地应对职业市场的波动和不确定性。

5. 有助于大学生更好地实现个人价值

职业生涯规划有助于大学生将自己的兴趣、能力和社会需求相结合，找到既能发挥自己优势又能为社会做出贡献的职业。通过从事自己热爱的职业，大学生可以更容易地实现个人价值和社会价值的统一。

本节知识回顾

1. 职业生涯规划，也称为职业生涯设计，是一个综合性的过程，它涉及个人对自身职业生涯的主客观条件进行测定、分析、总结，并根据自己的兴趣、爱好、能力、特点进行综合权衡与评估，再结合_____，根据自己的职业倾向，确定最佳的职业奋斗目标，并为实现这一目标做出行之有效的安排。

2. 职业生涯规划是个人发展与成功的重要基石，它不仅关乎当前的职业选择和定位，还深远影响着未来的_____。

3. 职业生涯规划的原则包括：自我认知原则、可行性原则、阶段性原则、持续性原则、_____、_____。

4. 职业生涯规划有助于大学生认识自我，明确职业方向；有助于大学生激励自己努力学习，提升就业竞争力；有助于大学生的个人成长与发展；有助于_____；有助于_____。

第一章第三节知识回顾答案

第四节　职业生涯规划的基本理论

职业生涯规划这一学科的起源可追溯至 20 世纪初，历经一个多世纪的演进，已构筑起深厚的理论基础。自美国波士顿大学教授弗兰克·帕森斯（Frank Parsons）在 20 世纪初对职业生活规划这一学科作出开创性贡献以来，心理学家、社会学家、经济学家及教育学家便持续努力，深化对个体生涯抉择及生涯问题解决途径与机制的理解。他们所汇聚的知识已构成了一个独立学科或知识体系。这一生涯发展的研究领域具备多学科的特性，涵盖了职业心理学、职业社会学、劳动力市场经济学以及职业行为学等多个学科领域。

一、帕森斯的特质-因素理论

特质-因素理论是关于个人特质和职业所需资格相匹配的理论，于 20 世纪初由帕森斯提出。该理论认为人和职业的匹配是职业选择的焦点。所谓特质，就是指个人的人格特征，包括能力倾向、兴趣、价值观和人格等，这些都可以通过心理测量工具来加以评价。所谓因素，则是指在工作上要取得成功所必须具备的条件或资格，这可以通过对工作的分析来了解。每个人都有自己的特质模式，不同特质模式的人都有与其相匹配的职业类型，一个人的特质与职业因素越匹配，其职业成功的可能性就越大。这一理论是最早的职业选择理论，帕森斯也被认为是职业生涯管理理论的奠基人。

帕森斯根据多年的工作实践经验总结出，要做出明智的职业生涯选择需要经过三个步骤。

第一步，了解自己，即了解自己的生理和心理特点。首先，通过心理测量及其他测评手段，收集自己的身体状况、能力倾向、兴趣爱好、气质与性格等方面的资料。客观总结自己的家庭背景、学业成绩、工作经历等情况，并对这些资料进行评价。

第二步，了解职业，即要对不同职业的情况有较为明确的认识。如对不同职业的构成要素、职业要求、获得职业成功的条件、职位优势和劣势、薪酬待遇、就业机会和发展前景等有较为明确的认识。

第三步，人职匹配。基于个人特质和职业各项指标，通过职业咨询或个人决策，选择一种适合自己特点且有可能获得并取得成功的职业。

严格地讲，帕森斯提出的这种"三步范式"法还不能算是一种真正的理论，但是他的这种思想为后来出现较为系统的职业生涯管理理论奠定了良好的基础，也为后来很多的职业方面的专家和咨询师提供了理论指导。例如，帕森斯指出如果人们在选择职业时积极按照"三步范式"去行动，他们就会对自己的职业更为满意，企业的成本也会更小，而员工的工作效率也会相应更高。帕森斯的思想直到现在还是现代职业生涯选择理论的核心内容。

二、舒伯的生涯发展理论

美国心理学家唐纳德·舒伯（Donald Super）在 20 世纪 50 年代以新的方式对职业生涯发展进行思考，舒伯认为生涯发展是一个持续不断的动态过程，贯穿人的一生，不同阶段有不同的任务和发展特点。这一理论不仅关注个体当前的职业适应，更着眼于整个职业生涯的规划与发展，该理论较好地概括了人的职业生涯发展历程。

舒伯生涯发展理论的核心包括生涯发展阶段、生涯发展的广度和深度三个方面。生涯发展阶段以年龄为依据，将人的职业生涯划分为五个主要阶段，即成长阶段、探索阶段、建立阶段、维持阶段和衰退阶段，每个阶段都有其独特的发展任务和挑战。生涯发展的广度是指人的一生所要扮演的多种角色，如儿童、学生、工作者、休闲者等，这些角色在生涯发展过程中会相继出现并相互作用。生涯发展的深度是指个体在扮演每一种角色时所投入的程度。

1. 成长阶段

成长阶段是指个体从出生至 14 岁的时间段。该阶段孩童开始有自我概念，开始以各种不同的方式来表达自己的需要，并经过对现实世界不断的尝试，修饰自己的角色。这个阶段发展的任务是塑造自我形象，培养对工作世界的正确态度，并了解工作的意义。这个阶段共包括三个时期。一是幻想期（4 岁至 10 岁），以"需要"为主要考虑因素，在这个时期，儿童对自己觉得好玩和喜爱的职业充满幻想，并进行角色扮演。二是兴趣期（11 岁至 12 岁），以"喜好"为主要考虑因素，儿童以兴趣为中心，开始理解、评价职业，喜好成为个体进行活动的主要决定因素。三是能力期（13 岁至 14 岁），以"能力"为主要考虑因素，儿童开始思考自身条件与喜欢的职业是否匹配，能力逐渐具有重要作用。

2. 探索阶段

探索阶段是指个体由 15 岁至 24 岁的时间段。在这个阶段，个体逐步对自我能力及扮演的社会角色有了尝试性的探索和了解，通过学校的活动、社团活动、打零工等机会，对自我能力及角色、职业做了一番探索，因此选择职业时有较大弹性。这一阶段的发展任务是使职业偏好趋于明确和具体，并将其实现。该阶段共包含以下三个时期：一是试探期（15岁至 17 岁），考虑需要、兴趣、能力及机会，做暂时的决定，并在幻想、讨论、课业及工作中加以尝试；二是过渡期（18 岁至 21 岁），进入就业市场或进行专业训练，更重视现实，并力图实现自我价值，将一般性的选择转为特定的选择；三是试验并稍作承诺期（22岁至 24 岁），生涯初步确定并试验其成为长期职业生活的可能性，若不适合则可能再经历上述各时期以确定方向。

3. 建立阶段

建立阶段是指个体由 25 岁至 44 岁的时间段。经过上一阶段的尝试，认为职业不合适者会谋求改变或进行其他探索。因此，在该阶段，个体通常能明确整个职业生涯中适合自己的目标和属于自己的位置，并逐步建立自己的地位。在这个阶段的后半部分，个体开始考虑如何保住这个"位置"，并使之稳固。该阶段的发展任务是力求稳固并求上进，可细分为以下两个时期：试验-承诺稳定期（25 岁至 30 岁），个体趋于安定，也可能会因生活或工作上的变动而继续进行探索；建立期（31 岁至 44 岁），个体致力于谋求工作上的稳定，极具创造性价值，资历渐深，业绩优良。

4. 维持阶段

维持阶段是指个体从 45 岁至 65 岁的时间段。个体在面对职场新人挑战的同时，仍希望继续维持属于自己的位置，即工作和职位，因而这一阶段的发展任务是维持既有的成就和地位。

5. 衰退阶段

衰退阶段是指个体 65 岁以后的时间段。由于生理及心理机能日渐衰退，个体不得不面对现实，从积极参与到隐退。在这一阶段，个体往往注重新角色的开辟和发展，通过寻求不同的生活方式以替代和满足身心需求。

舒伯生涯发展理论具有以下特点：一是强调生涯发展的阶段性和连续性，将人的职业生涯划分为不同的阶段并指出各阶段之间的内在联系；二是注重个体特质与职业发展的匹配性，认为不同个体适合从事特定的职业范畴；三是强调自我概念在职业发展中的重要性，认为职业选择的历程就是自我概念实践的历程；四是关注生涯发展的广度和深度，认为个体在一生中会扮演多种角色且投入程度不同。

对职业生涯的实际发展过程进行分析后发现，角色的成长、转变、发展和消长除了受到年龄增长、社会经济的影响外，往往还与个人在各个角色上所投入的时间、精力和感情有关。这为大学生职业生涯规划的总体构建指明了道路和方向。大学生处于职业生涯发展的探索阶段，经历了试探期、过渡期，即将迈入试验期。因此，在这一阶段，大学生一定要对自己进行充分探索，同时积累足够的社会实践经验，以便未来顺利地实现个人与职业的合理匹配。

三、霍兰德的人格类型理论

霍兰德的人格类型理论是由美国职业指导专家约翰·霍兰德（John Holland）于20世纪70年代初期创立的。这个理论起源于两方面的内容：首先是人格心理学认为职业生涯的选择是个人人格的反应与延伸，人们通过职业的选择及选择的过程来表达真实的自己，表明个人的兴趣和价值。霍兰德认为兴趣就是人格，测量出来的一个人的兴趣可以代表一个人的人格特质。其次是霍兰德通过本人的职业咨询经验及研究所形成的职业辅导模式，即通过职业与人格类型的分析，协助个人选择适合自己的职业。该理论简单易懂，延续至今，应用相当广泛。

霍兰德人格类型理论有以下基本原则：第一，职业选择是个人人格的延伸和表现；第二，个人的兴趣组型即人格组型；第三，同一职业团体的人有相似的人格，他们对很多情境与问题会有相似的反应方式，从而产生相似的人际环境；第四，人可区分为六种人格类型，分别为现实型、研究型、艺术型、社会型、企业型和常规型，个人的人格属于其中的一种。

每种特定的人格类型都会倾向于对与之相匹配的职业类型中的工作或学习产生浓厚兴趣。个体在职业选择上追求的是能够充分发挥自身能力和价值观的环境。个人的行为是自身特征与所处环境特征相互作用的结果。人格与工作环境之间的适配是职业满意度、职业稳定性以及职业成就的重要基石。人格类型论主张人格与职业类型之间应存在匹配关系。霍兰德提出了一个关于人格类型与职业类型的匹配模式，指出不同的人格类型需要不同的生活或工作环境。例如，现实型人格的人需要现实型的环境或职业，因为这些环境或职业能为其提供所需的机会和回报，这被称为和谐状态。当人格类型与环境不和谐时，该环境或职业便无法为个体提供与其能力和兴趣相匹配的机会和回报。霍兰德通过实际职业咨询经验的分析，研究出性格的划分方法。他把人的主要性格类型划分为六种，并指出各种性格类型之间的相近、中性和相斥的关系。他把性格类型与职业指导结合起来，希望人们能够把性格类型和职业匹配起来，这对职业指导具有重要意义。不过值得注意的是，心理学的研究表明一个人对某一种职业很感兴趣，并不意味着他一定能把这种工作做好。一个人对工作的兴趣是做好工作的先决条件，但不是唯一条件，影响职业的心理因素是多样的和复杂的。

霍兰德的人格类型理论把所有人的性格类型根据理论描述的特征归纳成几种，使人们在了解他人的性格时更加便捷。该研究成果已被许多学科采用，现在已广泛地应用到教育、医疗、管理、军事和职业选择等领域，具有重大的理论意义和实践意义。然而，该理论把人极端复杂的性格概括为少数几个类型，必然会忽视中间型。关于此问题，若将个体归类于某一特定的性格类型，我们往往会过于关注该类型所强调的特征，而忽略了个体在其他方面的特性。这种做法意味着我们仅聚焦于个体的某一方面，而对其余方面视而不见，这不可避免地会导致对个体理解的简化和片面化。

此外，该理论的一个潜在缺陷是将人的性格视为固定不变的状态，忽略了性格是可以随着时间和环境而发展变化的动态特性。尤其值得注意的是，该理论往往忽视了在性格形成和发展过程中环境因素所起的关键作用。因此，为了更全面、深入地了解个体的性格，我们应当将侧重于性格本质和整体性的类型论与从量化角度分析性格特质的特质论相结合，从而实现对个体性格更为准确和动态的把握。

四、克朗伯兹的职业决策社会学习理论

社会学习理论由阿尔伯特·班杜拉（Albert Bandura）于20世纪70年代提出，它以经典行为主义、强化理论和认知信息加工理论为基础。斯坦福大学教育与心理学教授克朗伯兹（Krumboltz）开创性地将这一理论引入生涯发展与规划领域，形成了职业决策社会学习理论。他认为，个人的社会成熟度在很大程度上依赖于对他人行为的学习和模仿，并由此决定他们的职业导向。

1. 克朗伯兹的影响职业决策四因素

（1）遗传因素。遗传因素包括种族、性别、外表特征、智力、动作协调能力等。遗传的一些特质，在某种程度上决定了个人的职业表现或影响个人所获得的经验。

（2）环境因素。环境因素通常在个人控制之外，来自人类活动（如社会、文化、政治、经济、家庭、教育等）或自然力量（如自然资源的分布或自然灾害等）对职业决策的影响。

（3）学习经验。学习经验因每个人成长的环境不同而不同，这对个人的生涯抉择具有重要的影响。克朗伯兹总结了两种类型的学习经验：首先是工具式学习经验。克朗伯兹指出生涯规划和职业所需的技能，可以通过工具式学习经验获得。这类经验指的是个人为了得到好的回报，在特定的环境中采取一定的行为，其结果会对个人产生重要的影响。其次是联结式学习经验。个人通过观察和比较真实与虚构的模型中的人与事来学习如何对外界刺激做出反应。某些环境刺激能够触发个人情绪上的正面或负面反应。当原本无情绪色彩的中性刺激与能够引发个人积极或消极情绪的刺激同时出现时，这种并存的关联会使得原本中性的刺激也产生了积极或消极的情绪价值。

（4）处理任务的技能。处理任务的技能包括解决问题的能力、工作习惯、心理状态、情绪反应和认知的过程等。

克朗伯兹认为，在个人发展的历程中，上述四种因素相互作用，从而形成了个人对自我和世界的推论。一般所谓的个人兴趣、价值观等实际上是学习的结果。个人学习经验的不足或不当，可能会导致形成错误的推论、单一的比较标准、夸大式的灾难情绪等种种问题，从而有碍于生涯的正常发展。因此，克朗伯兹特别强调丰富而适当的学习经验的重要性。

2. 克朗伯兹的职业决策七步骤

（1）界定问题。厘清自己的需求和个人限制，即认识自我的过程，明确自己想要什么，自己存在哪些优势与不足，在此基础上，制定出明确的目标和实现目标的时间表。

（2）拟订行动计划。明确自己的需求目标后，思考可能达到目标的各种行动方案，并规划达成目标的流程。

（3）找到可能的选择。搜集相关资料，找出可能实现目标的各种行动方案，进而选择达成目标的方法和途径。

（4）厘清价值取向。整理并明确个人的选择标准，将自己的实际需要作为衡量行动方案的依据。

（5）评价各种可能的选择。依据自己的选择标准和评分标准，逐一评价各种可能的选择，得出可能的结果。

（6）系统地删除。有根据地、系统地删除不合适的行动方案，挑选最合适的选择。

（7）开始行动。执行选定的行动方案，并对自身进行管理，以达成选定的目标。

3. 职业决策中的五类问题与困难

随着研究的深入，克朗伯兹开始注意到，在进行职业决策的过程中，人们可能会面临诸多困难。他将其总结为以下五种类型：

（1）人们存在不会辨认已有的或可解决的问题的可能性。

（2）人们可能不努力做决策或解决问题。

（3）由于错误的原因，人们可能会将潜在可行的或满意的行动方案排除。

（4）由于错误的原因，人们可能会选择较差的行动方案。

（5）人们在感到没有能力达成目标时，可能会经历痛苦和焦虑。

职业决策社会学习理论的独特之处在于，它基于对个体特性和外部环境条件的深入研究，细致剖析职业生涯规划中可能遇到的潜在问题，从而为职业生涯规划的评估与调整提供明确的方向和指导。职业决策社会学习理论强调，生涯辅导不仅仅是将个人特质与工作相匹配，其重点在于个人应通过参与各种不同性质的活动，获得多种多样的学习经验，这些所学到的技能都有可能在未来的工作中派上用场，并能拓展个人的兴趣，培养个人适当的自我信念和世界观。因此，生涯教育应当融入普通教育之中。此理论采用社会学习的视角来阐释人类的职业选择行为，填补了其他职业辅导理论在这一领域的空白，具有深远的指导意义。

五、认知信息加工理论

20 世纪 90 年代，美国佛罗里达州立大学的加里·彼得森（Gary W. Peterson）和他的团队发现，很多人即使对自我特征和各种外界信息都有足够的了解，也未必能做好的决策，甚至做出的决策非常糟糕。然而，人们在自己的整个职业生涯过程中会不断地遇到问题和挑战，需要不断地做出相应的决策，人们需要决策能力。基于此，他们结合认知心理学，建立了一个应用于生涯辅导的认知加工模式。他们认为重要的是学会如何做出个人决策，而不是在探索之前就匆匆得到结果。

认知信息加工理论提出了认知信息加工的金字塔模型（见图 1-1）。金字塔底部的两个部分称为知识领域，包括了解自我（自我知识）和了解自己的各种选择（职业知识）。自我知识包括自我的价值观、兴趣、技能以及相关的个人特性。职业知识包括了解特定的职业、大学专业或工作及其组织方式。我们可以把这两部分信息储存起来，在遇到问题时，便可对这些信息进行加工。

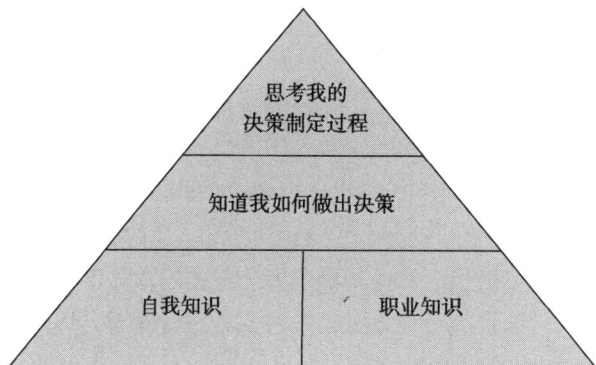

图 1-1　认知信息加工金字塔模型

金字塔的中间部分是"知道我如何做出决策"，这部分是加工收集到的信息的过程，也就是要知道自己如何做出决策。这部分包含如何进行良好决策的、可以循环进行的五个步骤，即沟通（communication）、分析（analysis）、综合（synthesis）、评估（value）和执行（execution），这五个步骤的循环称为 CASVE 循环（见图 1-2）。生涯问题的解决需要占用大量的记忆空间，并要求我们的大脑有足够的容量来进行信息处理。

在金字塔的顶端部分，我们要对中间部分的决策过程进行思考。这一部分就好比是一种工作控制功能，它告诉我们金字塔中间部分的各种程序将以何种顺序进行运作。例如，在决定职业道路之前，我们可能会先决定选择哪个专业，也可能我们会先决定基于个人偏好的生活方式，再来进行职业选择。这些思考引导着我们如何以及何时开始为实现个人目标而努力，同时也塑造了我们解决职业生涯中遇到的问题的方法。此外，这些思考还让我们明了何时已达成既定目标。

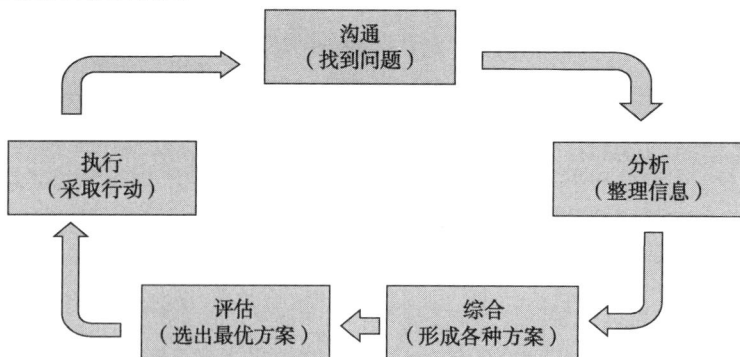

图 1-2　CASVE 循环

认知信息加工理论是帮助我们学会解决职业生涯问题和进行职业生涯决策的简单而有效的方法。它能够帮助大学生判断其所处的职业生涯决策过程中的具体进程和明确需求，引导大学生做出科学合理的选择和判断，从而为职业生涯的健康发展提供保障。一个人的认知信息加工金字塔的特征能够体现这个人在进行生涯决策时的特点。此理论能帮助我们有意识地提高个人生涯决策的信息加工质量。

本节知识回顾

1. 帕森斯的特质-因素理论认为一种明智的职业生涯选择需要经过三个步骤：评价求职者的生理和心理特点、_____、人职匹配。

2. 舒伯职业生涯发展论将职业生涯发展分为_____、_____、建立阶段、维持阶段与衰退阶段。

3. 霍兰德的人格类型理论认为人可区分为六种人格类型：现实型、研究型、艺术型、社会型、_____和_____，个人的人格属于其中的一种。

4. 克朗伯兹提出影响职业决策的四因素是_____、_____、学习经验、处理任务的技能。

5. 认知信息加工金字塔模型的中间部分是"知道我如何做出决策"，这部分包含如何进行良好决策的、可以循环进行的五个步骤，即沟通、分析、综合、评估和_____。

第一章第四节知识回顾答案

第五节　职业生涯规划操作步骤概述

一、职业生涯规划操作步骤

职业生涯规划是一个长期的发展过程，需要有一套设计程序来保证它的顺利实施。职业生涯规划依次经历唤醒职业生涯认知、自我评估、职业研究与环境探索、确定职业发展目标、选择职业生涯发展路线、制定职业生涯行动计划与措施、评估与反馈这几个步骤。大多数人渴望事业有成，但不是每个人都能实现。只有了解自己，有坚定的奋斗目标，并根据情况的变化及时调整自己的计划，才有可能实现这一愿望。

1. 唤醒职业生涯认知

鉴于职业生涯规划是一个在理论指导下主动规划自我发展的过程，掌握相关职业生涯规划的知识、认识其重要性，并愿意投入时间进行规划显得尤为重要。它是一个漫长且持续的过程，体现了个人面对职业生涯发展的积极态度。职业生涯规划并非一蹴而就，也不是固定不变的，而是一个在逐步推进和曲折中不断调整和完善的过程。

2. 自我评估

自我评估涵盖了对个人兴趣、专长、性格的深入认知，同时也涉及对自身的知识水平、技术能力、智商、情商的测试，以及对自身思维方式、方法及道德标准的评估等多方面内容。自我评估的核心目的在于全面认识并深入了解自我。通过这一过程，个人能够明确自身的优势与不足，为职业选择提供有力的参考依据，进而选择最适合自己的职业方向，做出最适合自己职业生涯目标的合理决策。

3. 职业研究与环境探索

在职业研究方面，可以通过网络搜索、职业咨询、行业报告等方式进行，主要是了解不同职业的要求和发展趋势。在环境探索方面，分析环境条件的特点、环境的发展变化情况，以及自己在这个环境中的地位，评估环境因素对自己职业生涯发展的影响，包括职场情况、行业趋势、就业政策等方面的信息。通过职业研究与环境探索，个人能够深入了解所处环境的特性，把握职业环境的发展动态，明确自己在该环境中的位置，以及环境对个人的要求与所提供的机遇。在制定个人职业生涯规划时，充分认知并把握环境因素是至关重要的，这有助于在复杂多变的环境中识别风险与机遇，从而制定出既具现实意义又能有效应对挑战的职业生涯规划。

4. 确定职业发展目标

确定目标是职业发展的起点，在全面而准确地评估自我与环境之后，我们可以设定既符合自身条件，又具备实现可能性的职业发展目标。在设定职业目标时，我们需要仔细考量个人性格、兴趣、专长与所选职业的匹配度，同时，至关重要的是要审视自己面临的内外环境与职业目标是否相契合，既不可自卑退缩，也不可好高骛远。在设定职业目标的过程中，要确保目标清晰明确、量化可测、切实可行、紧密相关且限时完成。一个合理且可行的职业生涯目标的确立，对职业发展中的行动导向与成果达成起着决定性作用，是制定有效职业生涯规划的核心所在。

5. 选择职业生涯发展路线

一旦职业目标得以确立，接下来就需要选择具体的发展路径，比如是专注于技术路线，还是投身于管理领域，或者是技术与管理并重的技术管理路径，抑或是先从技术起步，再逐步转向管理。不同的发展路径对职业发展的要求各异。因此，在规划职业生涯时，必须明确选择一条发展路线，以确保学习、工作及各种行动能够按照既定的方向有序进行，并适时做出相应调整。

6. 制定职业生涯行动计划与措施

在明确了职业生涯的最终目标和选定发展路径后，关键在于采取实际行动。这些行动是指为实现目标而制定的具体实施方案，涵盖工作实践、培训提升、继续教育、岗位轮换等多个方面。为了有效执行，职业生涯目标应被分解为短期、中期和长期目标。短期目标可进一步细化为日、周、月、年度目标，中期目标通常设定为三到五年，而长期目标则展望五到十年。这样的目标分解有助于监控进度，并根据外界环境的变化灵活调整短期行动计划，同时针对每个具体目标采取针对性的措施。职业生涯中的措施聚焦于提升工作效率、学习新知、掌握技能及开发个人潜能等方面，所选方法需直接服务于既定目标的实现。行动计划与措施需紧密相连、层层递进、具体明确，以便进行定期检查和适时调整，确保每一步都精准无误。

7. 评估与反馈

职业生涯规划受多种因素影响，其中一些变化可预测，而另一些则难以预见。为了确保职业规划的有效实施，定期评估执行情况至关重要。这一过程首先涉及对年度目标完成情况的回顾，区分已达成与未达成的目标。随后，针对未达成的目标进行深入分析，识别阻碍其实现的原因及存在的障碍，并据此制定解决策略与方法。基于评估结果，对下一年的计划进行必要的调整与优化。在必要时，也可以审慎地考虑对职业目标和发展路径进行修正，但需确保这一决策经过深思熟虑。

二、大学生职业生涯规划需要注意的问题

1. 处理好职业目标、个人兴趣与现实机会的关系

在职业生涯规划中，妥善处理职业目标、个人兴趣与现实机会之间的关系是核心挑战。我们在制定职业规划时，既要充分激发和利用自身的兴趣和热情，也要紧密关联并顺应现实世界的机遇与市场需求。因此，基于个人兴趣和能力优势设计职业生涯路径至关重要。

兴趣和爱好在职业决策中扮演着关键角色，但我们在追求兴趣的同时，也需客观审视自己的兴趣和能力是否与市场需求相匹配，应避免盲目追随潮流或仅因职业热门而忽视个人的实际情况与兴趣所在。过度追求不切实际的职业理想，可能会使大学生在求职过程中遭遇"高不成，低不就"的困境。因此，我们需理智地评估自身能力和市场需求，力求在个人兴趣与现实之间找到最佳的平衡点，从而规划出既符合兴趣又具有可操作性的职业生涯路径。

2. 保持职业目标的实施方案与就业、创业政策的一致性

保持职业目标的实施方案与就业、创业政策的一致性至关重要。我们在规划职业生涯时，应深入了解相关的就业政策，如就业协议的签订、户口迁转及挂靠政策等。这些政策不仅关系到毕业生的切身利益，也是确保职业生涯规划可行性的重要因素。只有确保自己的职业规划与国家政策保持一致，才能在求职过程中避免不必要的麻烦。

3. 结合所学专业设计职业生涯

在我们职业生涯规划的过程中，将所学专业与职业规划相结合是至关重要的一环。每个学科专业都有其明确的培养目标与特定的就业导向，且雇主在招聘时往往偏好那些具备相关专业技能的大学生。因此，我们在制定职业规划时，应当紧密围绕自己的专业背景进行构思与设计，确保能够充分展现自己的专业优势与技能特长，以提高就业竞争力和适应市场需求。

4. 综合考虑并利用各方面资源

在职业生涯规划的实践过程中，不仅要熟悉具体的实施步骤、方法及其涵盖的内容，还需明确职业生涯规划的途径与可利用的资源。前者直接关联规划本身的质量，而后者则关乎规划能否有效实施。系统学习职业生涯规划课程是主要手段，而参与团体辅导或接受个性化辅导则是辅助手段。

此外，相关辅导专家、专业测评工具、智能化的职业信息系统等构成了支撑体系，而家庭背景、学校教育和社会环境则构成了广泛且深厚的资源基础。在职业生涯规划的初期阶段，我们就需要深入了解这些途径和资源的特点，并探索如何有效利用它们，以确保规划的顺利推进与实现。

5. 认识到职业生涯规划因人而异

职业生涯规划并无绝对的最佳方案，只有最适合个人的方案。正如每个人的独特性一

样，基于个人的兴趣、能力、性格和价值观等因素的职业生涯规划也是独一无二的，难以用统一的标准来评判其好坏或完善程度。在这个过程中，我们自己是规划的真正发起者、执行者和评价者，周边的资源只是辅助工具。因此，每个人的职业生涯规划都是自己精心设计和付诸实践的过程。这并不意味着我们要孤军奋战，而是强调我们在规划过程中的主导地位。所以，在职业生涯规划的道路上，我们应当尊重自我、保持积极主动，并善于利用身边的各种资源。

6. 职业生涯规划应体现变化的特点

职业生涯规划应当融入变化的理念，鉴于个人情况与社会环境均处于持续变动之中，职业规划必须具备足够的灵活性和适应性。我们需根据自身发展和社会变迁，灵活调整职业规划，以免被僵化的规划框架限制。我们唯有不断适应并有效应对各种变化，才能在职业生涯道路上保持竞争力和领先地位。因此，在进行职业生涯规划时，应保持一种开放、灵活且乐于接受变化的心态。

7. 要定期评估与调整职业生涯规划

我们应当定期审视并评估自己的职业生涯规划的执行状况，依据个人认知的演进和市场环境的变化做出必要的调整。这一过程有助于不断完善职业生涯规划，使之更贴合个人实际及市场需求。在职业生涯规划中，平衡理想与现实是一个核心议题，我们需要深刻理解理想职业与现实之间的微妙关系，并主动探索将理想转化为现实的可行途径。我们唯有在理想与现实之间找到恰当的平衡点，才能在职业生涯中既勇敢追梦，又不失现实的可行性与稳健性。

本节知识回顾

1. 职业生涯规划操作步骤包括：唤醒职业生涯认知、_____、_____、确定职业发展目标、选择职业生涯发展路线、制定职业生涯行动计划与措施、评估与回馈。

2. 大学生职业生涯规划需要注意的问题有：处理好职业目标、个人兴趣与现实机会的关系；_____；_____；综合考虑并利用各方面资源；认识到职业生涯规划因人而异；职业生涯规划应体现变化的特点；要定期评估与调整职业生涯规划。

第一章第五节知识回顾答案

即测即练

自学自测   扫描此码

任务（一）完成大学入学调查自测表

入学调查自测							
姓名		专业		班级		学号	
问题			请思考并填写你的答案				
1. 你的专业是什么？请用一句话概括你的专业。							
2. 你的专业的主要课程有什么？							
问题			请思考并填写你的答案				
3. 你的专业的就业方向有哪些？							
4. 你所在学院的其他相关专业有哪些？							
5. 你所在学院学生会的部门有哪些？							
6. 你所在学院的社团有哪些？							
7. 你所在学院的青年志愿者活动有什么？							
8. 你所在学院的暑期"三下乡"优秀项目有哪些？							
9. 你所在学院的优秀毕业生代表有哪些？其所从事的职业有什么？							
10. 你所在的专业的老师有哪些？							

任务（二）撕纸悟人生

撕纸悟人生							
姓名		专业		班级		学号	
活动内容	1. 在白纸条上画一个长线段，在起点写上你的出生日期和年龄 0 岁，在终点标注出自己预测的终止年龄 2. 在线段的适当位置标注出你现在的年龄，并将这之前的线段撕下 3. 在剩下的线段中写出你认为今后人生中最迫切想要实现的三件事 4. 在线段的适当位置标注出你想功成名就的年龄，然后将这以后的线段撕下来 5. 思考线段剩下的部分有多少？你手中拿的这段时间是什么？（我们可以用来努力学习和工作的时间）						
活动要求	小组每个人都要参与，每组推选代表进行分享						
活动感悟	请讨论并写下你的想法：通过参与活动，你有何感受？我们应该怎样利用有限的时间让生命精彩绽放？						

任务（三）制定你在大学中的生涯规划

根据所学知识，思考未来的大学生活，根据以下"提示板"，尝试制定大学生涯规划，并及时反馈这些规划的完成情况。

大学生涯规划"提示板"						
姓名		专业		班级		学号	
分类	参考思考点			你打算如何去做		
共同目标	能够获得毕业证、学位证					
	通过英语四、六级考试					
学习方面	获得奖学金					
	辅修专业					
	获取双学位					
	考取等级证书、职业资格证等					
组织方面	担任学生干部					
	入党					
时间安排方面	参加校园活动					
	参加校外实践					
就业准备方面	备考事业单位、考公务员					
	进入企业单位（国有、外资、民营企业）					
	申请"参与三支一扶"、大学生村干部等					
	创业					
	参军入伍					
升学方面	考研					
	出国深造					
其他方面						

学业管理与专业探索

学习重点

- 掌握学业管理的概念与方法，学会如何在大学开展学业生活。
- 理解大学学业规划过程，掌握时间和压力管理的方法。
- 了解大学专业选择、学习、兴趣之间的关系。
- 掌握大学生跨专业学习的过程。
- 了解大学生学术发展的途径和实践机会的种类。
- 了解专业与职业发展的关系。

扩展阅读 2.1 中国汽车在新能源赛道上实现历史性超车

第一节 学业管理概述

一、学业的概念

"学业"一词特指大学生在大学期间所要学习的课业。大学生在大学期间的首要任务就是要完成学校规定的必学内容。鉴于不同专业拥有各自独特的知识体系与内容架构，新入学的大学生的首要任务便是深入了解自己的专业领域，以及学校对学业生涯的具体要求。大学生在校期间最为常规的活动，便是遵循学校的人才培养规划，参与多样化的课程学习，这些课程广泛涵盖了军事训练、公共基础课程、理论课程、实验课程、体育课程、实习实训及自主学习等。具体而言，大学生要想完成学业，顺利毕业，必须通过课程学习，达到本专业学习所需的全部条件与标准，如参与本专业的公共必修课程、核心必修课程及选修课程。此外，学业也涉及如何通过选修辅修课程来调整原有专业方向的相关规定等。

对于许多大学生而言，高中时期的学习动力很大程度上源自考取理想的大学与专业，那么进入大学后，珍视并充分利用大学的学习机会，不断自我精进，毕业之后找到心仪的工作则成为推动他们前进的重要动力。为了在众多大学生中脱颖而出并找到心仪的工作，我们首先需要拥有强大的就业竞争力，这种竞争力指的是能够满足社会和企业对人才全面需求的能力。对于仍在校园内学习的大学生而言，提升就业竞争力的核心在于高效地管理自己的学业。通过学业管理，学生可以巩固自己的专业知识与技能基础，并在这一过程中发展和提升个人能力，进而塑造出独特的核心竞争力，增强自身的就业竞争力，最终提升就业的成功率。因此，每位大学生都应珍视大学时光，精心规划个人的学习与发展路径，制订一套旨在不断提升自我的学业计划。这不仅为日后顺利投身于心仪职业铺平道路，更为成为建设国家的中坚力量奠定了坚实的基础。

大学时期是人生中极其独特且珍贵的阶段。在这个阶段，大学生需依据学业规范，完成一系列重要任务：构建均衡的知识能力框架、强化基本技能的训练、参与社会实践及实习等。尽管大学期间的学业负担较重，但它在全方位发展和塑造个人方面所赋予的深远影响，将让学生受益终身。显而易见，优质的大学学业经历对个人的职业道路有着不可估量的作用。因此，精心规划大学学业生涯，全面提升各方面的能力和综合素质，将为未来建立个人事业、取得职业成就奠定坚实的基础。这构成了大学生在大学学业中的主要使命。

二、学业管理的概念

学业管理是指为了完成学校的培养计划与目标，以及为了满足由于社会快速发展带来的对个人素质要求的提高，大学生调动自己的主观能动性，开展的自我学习、自我教育、自我发展等一系列活动。简而言之，学业管理涉及大学生在学习期间，通过深刻自我反省与准确评估自身特性及学习环境，设定个人学业目标，并运用相应策略与手段来达成这些目标的过程。

通过学业管理，大学生能够培养出优秀的学习习惯，这些习惯还会进一步渗透到生活的其他领域，促使他们成为自律的人。制订计划能帮助他们明确目标、激发动力，从而显著提高成功的可能性。因此，在大学期间，大学生应当养成善于自我管理的良好习惯，凡事多进行细致规划。这不仅是为了更有效地完成学业和顺利就业，更是为了自我成长，成为一个更加优秀的个体。

三、学业管理的方法

1. 激发并培养学习兴趣

要想在学习上取得更好的成效并享受学习过程，关键在于激发并培养个人的学习兴趣。首先，要寻找那些能够吸引我们、让我们感到兴奋和好奇的学习内容或领域。只有对所学的专业感兴趣，才会产生学习的自驱力，促使自己学习更多的知识，探索更广阔的领域。我们可以通过探索不同的学科、主题或项目，逐渐发现自己的兴趣所在，并在此基础上深化学习和探索。其次，激发学习热情还可以通过设定明确的学习榜样来实现。我们可以向优秀的校友学习，了解他们已经取得的成绩，从而体会到所学专业的大好发展前景和优势，保持对学习的持续动力和热情。另外，如果我们在学习中遇到困难，不要急于寻求帮助，可以先试着自己解决。当战胜困难后，我们就能从中获得成就感，感受到学习的乐趣，并取得进步。

2. 设定明确的学习目标

学业进步同样离不开清晰的学习目标。一个切实可行的学习目标能为我们的学习之路指引方向，避免我们在学习过程中迷失。在设定学习目标时，我们应当同时规划长期目标与阶段性目标。长期目标代表我们在整个大学期间希望达成的总体成就，通过审视自身与这一长远愿景之间的差距，我们可以利用目标评估手段来设定具体的阶段性目标。在大学期间，我们可以以一个学期或一个学年为单位来划分这些阶段。制定目标时，务必结合个人的能力、兴趣及所学专业等实际情况，避免目标脱离现实。理想的学习目标应当具体而详尽，而非笼统宽泛。例如，相较于模糊地设定"提升学习成绩、多参与实践活动"这样的目标，我们更应该明确"本学期期末成绩平均分达到85分以上，本学年参加两次专业相关比赛，参与两次校外实践活动"等具体指标。这样的目标设定不仅详尽明确，同时也为我们提供了衡量目标达成情况的客观标准。

3. 制订详细的学习计划

制订学习计划是一个非常重要的过程，它不仅有助于高效地管理时间，还能确保学术成就和个人成长目标的顺利实现。根据制定的目标，我们需要规划出具体的学习任务和时间表，包括每天的学习时间分配、每周的课程复习计划、每月的知识体系构建等。制定时间表时，应考虑课程的难度、作业截止日期、考试安排以及个人精力状态，确保计划的合理性和可行性。同时，为每项任务设定截止日期，可以促使自己保持进度，避免拖延。在学习过程中，定期的自我反馈和调整是必不可少的。通过检查学习进度、评估学习成果，我们可以及时发现并纠正计划中的不足，必要时对计划进行微调。再者，保持健康的生活习惯，如合理饮食、充足睡眠和适量运动，也是维持高效学习状态的关键。除了专业学习，参与社团活动、志愿服务、实习实践等也是提升综合素质、拓宽视野的重要途径。因此，通过制订详细的学习计划并平衡学术追求与兴趣爱好，我们能在大学期间获得更加全面和丰富的学习体验。

4. 选择合适的学习方法

除了学习内容的规划，学习方法的选择同样重要。大学生应探索适合自己的学习方式。比如一些人可能更倾向于独立学习，一些人偏好小组讨论。一些人觉得视频教程更高效，一些人认为阅读书籍更适合自己。此外，利用现代技术工具，如在线学习平台、学习管理软件等，也能显著提升学习效率。找到适合自己的学习方法对每个人来说十分重要。以下是一些常用的学习方法，希望对大家探寻适合自己的学习方法有一定的帮助。

1）问题学习法

问题学习法是一种学习策略，其核心在于通过提出问题、深入分析问题和最终解决问题来指导学习过程。在预习阶段，我们可以先浏览课后练习题，以此作为学习的起点，带着这些疑问去深入探索学习内容。这样的做法能够为学习提供一个清晰且具体的方向，使学习过程更加有的放矢。

2）自我讲解法

自我讲解法是一种有效的学习策略，它要求学习者将自己新学到的知识或概念通过口头表达的方式向朋友或家人进行讲解。这个过程不仅能够帮助学习者巩固记忆，还能促使他们在讲解中进一步思考和梳理知识，从而加深对所学内容的理解和掌握。

3）交叉学习法

交叉学习法提倡学习要在不同的学科或主题之间交替进行，如在学习大学英语和高等数学之间进行互相切换。这种方法旨在通过变换学习内容，有效缓解长时间专注于同一领域可能产生的疲劳感和厌倦情绪，从而保持学习者的兴趣和注意力，提升整体的学习效率和效果。

4）框架梳理法

框架梳理法强调构建清晰的知识框架来组织和整合学习内容。通过这种方法，我们可以系统地梳理知识脉络，明确各部分之间的逻辑关系，从而帮助自己厘清思路，增强对知识的理解和记忆，进而提高学习效率。

5）合作学习法

合作学习法鼓励学习者与几位同学共同组建学习小组，彼此间形成监督和激励的关系。在这种模式下，每个成员都能从他人身上学习到优点，同时弥补自身的不足，从而实现共同进步。此外，合作学习不仅促进了学术上的交流，还锻炼了学习者的语言表达能力和人际交往技巧，为他们未来的全面发展奠定了坚实的基础。

扩展阅读 2.2　携手追梦，共铸辉煌——合作学习小组考研成功之路

四、学业管理的开展

大学期间的学业生活对职业生涯的影响是不言而喻的，充分开展学业生活，是大学生构建知识、能力、素质基础的重要途径。基于自己的学业实践来制定职业生涯规划，会促使自己认真分析自我、认知自我，不断提升自我，为今后成功实现奋斗目标奠定良好基础。

1. 加强专业理论知识的学习

理论如同实践的指南针，而专业知识则是职业生涯发展的稳固基石。在当今社会，劳动者的科学文化素质对生产的推进及社会的进步起到了决定性作用。大学毕业生若渴望成为某一领域的专家，并投身于专业性较强的工作，必须具备完备的专业知识体系。掌握专业知识不仅能使个人在某些特定领域内拥有理论与技能上的优势，还能为从事相关职业奠定坚实的基础。作为知识架构的核心，专业知识不仅要求兼具深度与广度，还需善于将所学专业领域与其他领域融合，实现专与博的相辅相成，既深入又广泛。随着产业的持续升级和知识经济的蓬勃发展，用人单位在评估与选拔毕业生时，对其专业技能素质的重视程度也远超以往。

大学生的专业学习是一座桥梁，能够大幅度缩减个人的当前能力与职业生涯所需专业知识之间的鸿沟。在当代，大学生选择特定专业进行深入学习，不仅是对未来步入职场的预热，也是个人职业生涯规划的重要准备阶段。大学生在学校中都怀揣各自的理想和抱负，普遍憧憬着未来能成为对社会有所贡献的栋梁之材。为了提升学业及生活质量，他们需深入洞察社会对人才的真实需求，通过对比现实需求，明确自身在哪些领域存在差距与不足，进而在大学期间有针对性地规划学习重点，确保学有所成、学以致用。此外，尽管每个行业都有其存在的价值，但不可否认的是，某些专业在社会需求度和公众认知上具有更为显著的优势。热门专业的毕业生往往面临更多的就业机会，而相比之下，某些冷门专业的就业市场则可能较为狭窄，人才需求相对较少。因此，专业的选择不仅关乎个人兴趣与热情，也需考虑市场需求与就业前景。

2. 积极参加课外活动

大学期间的课外活动是培养全方位发展人才不可或缺的一环，它作为课堂教学的有益补充，对丰富学生精神世界具有举足轻重的地位。课外活动与课堂教学共同构成了完整的教育体系，相互依存、相互促进，对达成教育任务、实现教育目标具有同等关键的作用。在课外活动中，通过多样化的革命传统教育活动，能够有效提升受教育者的思想政治意识，培养其深厚的爱国情怀。同时，课外活动也为大学生提供了将课堂所学应用于实践的机会，从而深化对知识的理解和掌握。课外阅读、参观访问、演讲竞赛等多种活动形式，不仅极大地丰富了大学生的精神文化生活，还激发了他们的学习热情，促使他们不断探索新知，勤奋学习。此外，这些活动还能培养大学生的创造力和手脑协调能力，促进其全面发展。当然，在一些课外活动中，部分学生有机会脱颖而出，获得更多的发展机会。事实上，许多国内外知名的科学家、学者曾在大学期间通过参与课外活动取得了专业上的重要突破。他们的经历表明，虽然学校教育为他们的成长奠定了坚实的基础，但专业领域的成就往往与他们在大学期间积极参与课外活动紧密相关。

3. 积极参加社会实践活动

参与社会实践活动是高等教育中极为重要的一环，是大学生另一个受教育的"大课堂"。它不仅是理论知识与实践操作相结合的桥梁，也是学生个人成长和社会适应能力提升的有效途径。通过社会实践活动，大学生能够走出象牙塔，近距离接触社会，深入了解国情民情，从而增强社会责任感和使命感。在社会实践中，大学生可以亲身体验到书本知识与实际应用之间的差距，学会如何将所学专业知识转化为解决实际问题的能力。无论是参与社区服务、支教活动，还是进行市场调研、科技创新项目，都能让大学生在实践中锻炼自己的组织协调能力、团队合作能力以及解决问题的能力。同时，通过社会实践，能让大学生看到自己和市场需求之间的差距，认识到自身知识储备和能力上存在的不足，从而比较客观地去重新认识、评价自我，逐渐摆正个人在社会中的位置。

此外，社会实践活动还有助于大学生拓宽视野，增进对不同领域、不同行业的了解，为未来的职业规划提供更为丰富的参考信息。在实践中，大学生可能会发现自己的兴趣所在，或是明确自己未来的职业方向，这对个人职业道路的选择具有指导意义。更重要的是，社会实践活动能够培养大学生的社会责任感和公民意识。通过参与公益项目、志愿服务等活动，大学生能够深刻理解个人与社会的关系，学会关爱他人、服务社会，这对构建和谐社会、推动社会进步具有深远影响。

总之，参加社会实践活动是促进大学生全面发展、实现个人价值和社会价值的重要途径，不仅能够提升学生的综合素质，还能为社会注入新鲜血液，推动社会的持续进步与发展。

本节知识回顾

1. "学业"是指大学生在大学期间＿＿＿＿＿＿＿＿＿＿＿。

2. 学业管理是指为了完成学校的培养计划与目标，以及为了满足由于社会快速发展带来的对个人素质要求的提高，大学生调动自己的主观能动性，开展的＿＿＿＿、＿＿＿＿、＿＿＿＿等一系列活动。

第二章第一节知识回顾答案

3. 学业管理的方法包括：激发并培养学习兴趣、设定明确的学习目标、＿＿＿＿、＿＿＿＿。

4. 大学学业生活包括：加强专业理论知识的学习、积极参加课外活动、＿＿＿＿。

第二节　学业规划与管理策略

一、大学学业规划前的准备

大学学业规划是大学生涯中至关重要的一环，它不仅关乎学术成就，还影响着个人成长和未来职业发展。以下列举几项大学生在做大学学业规划之前应该做的准备工作，旨在帮助大学生准确制定符合自己的学业规划，提高学业规划的实施效率。

1. 了解自己

我们在进行学业规划之前要清楚地了解自己的实际情况，包括自己的性格、性别、年龄、自我形象、身体状况、家庭状况、家庭背景等因素。比如，男性和女性在生理结构上存在的自然差异，往往会在选择专业及适合的职业道路时产生一定影响。同样，某些职业可能特别看重从业者的视力或身高条件，而有的职业则更多地涉及与物打交道或人际交往。因此，我们在规划职业生涯时，应当充分考虑自身的身体状况，包括体力、抗压能力以及与人或物交互的能力等。这样的综合分析有助于我们找到既能发挥个人优势，又能适应身体条件的理想专业与职业路径。

我们在进行自我认知时，还需要评估自己的家庭状况、家庭背景，如父母的职业、家庭的教育背景以及社会网络资源等，这些也是影响个人职业发展的重要因素。这些背景因素不仅可能塑造个人的价值观和职业期望，还可能为我们提供职业发展的启示、支持和机会。因此，在职业规划中，我们应当理性分析背景因素所能带来的优势和限制，寻找能够充分利用家庭资源和社会资源，同时又能实现个人职业抱负的工作机会。

2. 了解专业

深入了解所学专业，是每个大学生在学业规划之前不可或缺的一部分。这不仅关乎学业规划的方向，更会影响今后个人兴趣与职业方向的匹配，影响到未来的就业竞争力和职业发展潜力。我们需要通过多种渠道深入了解所学专业的核心课程、培养目标、就业前景等基本信息。这包括查阅专业介绍资料，与学长、学姐、老师交流经验，参加专业导论课程等。通过这些方式，我们可以初步构建起对专业的整体认识，明确学习目标和方向。

随着学习的深入，我们应逐步掌握所学专业的知识体系、研究方法以及行业发展趋势。这要求我们不仅要扎实掌握专业基础知识，还要积极参与实验、实践、项目研究等活动，将理论知识与实践相结合，提升解决实际问题的能力。同时，关注行业动态，了解新技术、新理论的发展，有助于我们保持专业敏感性，使学业规划的目标更加清晰，也为未来的职业发展做好准备。我们还应积极了解所学专业在不同领域的应用情况，以及与之相关的职业岗位和职业发展路径。这有助于我们根据自己的兴趣、能力和职业规划，选择适合的就业方向或深造领域。通过参加实习、兼职、职业规划讲座等活动，我们可以更加直观地了解职业环境，积累实践经验，使学业规划有据可依，为将来的就业或创业打下坚实基础。

3. 制定学业目标

当我们完成了对自我及所学专业的深刻认知后，下一步便是基于未来的愿景，审慎思考当前应采取的行动策略。在此之前，至关重要的一步是进行综合性的自我定位，这既包含宏观层面的人生导向设定，也涵盖微观层面的职业起步规划。宏观上，我们要明确自己的人生航向，比如是追求仕途、投身学术研究、投身商业浪潮，还是致力于社会服务。这一大方向的明确，能够极大地促进学业规划的细化与具体化。微观上，则需具体规划大学毕业后的初步路径，无论是选择继续深造如保送研究生、考取研究生、出国留学，还是直接步入职场就业，或是勇敢创业，乃至投身军旅、参与志愿服务等，都需要我们深思熟虑。

究竟哪一种发展路径最适合自己，不仅需要依据个人的实际情况，还需充分考虑自身的个性特点。在制定学业目标的过程中，妥善平衡学业规划与人生规划之间的关系至关重要。许多高校毕业生由于缺乏对人生发展方向的清晰认知以及明确的学业规划，往往导致他们在专业学习上投入不足，学业成果有限，从而在就业市场上缺乏足够的竞争力，难以找到心仪的工作。即便找到工作，也可能因职业定位不清而频繁跳槽，不仅影响了个人的职业发展，也给用人单位带来了不必要的损失。追根溯源，这些问题的核心在于个体在学业规划和人生规划上的缺失与不足。因此，明确学业规划，特别是将学业与人生目标紧密结合，对于每位大学生而言，都是实现个人价值、避免职业迷茫的关键所在。

二、大学期间以学年为阶段的学业规划

学业规划是一个整体概念，具体到实践，就需要把学业目标分解到各个学习阶段中。在人生的各个阶段，我们都要经历不同的角色，能否很好地扮演这些角色，与个体对自己职业角色的定位以及对自我的认知有关。大学阶段是职业生涯发展的探索期，这个阶段的生涯规划重点是学业规划。大学生在大学期间，应依据自己的长期目标，以学年为阶段，为自己制订贯穿大学期间的行动计划。

1. 大一阶段：适应与探索

大一阶段，大学生的首要任务是适应大学生活。首先要熟悉校园环境，了解教学楼、图书馆、食堂、宿舍等的位置，了解从宿舍到教学楼的路哪条最近，哪个食堂的饭菜最好吃等。其次，可参与迎新活动，加入社团或学生组织，结识新朋友；了解学校的规章制度、学术要求和课程安排，为大学的学习生活打下基础；参加专业导论课程，了解不同专业的

课程设置和就业前景，多与学长学姐交流，获取专业学习的建议和经验。之后，根据个人兴趣选择或调整专业方向。这时候，我们可以根据专业培养计划，制订每学期的学习计划，设定短期和长期的学习目标，如通过英语四、六级考试，获得奖学金，等等。同时，保持良好的学习习惯，定期复习和预习课程内容。

2. 大二阶段：深入学习与专业发展

大二阶段，大学生可以开始有意识地深化专业知识的学习。深入学习专业课程，掌握专业知识和技能，积极参与课堂讨论和实验实训，提升实践能力。课后寻求专业导师的指导，了解学术前沿和行业动态。同时，大家要开始注意综合素质的提升。多参加学术讲座和研讨会，拓宽知识面和视野。多参与社会实践和志愿服务，培养社会责任感和团队合作能力。提高英语交际能力和计算机应用能力，参加英语和计算机的相关证书考试，并开始有选择地辅修其他专业。对于未来职业规划，我们在这一时期可开始关注行业趋势和就业前景，明确职业目标。在校内参加职业规划课程和讲座，学习求职技巧和面试经验。校外可以尝试实习或兼职，积累工作经验和人脉资源。

3. 大三阶段：实践与深化

大三阶段，大学生在学习专业知识的同时，应该注意与实践相结合，加强实践。在准备完成毕业设计或论文、努力提升科研能力和创新能力的同时，我们要多参加学科竞赛和科研项目，提升专业素养和综合能力。积极参与专业实习，了解行业运作和岗位职责。明确毕业后的方向，根据个人规划，准备考研、就业或出国的相关材料。参加考研辅导班或就业培训班，提升应试能力和求职技巧，关注考研和就业信息，及时了解招生和招聘动态。准备出国的同学可以多接触留学顾问，参与留学系列活动，准备外语考试，注意留学考试资讯，向相关教育部门索取简章参考。与此同时，我们也可以加入相关的校友联系群，向已经毕业的校友了解往年的求职情况。

4. 大四阶段：冲刺与收获

大四阶段，大学生的首要任务是完成学业，即按时完成毕业设计或论文，确保顺利毕业。其次要整理好个人档案和学习成果，积极准备求职材料。决定就业的同学，积极参加招聘会、宣讲会和面试，争取获得心仪的职位。准备考研的同学，关注考研和留学信息，完成相关申请和考试。同时，要与导师和同学保持联系，获取求职和升学的建议和帮助。这一阶段，大学生可以回顾大学四年的学习和生活，总结经验教训，制定未来的人生规划，明确职业发展方向和目标。我们一定要保持积极乐观的心态，迎接新的挑战和机遇。

三、大学生的时间管理与压力管理

在中学阶段，同学们的生活被精心规划，在家长和老师的悉心指导和严格监督下成长，同学们既受到约束也获得激励与自驱力。面对时间管理、拖延问题以及学业压力等挑战，同学们并非孤军奋战，而是能够在师长们的协助下共同应对和克服。然而，进入大学后，诸多变化悄然而至：自主支配的时间大幅增加，课外活动变得丰富多彩，同时外界的诱惑也随之增多，而家长和老师的直接约束则相对减少。此刻，自我管理的开关被真正激活，急需同学们自行掌控生活和学习。步入大学校园，许多同学在满怀兴奋和期待的同时，也不免陷入各种困境。有的由于缺乏明确的学习目标或对所学专业不感兴趣等原因而陷入迷茫。有的同学为了快速提高能力，盲目地投身于众多社团活动与学生工作中，同时面临着大学课程的难度显著提升，导致他们的日程安排愈发紧凑。加之大学生活的多样化生涯角色，进一步加剧了这种忙碌。

因此，期望同学们能深入学习时间管理和压力管理的技巧，积极主动地培养并提升自我管理能力。从以往依赖他人的被动管理，逐步过渡到自我主导的主动管理，学会真正为自己的生活和未来负责，通过有效的自我管理、自我约束和自我激励，不断前行，最终实现个人梦想与成就。

1. 时间管理

在大学校园里，常能听见同学们的感慨："时光飞逝，一天总是忙忙碌碌的，结果什么也没干，还不清楚时间都花在了哪里。"一部分同学没有主动规划日程的习惯，做起事来毫无头绪，往往选择避开重要任务而去做轻松的事情；另一部分同学虽然制订了计划，但执行力不足，目标设立了一个又一个却难以实现；还有的同学在制订和执行计划时考虑不够周全，遗漏了一些重要但不紧急的事务。"时间管理"这个词对大家来说既熟悉又陌生——熟悉在于我们无时无刻不在与时间打交道，而陌生则在于我们很多时候并未深入思考过这个问题，或是虽然常常思考，但难以将思考转化为实际行动。

时间是极其宝贵的资源，每个人每天所拥有的时间量是相同的，然而，如何高效利用这些时间却因人而异。大学生若想在有限的时间里完成更多任务，就必须掌握有效的时间管理技巧。正确的时间管理不仅对学业至关重要，还对未来的职业生涯发展具有深远影响。值得注意的是，时间管理的核心并非直接管理"时间"本身，而是管理个体在面对时间流逝时的"自我管理能力"。自我管理涉及个体运用内在力量调整行为的策略，旨在减少不良行为，增加有益行为。对大学生而言，时间管理意味着学会如何在时间不断流逝的背景下，有效地进行自我管理。时间管理的最终目标是提升学习效率，因此，大学生既要珍惜时间、合理安排时间，还要努力在相同时间内取得更显著的学习成果。为了解决这些问题，我们需要了解一些时间管理的相关理论和方法。

1）计划管理法

计划管理法的核心在于编制待办事项清单及规划。待办事项清单是将每日需完成的任务逐一列出，并依据优先级排序，明确每项任务的完成时限，力求做到日事日毕。对于大学生而言，他们可以自行设计符合自身需求的待办事项清单。如在固定的时间段内制定这份清单，每天仅制定一份清单，每完成一项任务就勾选掉一项，且需要持之以恒，不可半途而废，确保每天都能够坚持下去。计划就是针对每个时间段做出详细的安排，而且待办事项清单中要为应对紧急情况留出时间，以防出现紧急情况而影响任务的完成。

2）时间管理四象限法

时间管理四象限法简称时间四象法，是由管理学家史蒂芬·柯维（Stephen Covey）提出的一个非常著名的时间管理理论。他将工作按照重要和紧急两个维度划分为四个象限：第一象限是重要且紧急的事情，第二象限是重要但不紧急的事情，第三象限是不紧急且不重要的事情，第四象限是紧急但不重要的事情（见图2-1）。

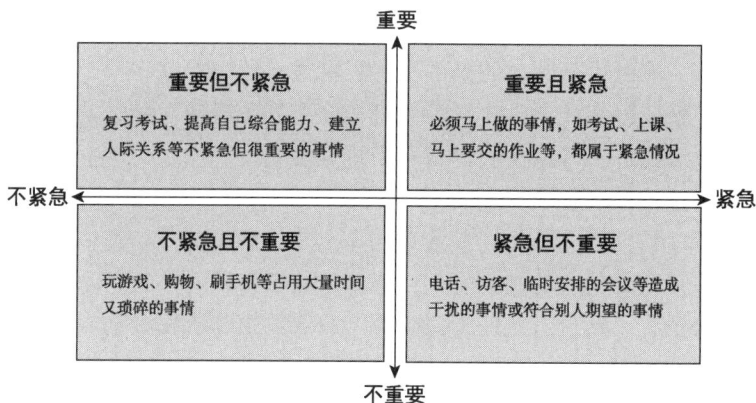

图 2-1　时间管理四象限法

第一象限是重要且紧急的事情。对于大学生而言，这类事情可能是马上要考试、要去上课、要交作业或是生病要去看医生等紧急情况，对于这类事情要马上就做，但同学们需要认真思考：你列在第一象限的事情是不是真的重要且紧急。大家应当尽可能避免把需要做的事情因为没有处理好而从第二象限转变到第一象限。

第二象限是重要但不紧急的事情。对于大学生而言，这类事情可能是准备考试、提高自己的综合能力、建立人际关系等。大学生应该把主要精力放在第二象限的事情上，做好计划，有效实施。因为这一象限的事情，真正影响到同学们未来的发展，所以一定要非常重视。由于这类事情处于第二象限，常被称为"第二象限工作法"。

第三象限是不紧急且不重要的事情。对于大学生来讲，这类事情可能是玩游戏、购物、刷手机等。这类事情大学生可以偶尔为之，将其作为生活的调剂品。

第四象限是紧急但不重要的事情。这类事情可能是接打电话、访客、临时被安排的会议等造成干扰的事情或符合别人期望的事情，虽不重要但需要立即完成。这类事情往往会因为它的急迫性被误认为很重要而放在第一象限。因此，在多重事情的困扰下，对于这类事情要学会授权和委托他人帮忙完成，选择性地做。

总之，时间四象限法可以帮助同学们学会更好地完成紧急且重要的事情，持续做好重要但不紧急的事情，委托他人做好紧急但不重要的事情，少做不重要也不紧急的事情。这样才能把有限的时间更好地利用起来，提高做事效率，从而平衡学习和生活。

3）GTD（Getting Things Done）时间管理法

随着岁月的流逝，我们会渐渐意识到，在多数情况下不得不同时应对多重挑战，这些挑战可能包括多个工作任务，或是工作与家庭事务的交织。然而，人类的记忆力和专注力资源是有限的，很少有人能够真正有效地同时处理多件事情。正是基于这样的背景，GTD 时间管理法应运而生。这是一种由美国著名时间管理专家大卫·艾伦（David Allen）提出的高效事务处理流程，它构成了一个全面的时间管理框架。GTD 时间管理法主要包括五个关键步骤：收集、整理、组织、回顾和执行。这一方法鼓励我们将脑海中所有的想法和任务都记录下来，并为制订下一步的行动计划，然后依照既定的路径逐一落实。无论是制订周计划、月计划，还是学期计划，我们都可以尝试运用 GTD 时间管理法来辅助实施和执行。

以制订周计划为例。每当周末来临时，同学们需要规划下周的学习和工作，但往往会因为脑海中充斥着太多待办事项而感到焦虑不安。此时，GTD时间管理法的第一步"收集"，就显得尤为重要。这一步的核心是"清空大脑"，但这并不意味着遗忘，而是找一个"工作篮"作为中转站，将这些想法从大脑中转移出来。具体来说，我们可以使用笔记本或手机等工具，将脑海中所有的任务、想法一一记录下来。这样一来，我们的大脑就能得到放松和平静，而所有的任务和想法都被整齐地放在了"工作篮"中，等待进一步处理。接下来是GTD时间管理法的第二步"整理"。在这一阶段，我们需要为"工作篮"中的每一项任务找到一个合适的归属。关键在于明确每一项任务的下一步行动。对于那些无法直接转化为具体行动的信息，我们可以根据它们的性质，将其归类为垃圾信息（直接丢弃）、备忘录（需要记住但无须立即行动的事项）或参考资料（未来可能需要的背景信息）。而对于那些可以转化为具体行动的任务，我们需要进一步判断，是立即执行，委托给他人完成，还是由自己亲自处理，并据此将它们分类。第三步"组织"，其核心在于构建任务清单。我们需要将"工作篮"中的任务进行细致分类，并据此制订出一周的学习工作计划以及详细的日程表。在制订计划的过程中，我们往往会担心遗漏某些重要事项或遭遇突如其来的临时任务。为了解决这一难题，我们进入第四步"回顾"。回顾意味着我们需要定期审视并更新周计划，确保它既能反映当前的实际状况，又能灵活应对未来的变化，让任务清单真正转化为实际行动，而非仅仅停留在纸面上。第五步"执行"，即严格按照周计划的安排逐一完成任务。在执行具体任务时，我们还可以结合番茄工作法（第五章具体阐述）等技巧，以提高工作效率。

4）时间管理的实用小贴士

学会记录完成每件事的时间。尽管同学们掌握了不少时间管理的理论知识，但在实际应用中往往感到无从下手。面对时间不足的困扰和苦恼，首先应保持冷静。一个有效的方法是，详细记录自己一段时间内的时间分配，无论事情大小，都要记录每项活动所花费的时间。通过这种方式，我们能够更准确地感知时间的流逝，进而发现自己在时间管理上的不足。基于这些发现，我们可以调整学习方法，优化学习计划，从而提升时间利用效率。

第一，根据自己的习惯制订计划。每个人都有自己的习惯，习惯没有好坏、对错之分。有些人习惯制订并完成计划，有些人则更愿意根据实际情况改变计划。有些人喜欢集中时间完成任务，有些人喜欢每天做一点，最后按时完成任务。有些人把重要的事情安排在早上，觉得早上头脑更清晰，有些人把重要的事情安排在晚上，觉得晚上更能集中注意力。所以时间管理的核心并非对时间本身进行管理，而是针对自己的习惯进行管理。弄清楚自己的习惯、体力和做事方法，明确学习目的，以自己喜欢的方式去学习和生活，效率会更高。

第二，给自己留出不被打扰的时间。如果在完成任务的时候经常被各种事情打断，处理完事情后再一次次重新回到学习或工作中，这样会非常浪费时间。想要提高时间利用率，就需要每天为自己寻找一个1～2小时的整块不被打扰的时间，可以是早晨上课之前，也可以是晚上下课之后。地点可以选在图书馆或自习室等安静的地方，把手机静音，确保这段时间完全不会被打扰。我们可以把最重要的事情放在这段时间，全身心投入，集中精力完成任务，提高做事效率。

第三，学会拒绝。另一个导致大家感觉时间紧迫的重要原因是，日常生活中充斥着大量紧急但不重要的事务，这些事务容易让人陷入忙碌却无实际成果的状态。为了在有限的时间里专注于更重要的事务，我们必须学会拒绝这类事务。由于人们普遍不喜欢被拒绝，因此如何使对方能够坦然接受并理解这一决定至关重要。拒绝时，应礼貌地给予明确的理由，同时，还可以给对方提供一些替代性的选择或建议，以促进双方的理解和沟通。

第四，马上行动。迅速进入学习状态的最佳途径就是马上行动，因为拖延只会付出高昂的代价。为了有效利用时间，我们先不要过多考虑能不能做好，凡事只需行动起来就已经成功了一半。虽然深入思考和细致规划必不可少，但实际行动更为关键。当思路不清晰时，不妨先尝试做一点或记录一些初步的想法，即使这些内容并不完美也不要紧。重要的是先迈出第一步，从简单的任务开始，逐步深入，这样自然而然就能进入更好的状态。

2. 压力管理

很多同学觉得进入大学，学习就轻松了，然而大学生在求学期间，同样面临着来自多方面的压力。这些压力可能源自学业、社交、职业规划、经济负担以及个人成长等多个方面。在大学生活中，学生需要面对繁重的课业负担，不仅要掌握专业知识，还要通过考试和论文来检验自己的学习成果。同时，学生也需要在社交场合中建立良好的人际关系，通过参与各种活动来提升自己的综合素质。此外，对未来的职业规划、就业方向以及经济收入等问题的思考，也会给学生带来不小的压力。

面对这些压力，首要的是有正确的认识，即压力是生活中不可避免的一部分。越是回避就越容易感到不安，进入负面情绪的恶性循环，最终被压垮。因此，可以试着用一种更积极的态度面对压力，和它成为相伴的朋友。我们必须认识到，压力并非全然负面。适度的压力可以激发我们的潜能，促使我们更加努力地学习和成长。关键在于如何正确地应对和管理压力，避免其对我们造成过度的负面影响。大学生应该学会正视压力，采取积极有效的措施来应对。通过合理的时间管理、积极的心态调整、适当的放松和娱乐等方式，我们可以将压力转化为前进的动力，更好地享受大学生活并迎接未来的挑战。比如，当学习压力过大带来焦虑和不安情绪时，可以通过运动、冥想、与家人或者朋友聊天、做志愿服务等有意义的事来寻找适合自己的降低压力的方法。这里介绍两个可以缓解压力的方法，希望可以帮助同学减轻压力。

1）正念呼吸法

正念呼吸法是一种通过专注于呼吸来达到心理放松和减少杂念的心理训练方法。它通过简单地关注呼吸的进出，帮助人们放慢思维速度，减少焦虑，从而达到内心的清净和放松。在我们因为某些事物产生非常大的压力时，会不自觉地去关注带来压力的那些事物，即压力源。很多时候，越关注越会陷入对压力的感受中无法自拔。正念呼吸法就是让我们尝试放下各种带来焦虑、痛苦的压力源，放空大脑，觉察自我，把注意力放在当下需要做的具体事情上。

正念呼吸的练习是任何人在任何时候、任何场合都可以进行的。停下正在处理的事情，选择一个安静的环境，坐在椅子上，背部稍微挺直，双脚平放在地上，双手可以放在大腿上。闭上眼睛或注视前方 2 米左右的位置。专注于呼吸，感受空气通过鼻孔进入和离开身体的感觉。注意腹部的起伏，不必刻意控制呼吸的深度或速度。观察杂念，当思绪飘远时，温柔地将注意力带回到呼吸上，不必自责或强行阻止杂念的出现。正念呼吸的练习时间可以从 5 分钟开始，逐渐增加到 10 分钟、15 分钟，最终可以延长至 30 分钟。重要的是每天坚持练习，形成习惯。正念呼吸法适用于各种场景，尤其是在感到焦虑、压力大或难以入睡时，它可以帮助我们缓解压力、促进睡眠，并提升整体的心理健康。通过持续的练习，可以有效地减少杂念，提升专注力和内心的平静感。

2）想象放松法

想象放松法是一种心理放松技巧，通过想象一个轻松愉快的场景，将自己置身其中，以达到缓解或消除紧张和焦虑等负面情绪的目的。

仰卧或两手平放在身体的两侧，两脚分开，眼睛微微闭起，尽可能地放松身体，展开想象。想象一个你感到熟悉的、能够调动积极情绪的景象，比如海滩、公园、图书馆等。细细观察你所想象的场景，包括声音、气味、感觉和心境，让自己完全沉浸在场景中。想象自己在这个场景中感到无比的舒适和放松，让身体的各个部位都逐渐放松。让自己完全沉浸在想象的场景中，感受其中的宁静和放松。当你准备好的时候，逐渐睁开眼睛，回到现实，感受身心的放松和舒适。想象放松法可以在日常生活中随时进行，特别是在感到压力或焦虑时。

本节知识回顾

1. 大学学业规划过程包括：了解自己、了解专业、_____。

2. 大学生在大学期间，应依据自己的长期目标，以_____为阶段，为自己制订贯穿大学期间的行动计划。

3. 时间管理四象限法中，大学生应该把主要精力放在_____的事情上。

4. GTD 时间管理法是一种总结出来的高效处理事务的流程，是一个综合的时间管理系统，主要分为收集、整理、组织、_____和_____五个步骤。

第二章第二节知识回顾答案

5. 压力管理可以参考两种方法：正念呼吸法和_____。

第三节　专业的选择、学习与兴趣

一、大学专业

大学专业是高等学校根据社会分工需要而划分的学业门类，指学生进入高校后所学习的专业门类，是高校根据教育部相关要求，按学科分类分别进行专门知识教学活动的基本单位。大学专业的选择可能会对一个人的前途产生重要的影响。

1. 我国大学专业的设置情况

目前，我国拥有众多普通本科高等院校，每所学校普遍开设了各种不同专业。然而，由于各高校在历史背景、学科导向及培养重点上的差异，即便是同名专业，其教学内容在不同学校之间也会呈现出一定的差异。根据《普通高等学校本科专业设置管理规定》，高校设置专业须具备以下条件：符合学校办学定位和发展规划，即专业设置应符合学校的整体发展规划和办学定位，主动适应国家和区域经济社会发展需要，优化学科专业结构，促进学校办出特色，提高人才培养质量。有相关学科专业为依托，即新专业应有相关学科作为支撑，确保能够完成该专业的教学任务和培养目标；有稳定的社会人才需求，即新专业应基于翔实的人才需求调研数据，确保有稳定的社会需求和就业前景。有科学、规范的专业人才培养方案，即应制订符合专业培养目标的教学计划和准备其他必需的教学文件，确保专业教学的科学性和规范性。有必需的师资力量，即应配备完成该专业教学计划所需的专职教师、实验技术人员和图书资料，确保教学质量和实验实践环节的顺利进行。具备必要的办学条件，包括开办经费、教学用房、图书资料、仪器设备、实习基地等，确保专业教学的顺利进行和可持续发展；通过备案或审批，即高校设置专业需按照教育部的要求进行备案或审批，确保专业的合法性和规范性。

普通教育本科专业是在教育部颁布的《普通高等学校本科专业目录》基础上，增补近年来批准增设、列入目录的新专业而成。截至 2024 年 8 月，专业目录共包含 12 个学科门类（不含军事学），93 个专业类，816 种专业。这 12 个学科门类包括自然科学、人文和社会科学两大类，其中自然科学包括理学、工学、医学、农学，人文和社会科学包括文学、历史学、哲学、经济学、管理学、法学、教育学、艺术学。在学位授予时，按照门类授予学位。一般而言，某个专业授予的学位与该专业所在的门类相对应，部分专业根据其所在学校培养内容的不同，也可授予其他门类的学位，如电子商务专业（所属门类为管理学）可授予的学位有工学、经济学或管理学，教育技术学专业（所属门类为教育学类）可授予的学位有工学、理学或教育学。

掌握专业门类能够帮助大学生从更宽泛的专业类别层面理解自己所学专业的独特性。各个专业门类下的不同专业之间存在着联系与互补，因此，大学生在规划职业道路时，应当采取一种更为宏观的视角，综合考虑不同专业间的关联性，以便更全面地审视和选择职业发展方向。

2. 不同大学中的相同专业

不同大学中的相同专业，虽然名称相同，但由于各高校的历史沿革、学科优势、师资力量、教学资源以及培养目标等方面的差异，这些专业在实际的教学内容、研究方向和侧重点上往往会有所不同。专业之间的差别体现在三方面：不同专业侧重点不同，不同专业就业领域不同，不同专业实力不同。首先，许多专业在各大高校中均有开设，然而，即使是名称相同的专业，在不同高校中的教学内容也往往存在显著差异。其次，不同高校中的相同专业在研究方向和侧重点上也往往有所不同。这主要体现在各高校根据自身学科优势和研究方向，对专业进行细化和深化。不同高校中的相同专业在教学内容、研究方向和侧重点上的差异，对未来的就业领域产生了重要影响。由于不同高校办学实力不同，如：专业是不是国家重点学科，是不是特色学科下属的专业，是不是优势专业等，导致不同专业的实力差别也很大。同学们在选择专业时，除了考虑自己的兴趣和职业规划外，还需要深入了解各高校该专业的具体情况，以便做出更为明智的选择。

3. 探索专业的实际情况

探索专业的实际情况，对自己的专业有全面的了解，有助于大学生在大学期间制订学习计划，并结合自身情况制定生涯发展规划。我们要了解专业，可以从以下几个方面入手。

1）掌握专业培养目标

专业培养目标深刻地反映了专业的核心价值和方向。我们应当清晰认知所选择专业的培养目标，这不仅有助于理解该专业的独特性和定位，还能为学业生涯制定明确的规划。在当前教育趋势下，众多高校推行大类人才培养模式，使得大学一年级的学生主要接受通识教育，这些教育内容在很大程度上具有共通性。此外，大学普遍实行学分制教学，除了必修课程外，学生还拥有选择不同选修课程的自主权。

在这样的教育背景下，我们在明确了自己所学专业或专业大类的培养目标后，便能更有针对性地结合自己的通用技能、选修课程及其他相关知识，在大学期间进行充分的准备。我们可以以专业为基石，同时发挥个人特长和兴趣，形成独特的竞争优势。这样的教育模式鼓励学生不仅要在专业领域深耕细作，还要拓宽知识视野，实现个人能力的全面发展。

2）掌握专业培养方案

培养方案是综合性的，涵盖了学制与学习年限、学位授予类别、毕业与学位获取的具体要求、专业定位概述、培养目标设定、培养标准及实施措施、课程体系构建与学分分配规则、主干课程列表，以及教学进度规划等多个方面，是大学生深入了解和规划所学专业的关键参考资料。这份方案通常可以在学校教务处或所属学院的官方网站上找到。通过仔细研读培养方案，我们能够获取关于专业的详尽信息，尤其是核心课程的具体内容。这不仅有助于深化对专业的理解，还能明确个人的学习方向和目标，从而制定出切实可行的学业规划。在搜集这些信息的过程中，我们应当力求详尽，同时投入精力去探究有效的学习方法、可用的学习资源等。了解如何高效学习本专业知识、掌握校内外的专业资源分布，对于每个大学生而言至关重要。这样不仅能让我们在专业学习上更加游刃有余，还能确保我们及时、灵活地利用这些资源，推动自己在专业领域的持续进步与发展。

3）了解专业就业情况

参考过去几年本专业的就业情况在制定个人求职目标时极具指导意义。这些就业数据包括就业率、深造比例、就业单位的类型、毕业生的薪资待遇，以及用人单位对本专业毕业生的综合评价等。对于计划继续深造的大学生来说，了解以往毕业生升学较为集中的专业领域和高校情况显得尤为重要。而对于有出国（境）留学意向的大学生，则需特别关注目标留学国家、所申请高校的排名及专业教育质量等信息。这些信息不仅能帮助我们更清晰地设定职业发展路径，还能为升学或留学选择提供宝贵的参考依据，确保最终的选择更加符合自身实际情况和未来规划。此外，了解同校同专业毕业的优秀校友的发展情况，尤其是了解他们的职业发展路径，了解他们在遇到困难的时候是如何克服那些困难的，他们现在的成就是什么，他们现在的发展方向是什么等，对确定自己的职业发展方向是很有参考价值的。

除此之外，我们还可以评价一下自己所学专业在职场的受欢迎程度。首先，我们可以从社会需求来判断。社会需求是人们评价专业的主要依据，如果一个专业的社会需求旺盛，供不应求，那么这个专业就会被大家认为是好专业，报考这个专业的人数会增多，开设这个专业的高校也会增多。其次，我们也要根据学校的学科实力来评价专业。如果一个专业历史悠久、教学科研团队强大、人才培养措施全面，那么这个专业就是这所大学的好专业。当然，这个过程中我们也要结合自己的实际情况和个人爱好，因为专业好不好是相对的。在认知专业时，应该遵从自己的内心，尽量不被外部环境影响。

二、专业与兴趣

处理好专业与兴趣的关系，对于大学生的专业学习和职业发展非常重要。下面我们将从专业选择与兴趣、专业学习与兴趣两个方面来探讨。

1. 专业选择与兴趣

在大学生活中，专业和兴趣一致能很好地激发大学生的内驱力，使他们在专业的学习中投入更多，进而收获更丰硕的成果。根据目前大学的办学情况来看，各大学也提供了很多能够帮助大学生兼顾专业和兴趣的选择。比如，目前越来越多的高校开始以大类专业招生，而且很多高校为大学生提供了转专业、双专业学位、第二学位以及辅修专业等机会，这成为大学生把自己的兴趣和专业结合起来的好办法。

应该注意的是，人的兴趣可以培养，而且有可能发生变化。所以，同学们在基于兴趣选择专业时，一定要对专业和自己深入了解以后再做决定。一般可以通过以下途径科学地结合兴趣选择专业。

1）大类专业招生带来的机会

当前，众多高校采取大类招生模式，即在初始招生时不具体划分专业，而是在入学后的某个阶段，通过专业分流机制，依据学生的兴趣和职业规划，将他们分配至特定的专业，并按照该专业的培养方案进行教育。同一大类下的不同专业，其培养方案通常具有相似性。在专业分流阶段，学生会根据自己的兴趣和期望的发展方向，提交专业选择意愿，而学校则会综合考虑各专业的人才培养规模及需求来做出分配决定。学校普遍尊重学生的专业选择意愿，并将其作为分配的重要参考。然而，当某些专业出现报名人数超额时，学校会进行选拔，以择优原则录取。学院通常会举办专业分流说明会，各专业也会通过专业介绍、新生交流课程等活动，向学生传达专业信息，以吸引优秀学生。这些活动为学生做出科学合理的专业选择提供了有力支持。因此，我们应对专业分流的机会给予高度重视，并积极通过各种渠道了解学校的分流政策，并积极参与到这些活动中。只有深入了解所有可选专业，并为此做好充分准备，才能选出真正适合自己的专业。

2）转专业带来的机会

大学的转专业机制为学生提供了一个将个人兴趣与专业学习紧密结合的宝贵机会。对于那些对当前专业缺乏兴趣或难以适应的学生来说，转专业是他们摆脱困境、实现个人潜能的重要途径。通过转专业机制，大学生有机会重新审视自己的兴趣所在，根据自己的喜好、能力和长远规划，重新选择一个更加适合的专业方向。这一过程不仅能够激发学生的学习热情，提高学习效率，还能够为他们未来的职业发展奠定坚实的基础。当学生的兴趣与所学专业高度一致时，他们更可能在该领域展现出卓越的才能和创造力，为社会贡献自己的独特价值。同学们应该注意的是，不同高校转专业的程序和要求不同，有此需求的同学需要了解具体的程序和要求，按照学校的规定完成转专业。

3）辅修专业带来的机会

学校推行辅修专业制度，主要是为了积极响应学生个性化发展的需求，充分利用大类培养模式的优势，为学生提供跨专业和跨学科学习的广阔平台，从而丰富和完善人才培养的多元化机制。在选择辅修专业的过程中，同学们最好选择自己感兴趣又与主修专业有关联性的专业。专业的学习将对同学们未来的职业发展产生显著的积极影响。例如，一个同学主修工科专业，并选择经济学作为辅修专业，那么他就可以从两个专业的交叉视角去寻找适合自己的工作，深入剖析具体工作岗位的任务要求。一般情况下，辅修专业和主修专业的学科不能相近。各高校对辅修专业的规定不太一样，申请的条件、流程等也存在一定的差别。因此，同学们应该在熟悉学校的有关政策后，再做出选择，以保证决策的科学性。

2. 专业学习与兴趣

1）兴趣是可以培养的

我们要深刻认识到，兴趣并非一成不变的天生特质，而是可以通过后天的努力和引导逐步培养和塑造的。在大学这个充满无限可能的环境中，我们拥有广阔的平台去接触和尝试各种不同的领域和活动。有时候我们可能会发现，一些起初并不感兴趣的事物，在深入了解和实践后，竟然能够激发我们的热情，成为我们新的兴趣所在。这种转变不仅丰富了我们的大学经历，更为未来的职业道路带来了更多的可能性。培养兴趣的过程往往伴随着挑战和困难，但正是这些挑战和困难塑造了一个人坚韧不拔的品格和解决问题的能力。我们在尝试新事物时，可能会遇到挫折和失败，但这些都是成长的一部分。因此，我们应该学会主动寻求培养兴趣的机会和资源，比如参加各种社团、兴趣小组或工作坊，与志同道合的人一起交流和学习。这些活动不仅提供了实践的平台，还能让我们结识更多朋友，共同探索未知的世界。

2）寻找兴趣与专业的结合点

兴趣不是选择专业的唯一标准，我们要始终明白在大学期间首要任务是学习，不管喜不喜欢自己的专业，努力学习，完成专业的所有任务顺利毕业是最重要的。在这个前提下，我们可以充分利用课余时间，探索兴趣，寻找自己的专业与兴趣的结合点。具体可以通过以下几个方法去寻找专业与兴趣的结合点。

首先，完成学校要求的必修任务。几乎所有的专业都会涉及基础知识，而这些基础知识很可能是枯燥乏味的，很难让大家产生兴趣。这是正常现象，我们不能因为这个原因就放弃学习，或断言自己对这个专业不感兴趣。这时我们要虚心向老师和同学请教，当逐渐掌握学习的内容后，畏难情绪就会慢慢消失。

其次，探索与了解自己所学的专业。很多时候，我们之所以对某个专业缺乏兴趣，根源在于一系列错误的认知。这些错误的认知可能源自我们对某个专业缺乏全面或深入的了解，仅凭直觉或初步印象就对该专业产生偏见，不愿进一步探究，或是仅仅因为听到别人说某个专业不好，就主观地认定它不好。

面对这样的困境，深入地去探索专业才是我们找到真正答案的关键途径。为了更加全面地了解某个专业，我们可以采取多种策略来加深认知。例如，查阅该专业的课程目录，通过参与社团的活动和交流，从同学和前辈那里获取第一手的经验和建议。参观校园招聘会也是了解专业就业前景和行业现状的绝佳机会。通过积极参与这些活动，我们很可能会发现，之前对某个专业的了解其实是基于片面信息的误判。对专业的深入探索不仅能帮助我们更准确地评估自己的兴趣和潜能，还可能激发我们对该专业的学习热情。

最后，寻找专业与兴趣之间的关联点。在学习生活中，尽量使专业与兴趣形成良性循环，培养出专业兴趣。比如，计算机专业的同学对美术很感兴趣，就可以在专业学习的设计环节发挥美术特长，设计出符合标准且美观的作品。这样的结合不仅让他的作品在众多设计方案中脱颖而出，也为他的专业学习增添了别样的色彩，从而提升他对专业和美术学习的兴趣，这样就能把专业与爱好联系起来。

3）在学好专业的前提下发展兴趣

面对专业与兴趣存在较大差异的情况，明智的做法是在确保本专业学习不受影响的前提下，积极追寻并发展个人兴趣。以一位金融专业的同学为例，他虽对绘画设计充满热情，并梦想成为一名平面设计师，但目前转专业的机会尚未出现。此时，他的首要任务是保持对金融专业的热情，并努力取得良好的学习成绩，因为这不仅是对其学习能力和自我管理能力的有力证明，也是未来求职时的重要资本，可避免因个人喜好而荒废学业，给未来的就业之路增添不必要的障碍。在此基础上，他应充分利用课余时间，通过选修绘画设计等相关课程，以及利用图书馆和数字资源自学，不断深化对兴趣领域的理解。同时，积极参与学校的相关社团，投身于社会实践，这些都将是他提升兴趣领域专业技能的有效途径。简而言之，他应全方位地利用现有资源，不断提升自己绘画设计方面的专业素养。在这一系列行动的过程中，他很有可能遇到更多志同道合的专业人士，甚至发现一些原本未曾预料到的机会。这些经历不仅能够帮助他更好地平衡专业与兴趣的关系，还可能为他的职业生涯开启全新的篇章。

三、专业的学习方法

要想在大学生活中有所收获，厘清专业学习与兴趣的关系只是基础，归根结底还是要沉下心来，找到学习方法，学习知识。我们在专业学习的过程中，掌握有效的学习方法至关重要。以下这些建议可以帮助我们更好地进行专业学习。

1. 制订合理的学习计划

明确长期目标，如毕业后的职业规划或继续深造的方向，并将这些目标分解为短期目标，如每学期的绩点目标和考试通过情况。根据课程表和目标，制订每周的学习计划，合理分配时间用于课堂学习、课后复习、预习以及完成作业。

2. 积极参与课堂学习

提前预习课程内容，带着问题去上课，这样可以更好地理解老师的讲解。专注于老师的授课，积极参与课堂互动，回答问题或提出疑问，并做好课堂笔记，记录重点内容、关键概念和自己的思考。

3. 课后复习和总结

当天课程结束后，尽快复习课堂内容，巩固所学知识。可以通过阅读教材、笔记、参考资料等方式进行复习。定期对所学知识进行总结归纳，将零散的知识点整合起来，形成知识体系。

4. 多样化的学习方式

除了教材，阅读与课程相关的专业书籍、学术论文和研究报告，拓宽知识面。利用图书馆、电子数据库等资源获取丰富的学习资料。参加学术讲座、研讨会、社团活动等，了解学科前沿动态，提高综合素质。

5. 培养良好的学习习惯

保持专注，创造一个安静、整洁的学习环境，避免受到干扰。合理安排时间，避免拖延，按时完成学习任务。合理安排休息时间，保证充足的睡眠和适当的运动，提高学习效率。

6. 理论与实践相结合

课前预习理论知识，课堂上检验理论知识的可靠性，课后通过实践来验证和深化理解。参加与专业相关的社团和实习工作，积累实践经验。

7. 利用在线学习资源

在学习专业知识时，可以适当利用优质的在线资源来拓宽知识面，可以上网搜索相关的视频课程、学习论坛，充分利用网络工具促进专业课的深入学习，提高学习效率和成绩。

四、大学所选专业与职业的关系

大学生在正式踏入校园之前，往往对即将学习的专业缺乏深入的了解。他们可能仅仅依据一些表面的信息，如专业的名称、社会上对该专业的普遍评价或亲朋好友的推荐等，来选择自己的专业方向。然而，这些片面的了解很难让他们对专业的核心课程、未来就业前景、所需技能以及可能面临的挑战有全面而清晰的认识。因此，上大学前根据自己的兴趣爱好填报专业的同学并不多，这些人中仍有一些其实并未真正了解自己选择的专业，进入大学后发现选错了专业。

大学生选择专业，在一定程度上就是在选择行业、岗位的方向。但一个专业绝不仅仅对应一个职业，所以那些后悔选错了专业的同学也不用苦恼。大学所设置的专业，其对应的并非是一个一成不变的、具体而单一的职业，而是指向了一组多样化的职业，甚至更广泛地，是一系列相互关联、有着共同职业特征和技能要求的职业群。这样的设计旨在为学生提供更广阔的职业发展空间和更灵活的就业选择。每个专业都基于一定的学科领域构建，涵盖了该领域内的基础理论、专业知识以及一系列相关技能。这些知识和技能为学生打开通往多个职业道路的大门，使他们能够根据个人的兴趣、能力以及市场需求，在特定的职业领域内寻找自己的定位。例如，计算机科学专业不仅对应着程序员这一职业，还涵盖了软件开发工程师、数据分析师、网络安全专家、信息技术顾问等一系列相关职业。同样，市场营销专业不仅仅局限于市场营销专员的角色，还涉及市场调研分析师、品牌策划师、产品经理、销售运营管理等职业。这种专业与职业群的对应关系，强调了大学教育的灵活性和适应性，鼓励学生根据自身的兴趣和市场趋势，在专业框架内探索和发展个人的职业路径。同时，它也要求学生具备跨学科的知识结构、持续学习的能力和良好的职业素养，以适应快速变化的工作环境，实现个人职业发展的可持续性。

在明确了自己的职业兴趣后，我们还须了解自己毕业后希望从事的职业及用人单位对新员工的素质与能力要求。不太喜欢本专业的同学，可对照自己希望从事的职业的任职资格要求来找到差距，以此判断自己能否在未来几年通过努力满足那些要求。

五、专业对应的职业群

专业是依据学科分类或生产部门的专门化需求，将学习领域划分为不同的类别，诸如会计、金融、计算机、电子商务及人力资源管理等。这些专业是基于社会经济的发展状况、产业结构的变迁以及市场对人才的具体需求而设立的。它们不仅构成了个人职业生涯发展的起始点，还是个人追求并实现职业梦想的重要基石。大学生学习专业知识不仅是为了获取学术上的成就和理论上的积累，更重要的是将理论知识转化为实践能力。在大学期间，我们通过系统学习各门专业课程，掌握本专业的核心知识和技能，锻炼各方面能力，是为了将来从事某一职业做准备。可以说，专业学习是我们打开职场大门的一把钥匙。在工作岗位上，如果没有一定的专业知识、专业技能，不具备从业所必需的本领，就无法履行岗位职责。大学生学习专业知识让他们在未来的就业市场中更具竞争力，更容易实现自己的职业理想。

专业为职业服务，职业对专业具有引领作用。每一个专业都为若干相近的职业群提供必要的基础知识和基本技能。就如前面所讲，一个专业可以对应多个职位。以往毕业生的就业情况显示，他们所学的专业和所从事的职业之间的关系是不一致的。有的同学毕业后从事的职业在专业领域内，职业与所修的专业高度一致；有的同学选择的职业与所修的专业较一致，但职业发展明显超越专业发展；有的同学以专业为基础发展职业，职业发展是在专业基础上有重点地沿某个方向拓展；有的同学一生的职业发展与专业基本无关，或在专业边缘发展职业；还有的同学一生的职业发展与专业完全无关。以上情况是由多方面的原因造成的，但毋庸置疑，大学时期的学习为每个同学今后的发展奠定了坚实的基础。在校大学生可以根据自己的职业目标（理想），判断其与自己专业的关系，合理安排大学四年的学习内容（学业），做好职业生涯规划，避免或少走弯路，使自己能够尽快走上职业发展道路。

本节知识回顾

1. 大学生要从三个方面了解自己的专业：掌握专业的培养目标、掌握专业的培养方案、了解_____。

2. 大学专业是高等学校根据社会分工需要而划分的学业门类，指学生进入高校后所学习的专业门类，是高校根据教育部相关要求，按学科分类分别进行_____的基本单位。

3. 专业之间的差别体现在三方面：不同专业侧重点不同，_____，不同专业实力不同。

第二章第三节知识回顾答案

第四节　跨专业学习与技能拓展

一、大学生跨专业学习的优势

1. 拓宽职业道路

跨专业学习能够掌握更多领域的知识和技能，为未来的职业生涯提供更广阔的选择。跨专业学习能够打破专业限制，使个体有机会在多个行业寻找适合自己的位置。

2. 提升核心竞争力

跨专业学习能够将不同领域的知识融会贯通，形成综合性的知识结构，这种综合性的知识结构在求职和工作中往往具有更高的竞争力。

3. 培养跨界思维

跨专业学习能够从不同角度审视并解决问题，这种跨界的思维方式可有效提高创新能力及环境适应能力。

4. 实现自我价值

跨专业学习有助于找到真正感兴趣的领域，并为之付出努力，从而实现个人价值的最大化。

5. 增加人生经验

跨专业学习是一种新的挑战，在求学的过程中能够积累更多的人生经验，提高适应能力和心理承受能力。

6. 提高学习能力

跨专业学习意味着需要从零开始学习新的知识体系，这一过程能显著提高学习能力和研究能力。

7. 增强人际交往能力

在跨专业的学习和交流中，有机会与不同背景的同学交流，这有助于提高人际交往能力和团队协作能力。

8. 适应社会需求

随着社会的发展和进步，对于复合型人才的需求日益增加。跨专业学习有助于更好地适应社会的需求，为未来的就业和发展打下坚实基础。

总之，大学跨专业学习能够带来多方面的优势，不仅有助于个人的成长和发展，还能为未来的职业生涯带来更多可能性。当然，跨专业学习需要付出更多的时间和精力，并做好充分的准备。

二、大学生跨专业学习的过程

1. 明确目标

在进行跨专业学习之前，同学们需要明确自己的学习目标，是为了拓宽知识面、提升就业竞争力，还是为了实现个人兴趣爱好。有了明确的目标，同学们可以更加有针对性地制订学习计划，合理分配时间和精力，根据目标的重要性、紧急性和可行性来安排学习内容，从而提高学习效率。明确的目标能够激发大学生的内在动力。当一个人知道自己为什么要学习某个专业或某种技能时，就会更加积极地投入学习。这种动力不仅有助于保持学习的连贯性，还能在遇到困难时拥有坚持下去的勇气。通过跨专业学习，可以获得更广泛的知识和技能，为未来的就业和创业打下坚实的基础。而一个明确的目标则能够引导同学们将这些知识和技能应用到实际工作中去，实现个人价值和社会价值的最大化。

2. 选择合适的跨专业学习方式

1）辅修专业

辅修专业是指大学生在修读主修专业的同时，选择另一个专业作为辅修，以拓宽知识面和提高综合素质。辅修专业的特点是通常要求修读一定数量的相关课程，但学分要求低于主修专业。辅修专业的课程安排相对灵活，学生可以根据自己的兴趣和时间进行选择。学生通过辅修专业获取证书可以为简历增添亮点，提升就业竞争力。

辅修专业的优势主要体现在以下三方面：首先，有机会接触到与主修专业不同的领域，拓宽知识面；其次，积累跨学科的知识和技能，增强就业竞争力；最后，辅修专业的学习可以深入探究感兴趣的领域，满足个人爱好。

2）双学位

双学位是指大学生在修读一个主修专业的同时，再选择一个专业进行深入学习，最终获得两个学士学位。这种方式需要付出更多的努力，但能够更全面地掌握两个专业的知识和技能。双学位的特点是要求学生修读两个专业的相关课程，并达到一定的学分要求。课程设置和毕业要求通常由学校根据教育部规定制定。修读双学位的学习压力相对较大，需要学生在有限的时间内掌握两个学科领域的知识。

双学位的优势也很明显。首先，双学位持有者在求职市场上往往更具竞争力。其次，修读双学位可以更加深入地接触到不同的学科领域，拓宽视野和思维方式。最后，拥有双学位可能意味着更多的职业选择和发展空间，增加就业机会。

3）转专业

转专业是指大学生在入学后，由于个人兴趣、职业规划或其他原因，申请从当前专业转到另一个专业学习。如果同学们发现最初选择的专业并不适合自己，可以选择转到另一个专业学习。但需要注意的是，转专业的机会和时间可能因学校而异，一般在大一或大二期间进行申请。同时，转专业需要经过学校的审核和批准，条件通常比较严格，需要满足一定的成绩要求和专业相关课程的要求。转专业后需要重新适应新的学习环境和课程体系，这是一个全新的挑战。

因此，转专业需要充分了解目标专业的课程设置、学科特点和就业前景，确保自己具备转入该专业的条件和要求，如成绩、兴趣、能力等。转专业前要做好心理准备，积极面对新的挑战和机遇。转专业一定要慎重，因为很多问题不是转专业就能解决的。如果对其他领域感兴趣，我们可以通过一些途径去接触，比如辅修、双学位、专业的培训辅导等。

总之，跨专业学习的方式各有特点，同学们可以根据自己的兴趣、职业规划和学习能力进行选择。辅修专业适合希望拓宽知识面和提高综合素质的学生；双学位适合希望提升竞争力和拓宽视野的学生；转专业则适合对当前专业不满意或希望改变职业规划的学生。无论选择哪种方式，都需要做好充分的准备和规划，以确保学习的顺利进行和未来的职业发展。

三、大学生跨专业学习对技能的提升

大学生跨专业学习能够显著提升多种技能，主要包括以下几个方面：

1. 提高创新能力

跨专业学习强调将不同领域的知识和技能结合起来，这种结合可以激发新的思考方式，促进创新。例如，技术和设计的结合可以推动新产品的开发，而计算机科学与生物学的融合则可以推动生物技术的突破。

2. 提高解决问题的能力

现实世界的问题往往不局限于单一学科的范畴。跨专业学习能够从多角度分析问题，运用不同学科的方法和理论来寻找解决方案。这种能力有助于在职场上更有效地应对各种挑战。

3. 提高就业竞争力

多学科的知识背景可提高就业竞争力。现在的用人单位越来越倾向于招聘那些能够跨学科工作的人才，因为这些人才能够在快速变化的环境中适应多样的工作需求。

4. 拓展全球视野

跨专业学习往往涉及对不同文化和国际视角的理解，尤其结合了社会科学和人文学科的学习。这种学习有助于建立全球化的思维方式，理解和尊重多样化的价值观和行为模式。

5. 增强适应性和灵活性

在快速变化的社会和技术环境中，具备跨学科知识的人才更能适应新的挑战。他们能够灵活运用自己的知识体系来应对不断变化的情况。

6. 促进学科间的交流与合作

跨学科学习鼓励不同学科之间的交流和合作，有助于促进学科间的融合和发展。这种跨学科的合作研究不仅可以推动学术进步，还可以促进技术创新和社会发展。

本节知识回顾

1. 大学跨专业学习能够带来多方面的优势,不仅有助于个人的成长和发展,还能为未来的职业生涯带来更多_____。

2. 大学生跨专业学习的过程包括:明确目标和_____。

3. 选择合适的跨专业学习的方式包括:辅修专业、_____、转专业。

第二章第四节知识回顾答案

第五节　学术发展与实践机会的探索

一、大学生学术发展的途径

大学生应根据自己的兴趣和目标提前规划学术发展路径,明确兴趣和目标提前做好准备,选择适合自己的研究领域和发展方向,这样才能在学术道路上取得更好的成绩。大学生学术发展的主要途径包括以下几种:

1. 参与科研项目

通过参与大学生创新创业训练计划或省、市级特色课题和校级课题等方式,进行科研活动。这些项目不仅能够帮助我们在实践中学习和应用专业知识,还能提升科研能力和创新能力。

2. 参与导师的课题

导师是大学生学术发展的重要引导者。我们应积极与导师沟通,寻求学术上的指导和帮助。加入导师的课题组是另一种重要的学术发展途径。通过参与导师的课题,我们可以系统地了解科研流程,甚至产出优秀的论文成果,这有助于提升学术能力和积累科研经验。

3. 发表学术论文

发表学术论文是衡量学术水平的重要标志之一。我们可以尝试撰写学术论文,将自己的研究成果整理成文字,投稿至相关领域的专业期刊或参加学术会议,接受同行评审,提升学术水平。我们也可以通过参与科研项目或自主研究,撰写并发表学术论文,这不仅能够提升学术水平,还能为未来的学术发展打下坚实的基础。

4. 参与科研竞赛

大学生参与科研竞赛是提升科研能力、创新思维及团队协作能力的重要途径。我们可以密切关注学校教务处、科研处或相关学院发布的科研竞赛通知,也可以利用网络资源,如浏览教育部、中国科协等相关官方网站,以及学术论坛、微信公众号等平台,获取全国乃至国际性的科研竞赛信息。参加高含金量的科研竞赛,不仅能够锻炼科研能力,还能通过比赛积累经验和展示成果。

5. 积极参与学术活动

参与学术讲座、研究项目和学生会等活动，有助于深入了解所学领域，建立学术联系，并为未来的学术生涯打下坚实基础。同学们可以利用学校资源，参加各类学术讲座和研讨会，与专家学者交流，了解学科前沿动态，拓宽学术视野。通过这些途径，同学们可以在学术上取得长足的进步，为未来的学术和职业发展奠定坚实的基础。

综上所述，大学生学术发展的途径是多种多样的，关键在于结合自身兴趣、职业规划以及实际情况，合理规划学术发展路径，积极参与各类学术活动，不断提升自己的学术水平和综合素质。

二、大学生实践机会探索

很多大四的同学在招聘会寻求工作时，常常遭遇挫折，沮丧而归，他们普遍反映："招聘方都要求具备工作经验。"面对就业困境，一些同学甚至提出了"零工资就业"的请求，以期能积累工作经验，然而这一请求被用人单位婉拒。由此可见工作经验对大学生求职的重要性。同学们若想在就业市场中脱颖而出，就必须培养实践能力和动手能力，而实践机会是实现这一目标的重要条件。实际上，积累工作经验的方法有很多，比如以下几种。

1. 参加课程中的实践任务

同学们可以在学习理论知识的基础上多分析案例、参加科研竞赛及导师的课题等。比如，工程专业的学生做实验、设计，计算机专业的学生进行编程训练，会计专业的学生练习做账，金融专业的学生分析股票走势，营销专业的学生进行市场调研、促销活动的策划与实施，等等。其实，高校中也有一些实践环节的训练，如工科专业的实验课及生产实习、课程设计，工商管理专业通过社会调研、实践才能完成的作业。遗憾的是，有些同学把老师的要求当成负担，草草应付了事。那些非常认真地按照要求完成各项实践任务、在实践中发现问题再向老师请教的同学，通过完成作业真正掌握了方法，提高了实践、动手能力，在求职面试中也会更自信。

2. 参加各种竞赛

大学生社会实践中的各种竞赛，是当代青年学子锻炼能力、展现风采的广阔舞台。这些竞赛不仅涵盖了科技创新、文化创意、社会实践等多个领域，还融合了团队协作、项目管理、公共演讲等多方面技能的培养。

在参加这些竞赛的过程中，同学们不仅能够提高自己的专业技能和综合素质，还能结交到具有不同背景、来自不同专业的优秀伙伴。大家相互学习、共同进步，形成了积极向上的良好氛围。同时，这些竞赛也为同学们提供了展示自我、实现梦想的宝贵机会。许多优秀的作品和团队因此脱颖而出，赢得了社会的广泛认可和赞誉。

3. 参观学习

要想深入了解职业环境，最好能深入一线企业，掌握第一手资料。如果条件允许，可以到企业实地参观，进行现场考察。若条件不允许，参加展览会也是获取一线企业信息的绝佳平台。通过亲自参加行业展览会，也可以深入了解并掌握诸多宝贵信息。

4. 实习体验

众多规模较大的用人单位，如跨国公司、机关、高校等，经常提供实习生岗位。实习对于参与双方均有利。实习是课堂理论学习转化为实际应用的桥梁，也是深入了解职业环境的重要途径。通过实习，不仅可以深入了解用人单位的管理体制、发展潜力等情况，还可以学习用人单位的管理经验、技术方法，为毕业设计和未来就业奠定基础。如果实习期间表现出色，且用人单位有招聘计划，实习生就可能成为拟招聘的最佳人选。通过实习，个体可以更为全面和深刻地了解职业环境、企业环境以及岗位环境。

当然，我们选择实习单位时，要结合自己的职业生涯规划目标，锁定与自己专业对口的单位范围，同时应从是否有利于实现职业生涯规划目标和发挥专业特长着手，而不能一味追求实习单位的名气、规模。最后，还应重视实习单位的"软环境"，特别是有意向去企业实习的同学，务必把企业是否建立了完善的现代化管理机制作为选择标准之一。

5. 兼职

此外，许多同学选择利用寒暑假及节假日从事兼职工作，这不仅能够为他们带来额外的经济收入，更重要的是可以锻炼动手能力，提高人际沟通能力，并积累宝贵的工作经验。这些经历无疑为他们的求职简历增添了亮点，大大提高了赢得面试的机会，可谓"一举三得"。

总之，我们要想真正了解一个职业，最好的办法就是亲自体验，其中参加多种多样的社会实践是最好的选择。想要从优秀的在校大学生成长为优秀的员工，需要同学们在大学期间注重培养用人单位所看重的核心素质与能力。值得庆幸的是，这些可迁移技能并非必须走上工作岗位后才能习得，大多数可以在大学期间通过学习和实践来培养和提升。

本节知识回顾

1. 大学生学术发展的途径：参与科研项目、参与导师的课题、发表学术论文、_____、_____。

2. 大学生实践机会探索的途径：参加课程中的实践任务、参加各种竞赛、_____、_____、兼职。

第二章第五节知识回顾答案

即测即练

自学自测　　扫描此码

任务（一）招聘广告分析

<table>
<tr><td colspan="8" align="center">招聘广告分析</td></tr>
<tr><td>姓名</td><td></td><td>专业</td><td></td><td>班级</td><td></td><td>学号</td><td></td></tr>
<tr><td colspan="8" align="center">要求：搜集两篇招聘广告，并完成要点提炼</td></tr>
<tr><td colspan="4" align="center">招聘广告1：原版内容摘抄</td><td colspan="4" align="center">要点提炼</td></tr>
<tr><td colspan="4">岗位名称：＿＿＿＿＿＿＿</td><td colspan="4">岗位职责：

任职要求：

福利待遇：

发展前景：</td></tr>
<tr><td colspan="4" align="center">招聘广告2：原版内容摘抄</td><td colspan="4" align="center">要点提炼</td></tr>
<tr><td colspan="4">岗位名称：＿＿＿＿＿＿＿</td><td colspan="4">岗位职责：

任职要求：

福利待遇：

发展前景：</td></tr>
</table>

任务（二）完成工作调查

<table>
<tr><td colspan="8" align="center">工作调查——我的理想职业</td></tr>
<tr><td>姓名</td><td></td><td>专业</td><td></td><td>班级</td><td></td><td>学号</td><td></td></tr>
<tr><td colspan="8" align="center">理想职业选定</td></tr>
<tr><td colspan="8">我的理想职业是：A. ＿＿＿＿＿＿＿　B. ＿＿＿＿＿＿＿　C. ＿＿＿＿＿＿＿</td></tr>
<tr><td colspan="8" align="center">请从中挑选一个你最希望了解的职业，试着回答以下问题</td></tr>
</table>

1. 职业名称：＿＿＿＿＿＿＿＿＿＿

2. 它与下列哪项内容关系较密切？（可多选）A. 文字　B. 数字　C. 人际　D. 事物

3. 其主要工作内容是：＿＿＿＿＿＿＿＿＿＿＿＿＿＿＿＿＿＿＿＿＿＿

4. 其主要工作场所是：A. 室内　B. 室外

5. 其工作时间：A. 固定　B. 可自行调配

6. 起薪标准是：＿＿＿＿＿＿＿＿＿＿＿＿＿＿　计薪方式是：□A. 月薪　□B. 年薪

7. 从业者所需的教育背景（专业及学历）是：＿＿＿＿＿＿＿＿＿＿＿＿＿＿＿

8. 从业者所需具备的素质能力主要有哪些？＿＿＿＿＿＿＿＿＿＿＿＿＿＿＿

9. 从业者所需的人格特质是：＿＿＿＿＿＿＿＿＿＿＿＿＿＿＿＿＿＿

10. 从业者是否需要专业资格？＿＿＿＿＿＿＿＿　如果需要，是＿＿＿＿＿＿＿＿

11. 从业者的收入水平如何？＿＿＿＿＿＿＿＿＿＿＿＿＿＿＿＿＿＿＿

12. 从业者的工作稳定性如何？＿＿＿＿＿＿＿＿＿＿＿＿＿＿＿＿＿

13. 从业者的就业市场如何？＿＿＿＿＿＿＿＿＿＿＿＿＿＿＿＿＿

14. 从业者的发展机会怎样？＿＿＿＿＿＿＿　主要升迁路径是＿＿＿＿＿＿＿＿

15. 从业者的主要压力来源是：＿＿＿＿＿＿＿＿＿＿＿＿＿＿＿＿＿

16. 你所了解的与此职业有关的其他信息：＿＿＿＿＿＿＿＿＿＿＿＿＿＿

<table>
<tr><td align="center">总结与反思</td></tr>
</table>

1. 在未来的职业选择中，我看重的因素有哪些？

2. 通过本次任务，我意识到我在职业选择方面需要重点关注什么？

自我认知与兴趣发现

学习重点

- 掌握自我认知的方法。
- 了解职业性格的培养方法。
- 认知职业兴趣的重要作用。
- 了解职业对从业者的素质要求。
- 掌握提升职业能力的具体方法。
- 学会职业价值观的分析与调整。

扩展阅读 3.1 "杂交水稻之父"袁隆平——解决十几亿中国人的吃饭问题

第一节　性格探索与职业

一、自我认知

自我认知是职业生涯规划的基石，它涉及一个人对自己的全面了解和深刻洞察。这一过程不仅关乎个人的兴趣、特长、性格等内在特质，还涉及对自我人生观、价值观以及职业目标的清晰界定。通过深入的自我认知，个体能够更准确地把握自己的职业定位，为未来的职业发展奠定坚实的基础。

1. 自我认知是职业生涯成功的内在驱动力

自我认知是推动个人迈向成功的核心内在力量。它要求我们不仅要顺应社会需求和专业发展，更要深入探索自己的内心世界，明确自己的职业追求和人生价值。只有当个体的自我主观评价与社会对其的客观评价相契合时，才能在职业生涯中取得真正的成功。对于在校大学生而言，自我认知的重要性尤为凸显，同学们需洞察自身的心理特质，借助自省与专业人士的悉心指导，逐步让自我评价贴近真实的自我表现。同时，应积极培养个人兴趣与爱好，提升对周遭环境的适应能力，发掘并善用个人独特优势，巧妙规避或改进存在的不足。如此一来，便能在最适合自己的职业舞台上收获成功与快乐并存的职业生涯。

自我认知促进职业发展路线的选择。充分的自我认知有助于个体选定适合自己的职业发展路线。通过对自己的长处、缺点、意向、动机、个性和欲望的深入了解，个体能够更清晰地认识到自己在职业发展中的优势和局限，从而做出明智的选择。在求职过程中，清晰的自我认知能够帮助个体明确自己的职业价值观、兴趣、爱好、能力和特长，从而找到真正适合自己的工作。而在职业转换和职业发展过程中，通过总结经验教训，个体可以不断调整职业策略，提升职业竞争力，实现职业生涯的持续成功。

自我认知是职业生涯成功的基石。它不仅是职业生涯规划的起点，更是迈向成功职业道路的强力跳板。通过深入挖掘自己的内心世界，我们可以发现潜藏的能力和驱动力，为职业生涯的发展提供不竭的动力。因此，对于每一位有志于在职业生涯中取得卓越成就的人来说，自我认知是至关重要的一步。它要求个体持续地进行自我反思和自我探索，以便找到最适合自己的职业路径，实现个人价值与社会价值的双重飞跃。

2. 自我认知的过程

自我认知的过程是一个复杂而深刻的内心探索之旅，它遵循着"5W1H"的逻辑框架，即"是什么（what）""为什么（why）""需要谁（who）""何时（when）""何地（where）"和"如何（how）"。通过这个框架，自我认知的过程变得更为清晰、系统，有助于个体在职业生涯中做出明智决策，实现个人成长与职业成功。

1）是什么（what）——目标与现状界定

此阶段聚焦于自我认知的起点，明确个人职业愿景、期望成就及其背后的意义，同时审视当前自我状态、能力条件与潜能，为职业规划奠定坚实基础。

2）为什么（why）——动机与价值观探索

深入内心世界，探究行为背后的动机、情感根源及个人价值观，理解这些内在驱动力如何塑造职业追求，为自我潜能的开发与人生目标的确立提供指引。

3）需要谁（who）——自我主体与辅助者识别

强调作为自我认知主体的意识与主动性，同时认识到在职业规划中寻求导师、职业规划师等专业人士指导的重要性，形成内外结合的自我认知支持网络。

4）何时（when）——时间管理与阶段规划

通过时间维度，规划自我认知与职业规划的阶段性任务，确保在合适的时间节点进行深度反思、目标调整与行动计划的实施，实现职业生涯的有效管理。

5）何地（where）——环境定位与趋势分析

综合评估个人特质与外部职业环境，包括行业趋势、市场需求与竞争态势，精准定位个人在职业生涯中的最佳位置，为职业发展路径的选择提供依据。

6）如何（how）——策略制定与行动执行

基于前述分析，制定具体、可行的职业规划策略，包括技能提升、关系网络建设、实践经验积累等，通过持续的努力与实践，逐步实现职业梦想。

3. 自我认知的作用

自我认知在职业生涯规划中发挥着至关重要的作用。它不仅是我们制定职业规划的基础，还是我们实现职业成功的关键。自我探索越充分，自我认知越清楚，个人职业生涯规划的针对性和可操作性就越强，事业成功的可能性就越大。自我认知能使我们接纳自己、欣赏自己，克服成长障碍，充分挖掘潜力，使自己的职业生涯规划顺利进行。良好的自我认知可以帮助我们完成以下任务。

1）认清与社会的关系，合理定位自我职业生涯

通过自我认知，我们可以更加清晰地认识到自己与社会的关系，了解社会对人才的需

求状况。这有助于我们根据自己的兴趣、能力和价值观，找到适合自己的职业方向，避免盲目跟风和过度竞争。

2）强化与他人的关系，开发自我职业生涯潜能

自我认知涉及我们与他人的关系。通过与他人的互动和交流，我们可以获得更加全面和客观的自我认知。这有助于我们发掘自己的潜能，提升职业竞争力，为职业生涯的发展注入源源不断的动力。

3）全面认清自我，明确职业生涯目标

自我认知使我们能够充分了解自己的优势、劣势、兴趣和价值观。这有助于我们制定更加符合自己实际情况的职业规划，明确职业目标，为未来的职业发展提供清晰的指引。

4）培养健全人格，铸就坚毅品质

自我认知还涉及我们的人格塑造和品质培养。通过深入探索自己的内心世界，我们可以更加清晰地认识到自己的优点和缺点。这有助于我们在职业生涯中面对各种挑战和困难时保持坚定的信念和积极的态度，实现职业上的成功和个人的成长。

4. 自我认知中的常见问题

在自我认知的过程中，我们常常会遇到一些问题，这些问题可能会阻碍我们准确、客观地认识和评价自己。最常见的问题是对自我的苛求和追求完美。对现状的不满及受他人期望过高的影响也容易让自己无法客观地认知自我。这些都是我们在提高自我认知能力时需要特别注意的问题。

1）过分追求完美

一部分人十分渴望完美，并在不同程度上追求自我完善，但如果在追求完美的道路上对自己过于苛刻，不允许自己有任何瑕疵，那么一旦发现不完美之处，就可能引发适应性障碍。在现实生活中，对完美的过度追求往往体现在两个方面：一方面，是对自己提出过于严苛的要求，不允许存在任何微小的"缺陷"。另一方面，是将每个人都可能遇到的问题视为自己"不完美"的证据，这极大地影响了个人的自信心。在现实世界中，我们必须学会接受自己的不完美。每个人都有自己的长处和短板，而完美本身是一个遥不可及的概念。关键在于认识到自己的局限，并致力于不断改进，而不是无休止地追求完美。我们需要根据自己的实际情况和能力，设定合理的期望和切实可行的目标，避免因期望过高而产生挫败感。更重要的是，我们应该关注努力的过程而不仅仅是结果，重视每一步的成长和进步，从而在过程中找到满足感和成就感。

2）心理失衡及不满现状

理想与现实的冲突导致心理失衡。对自我现状的不满会影响情绪，严重时会阻碍现状的改善。现实生活中，需要协调理想与现实，认识到理想与现实之间的差距是正常的，接受并努力缩小这种差距，设定短期和长期的目标，逐步实现自己的理想。需要关注自我成长，把注意力放在自我成长和进步上，而不是仅仅关注现状。通过学习和实践，不断提升自己的能力和素质。与家人、朋友或心理咨询师分享自己的感受和困惑，寻求他们的支持和建议。

3）强加他人期望于自身

把他人对自己的期望当成自我的一部分，导致思想混乱和情绪受影响。难以区分自我期望与他人期望，产生心理冲突。在现实生活中，要区分自我期望与他人期望，明确自己的期望是什么，以及这种期望是源自本身能力和需要，还是为了满足他人的期望。要有独立的自我，培养心理上的独立性，学会独立思考和决策，不要过分依赖他人的期望和评价来定义自己。要懂得沟通协商，与家人、朋友或同学沟通，了解他们的期望和看法，但也要表达自己的想法和感受，在相互尊重的基础上，寻求共识和妥协。

总之，自我认知是一个复杂而深刻的过程，需要我们不断地探索和实践。在面对常见问题时，我们要保持冷静和理性，采取积极的应对策略，逐步提升自我认知能力。通过自我认知，我们可以更好地了解自己、认识自己，进而实现自我成长和职业发展。

5. 自我认知的方法

1）专业评估法

专业评估法是指运用教育学、心理学、测量学、管理学、信息科学、统计学及现代信息技术的综合评估体系。它通过在线测评工具、深度访谈、案例分析和专业实验室等多种手段，对个体的专业知识掌握、专业技能应用、学习态度、创新思维、团队协作能力以及个人发展潜力进行量化评估。这种评估结合行业标准和企业需求，旨在提供全面、精确、深入的分析。

采用专业评估手段进行自我审视，是一种追求科学性的自我认知方式。其优势在于能够迅速识别一个人在专业领域的特定优势，这种优势是在与同行或标准参照系的对比中显现的。通过评估，我们能够获得关于自身专业水平的客观反馈，并基于这些反馈，结合职业发展的要求，进行职业规划与调整，这一过程可以视为"专业匹配"的实践。

鉴于人的复杂性，单一维度的评估难以全面揭示个体的专业特质。因此，应综合运用多种评估工具与方法，并结合其他自我提升策略，以形成互补效应。

2）深度反思法

个人成长的过程好比精心雕琢的艺术创作，需要持续的自我审视与深度反思。深度反思法，犹如心灵的明灯，照亮个人专业成长的征途。借此，我们能从专业成就的荣耀与专业挑战的磨砺中，细致剖析行为及其后果，提炼宝贵经验，指引前行之路。深度反思法主要有以下两种：

（1）从专业成就中反思。专业成就不仅体现在证书或荣誉上，更在于个人在专业领域内积累的知识、技能与经验。这需要问自己以下三个问题：

①我掌握了什么？即我在专业学习与实践中获得了哪些核心知识与技能？这些知识与技能如何帮助我解决实际问题？尽管某些专业知识可能不直接应用于当前工作，但它们为我提供了解决问题的框架与思路，是专业成长的基石。

②我实践了什么？即我参与过哪些项目或活动？这些经历如何塑造了我的专业能力？实践经历是检验知识、锻炼技能的最佳途径，也是职业定位的重要依据。通过丰富多样的实践，我可以更有针对性地提升专业技能，增强职场竞争力。

③我创新了什么？即我在专业领域内的创新点是什么？是什么激发了我的创新思维？通过回顾与创新相关的经历，我可以发现自己在解决问题、创造价值方面的独特优势，为未来的职业发展提供源源不断的动力。

（2）从专业挑战中反思。

①我的知识盲区。在专业领域，每个人都会有知识或技能的短板。关键在于正视这些不足，通过持续学习与实践来弥补。我应主动寻求反馈，了解自己在哪些方面需要提升，并制订有针对性的学习计划。

②我的实践局限。由于个人经历与环境的限制，我在某些实践领域可能存在经验不足的问题。面对这些局限，我应保持开放心态，勇于尝试新事物，从失败中汲取教训，不断提升自己的实践能力。

通过这些深度反思，我们可以更清晰地认识到自己在专业领域的位置，为未来的职业发展奠定坚实基础。

3）多方反馈法

他人评价是进行客观自我认知的重要途径之一，它包括来自父母、亲戚、朋友、老师以及同学、同事等的评价。这些反馈通常覆盖了个人的专业能力、工作态度、团队协作能力和创新能力等多个维度，由于来源多样，可能包含一些主观性或偏见。因此，为了获得全面且客观的反馈，需要综合考虑各方的意见，并学会从中提取有价值的建议。

4）象限分析法

象限分析法是自我剖析的重要方法之一。心理学家把对自我的了解比喻成一个象限。象限分析法通过构建一个直角坐标系，将自我认知划分为四个象限，每个象限代表不同的自我认知层面。坐标的横轴正向表示别人知道，负向表示别人不知道；纵轴正向表示自己知道，负向表示自己不知道。坐标象限图明显地把自我分成四部分，即四个象限，每个象限代表不同的自我认知层面。

象限1：公开我（自己知道，别人也知道）。

这是个人外在表现的部分，容易被他人观察和了解。其范围大小取决于他人对你的熟悉程度，随着关系的加深，这个区域可能会逐渐扩大。

象限2：隐私我（自己知道，别人不知道）。

这部分属于个人的隐私，通常不愿意被他人知晓。信任是开放这一区域的关键，信任程度越高，隐私区越小。撰写自传或24小时日记是了解自我的有效方式。虽然年轻时不一定需要写自传，但这种方法有助于自我反思和成长。

象限3：潜在我（自己不知道，别人也不知道）。

这是有待开发的部分，包含个人的潜能和未知特质，通过自我省思、特殊经历、心理咨询和测验工具等方式可以被逐渐发掘。认识并开发潜在我是自我成长和职业发展的关键。

象限4：背脊我（自己不知道，别人知道）。

这是个人的盲点，包括不自觉的瑕疵和怪癖等缺点。虚心接受他人的意见和指点是缩小这一盲点区域的有效途径。与家人、朋友、同学等进行交流，并利用录音、录像设备开诚布公地了解自己，是缩小改善背脊我的好方法。

在进行自我剖析时，重点是了解象限3"潜在我"和象限4"背脊我"这两个部分。以下是认识自我的三个主要途径。

（1）在和别人的比较中认识自我。

通过与他人比较，我们可以了解自己在某些方面的优势和不足。这种比较有助于我们识别自己在群体中的位置，但要注意避免过度比较，以免产生自卑或自负情绪。

（2）从别人的评价中认识自我。

虚心听取他人的意见和建议，尤其是来自师长、亲友和同学的反馈，是认识自我的重要途径。同时，我们也要坚持独立思考，不要盲目接受他人的评价，而是要结合自己的实际情况进行分析。

（3）从自己的实践中认识自我。

通过自己的实际行动和经历来认识自己，包括工作、学习、社交等方面。反思自己的行为和结果，从中总结经验教训，不断提升自我认知。

二、性格

性格是个体对现实的稳定态度和行为方式中的心理特征，它是长期生活实践与环境因素共同作用下的稳定特质，影响个体行为选择及方式，塑造个人魅力与风格。常言道"性格决定命运"，良好性格可经后天调适。

在职业领域，性格差异决定从业者能否胜任特定岗位。不同职业对性格有不同要求：内向者擅长思考，注重细节，适合科研、写作等需要深度思考的岗位；外向者具备沟通技巧，人际交往能力强，适合销售、公关等需要广泛互动的岗位。因此，做职业规划时剖析性格特征，并将其作为职业选择的重要参考，颇为明智。当性格与职业匹配时，个人的潜能与创造力将被充分激发，从而展现出更出色的表现。这种匹配不仅利于发挥个人长处，也预示职业道路的顺畅，进而增强个人的成就感。内向者在专注环境中展现才华与洞察力；外向者在多变的职场环境中发挥应变与交际能力，推动团队发展。性格与职业匹配需要在职业规划初期借助心理测评、他人意见，获取自我认知，但如何根据自身性格，规划充满挑战与机遇的职业蓝图，最终决定权在个人。

请思考下表中的几个问题，并把答案填入表中。

你了解自己的性格特点吗？	
你是一个外向还是内向的人？	
你对于新事物和与自己不同的想法，通常乐于接受吗？	
你有没有想过，你的这些性格特点来源于哪里？你想过要改变它们吗？它们对你未来的职业生涯发展会有怎样的影响？	

1. 职业性格概述

职业性格，也叫职业人格，它并非指一个人的智力商数、专业水平、工作经验等显性的职业能力，而是指先天性地、内在地、稳定地影响甚至决定着一个人的岗位匹配和职业环境适应性、工作业绩和职业成就的那些心理动力组织，是达成工作绩效的一系列无法改变或者至少是难以培育的非智力决定的因素。职业性格自动自发地决定着一个人职业成就的高低及职业发展的成败。

当一个人的性格特质与职业需求相契合时，工作自然会变得游刃有余，职业满意度与成就感便会随之而来。反之，若性格与职业要求相悖，则心理冲突与挑战便会不断，职业发展的道路也将布满荆棘。因此，深入了解并准确评估自己的职业性格，对于规划职业生涯、提升职业竞争力具有不可估量的价值。

2. 职业性格的分类

职业性格的多样性为每个人提供了广阔的职业选择空间。以下是九种典型的职业性格类型，它们各有特点，分别对应着不同的职业倾向与优势。

（1）变化型。这类人天生热爱变化与挑战，擅长在不确定的环境中寻找机遇，追求多样化的工作内容与工作环境。他们善于快速适应新环境，是创新与变革的推动者。

（2）重复型。这类人适合并喜欢连续不断地从事同一种工作，喜欢按照一个固定的模式或别人安排好的计划工作，爱好重复的、有规则的、有标准的职业。与变化型相反，重复型性格的人更倾向于稳定与规律的工作。他们享受重复工作的乐趣，擅长在熟悉的环境中保持最佳状态，是细节与效率的守护者。

（3）服从型。这类人乐于遵循指示与规则，善于在团队中扮演辅助角色。他们乐于配合他人，是团队合作的黏合剂，但可能缺乏独立决策的能力。

（4）独立型。这类人渴望独立与自主，擅长规划与指导。他们乐于承担责任，是团队中的领导者与创新者。

（5）协作型。这类人擅长与人合作，善于协调与沟通。他们乐于在团队中发挥作用，是团队氛围的营造者和人际关系的维护者。

（6）劝服型。这类人擅长说服他人，具有强大的影响力与说服力，对别人的反应具有较强的判断能力，并善于影响他人的态度、观点和判断，是谈判高手与公关专家。

（7）机智型。这类人善于应对突发情况，具备出色的应变能力与自我控制能力。他们是危机处理的高手，在紧张、危急、意外的情况下，能够自我控制，镇定自若，出色地执行任务。在出差错时不会惊慌，应变能力强。

（8）自我表现型。这类人喜欢表现自己，渴望通过工作与情感表达自我。他们具有强烈的艺术气质与强大的创造力，是艺术与表演领域的佼佼者。

（9）严谨型。这类人注重细节与规则，追求工作的完美与精确。他们是质量与效率的双重保障者，是科研、工程等领域的精英。

总之，深入了解自己的职业性格，有助于我们更加清晰地认识自己，明确职业定位与发展方向。在职业生涯规划的道路上，让我们以性格为舵，以兴趣为帆，勇敢追寻属于自己的职业梦想。

扩展阅读 3.2 MBTI 十六种人格类型

3. 调适职业性格

在职业发展中，对职业性格的调适与探索是至关重要的一环。职业性格不仅深刻影响着个人的工作满意度和成就感，而且直接关系到职业发展能否成功。因此，我们必须通过有效的途径来调整和完善自己的职业性格，以便更好地适应职业要求，实现职业目标。

调适职业性格的途径有以下几种：

（1）严格要求自己，提高修养。职业性格的塑造是一个持续的过程，它要求我们坚持不懈地付出努力。我们应该以所学专业对应的职业群对从业者的要求为指导目标，制订具体的行动计划，严格要求自己，不断提升职业素养和性格调适能力。

（2）向身边的榜样人物看齐。榜样的力量是无穷的，身边的成功人士往往具有值得我们学习的职业性格特质。我们可以汲取他们的成功经验，了解他们是如何调适和完善性格的，然后制定适合自己的措施，逐步改善自己的职业性格。

（3）积极主动地参加社会实践。社会实践是锻炼和调整职业性格的关键途径。通过参与多样化的实践活动，我们不仅能够更深入地理解专业和职业对从业者性格特质的具体要求，而且还能有针对性地进行性格的调整和完善。除此之外，社会实践还能显著提升我们的职业适应能力和综合素质，使我们在职场中更加游刃有余。

4. 职业性格探索

在当今的职场中，众多职位对性格有特定要求，选择职业需具备相应的性格特征。很多企业在招募新人时，往往将性格测试视为首要环节，当性格与职位相契合后，才进一步考察能力。这些企业普遍认为性格比能力更为重要，能力不足可通过培训提升，而性格与职业不匹配则难以改变。性格本身没有绝对的好坏之分，但其与职业的匹配度关乎事业成败。因性格与职业错位而导致的职场挫败，已逐渐成为职场人士亟待解决的难题。

职业发展与一个人的气质、能力、兴趣、潜力、价值观等因素紧密相连。规划职业发展时，首要任务是准确评估自身性格。若想要胜任一份工作，既需要专业知识和良好的技能，也需要职业与性格互相契合。准确了解性格类型，有助于做出精准的职业定位，促进职业发展。职业与性格相符，则潜力易发，成就可期；反之，则可能才华埋没，或需倍加努力方能成功。

不过，性格多源于后天培养，可塑性强。人在社会中常因外界因素改变原有性格，这种改变或能激发潜在能力。此外，个性并不能决定社会价值与成就高度。

因此，当发现性格与职业匹配度低时，我们应培育以下观念来激发职业兴趣。

（1）主动寻找真正感兴趣的工作领域。

（2）深刻理解工作的本质在于自我实现，而非仅仅为老板服务。消极怠工、只盼下班的态度，只会剥夺工作中的成就感。择业时，应热爱所选，这样才利于个人成长及职业发展。

（3）要认识到经验是职业道路上晋升的阶梯，每一份工作都是一次积累经验的宝贵机会。若企业不提供学习与发展平台，那么多年的工作可能只是原地踏步。

（4）对工作负责，才能赢得他人的赞赏与认可。

（5）享受工作与生活，将工作视为快乐之源，如此方能在追求事业成功的道路上乐此不疲。

5. 互动任务：课堂小讨论——当总经理不在的时候

在某知名企业的招聘活动中，四位应聘者通过初试、面试、笔试，"过五关斩六将"，进入最后一关：由总经理亲自与他们谈话进行考察。想到即将进入很多人梦寐以求的国际知名企业，他们既兴奋又紧张，暗自叮咛自己在最后一关一定不能有任何闪失。

在约定的时间，四人准时走进总经理的办公室，并相继落座。恰在此时，总经理办公桌上的电话铃响了。总经理拿起电话简短交谈后，说道："好，我马上过来。"然后转向四人，略带歉意地说："我现在临时有点儿急事，对不起，请你们在这里等我一会儿。"

总经理离开后，四人紧张的心情放松下来。最初的五分钟里，大家都安静地坐着，没人动弹。然而，五分钟一过，就有人开始查看表、滑动手机，脸上流露出不安的神色。至第七分钟，更有人起身踱起步来，不时往窗外张望，对时间的关注愈加频繁，显得颇为不耐烦。到了第十分钟，竟有人走到总经理的办公桌旁，翻起了文件，甚至随手打开封面上写着"公司办公记录"的本子……唯有一人，自始至终稳坐沙发，没有动过丝毫。

二十分钟后，总经理回来了，宣布了一个令人意外的决定：那个坐在沙发上没有动过的应聘者被录用了。

讨论问题：为什么那位坐在沙发上没有动过的应聘者被录用了？

本节知识回顾

1. 自我认知是职业生涯成功的_____和_____，它要求个体深入探索自己的内心世界，明确自己的职业追求和人生价值。

2. 自我认知在职业规划中至关重要，能帮助我们合理定位职业方向，了解自己的_____和_____。

3. 在自我认知的过程中，个体常常会遇到一些问题，这些问题可能会阻碍我们准确、客观地认识和评价自己，其中最常见的问题是对自我_____、_____和对现状的不满。

4. 自我认知的方法包括_____和_____。

第三章第一节知识回顾
答案

第二节　兴趣发现与职业

一、兴趣与职业兴趣的内涵

兴趣，这一源自内心的神奇力量，是我们不断探索、学习、成长的重要动力。一旦对某一事物或活动萌发出浓厚的兴趣，我们的积极性便会如火焰燃起般高涨，驱使我们在这一领域内追求卓越。而职业兴趣，作为这种兴趣心理倾向在职场中的体现，也深刻影响着我们的职业选择、工作态度及职业满意度。

对于在校大学生而言，若能根据自己的兴趣确定职业目标，那么个人的主动性和创造力将得到充分发挥。这种由兴趣驱动的职业选择，不仅能使我们在工作中保持高昂的斗志和愉快的心情，还能在我们面对困难和挑战时，激发出各种解决办法。

职业兴趣指人们对某种职业的关注程度及乐于从事某职业的积极态度与倾向。大多数人在选择职业时，更倾向于寻找与自己兴趣有关的职业。职业兴趣可以通过工作动机来促进能力的发挥，当职业兴趣与能力结合的时候，能显著提升工作效率，助力职业成功。

如果一个人从事感兴趣的工作，便有机会发挥出全部才能的 80%～90%，并长时间保持高效率且不易感到疲惫；相反，如果对工作不感兴趣，可能只能发挥出才能的 20%～30%，并且容易感到筋疲力尽。职业兴趣同样影响着工作满意度和稳定性。通常情况下，从事自己不感兴趣的职业很难带来满足感，也容易导致工作不稳定。

二、良好职业兴趣的特征

1. 差异性

不同的职业需要有不同的兴趣特征。一个动手能力强、喜欢技能操作的人，可以在自己喜爱的工作领域大显身手、施展才华；如果从事研究型或其他类型的工作，可能会感到束手无策，找不到用武之地。正是这种兴趣特征的差异，构成了人们选择职业的重要依据。

2. 广度与中心性

职业兴趣还具有广度和中心性的特征。有的人兴趣广泛，对多个领域充满好奇和热情；而有的人则更专注于某一领域，对其他事物不太关注。这种兴趣广度的差异，影响着人们的职业选择和发展方向。同时，每个人的职业兴趣都有一个中心点，即我们最热爱、最擅长的领域，这也是我们职业发展的核心动力所在。

3. 稳定性

良好的职业兴趣还需要具有相对的稳定性。一个人的职业兴趣一旦形成，就应尽量保持稳定不变，因为频繁更换职业兴趣不仅会影响我们的职业发展，还会让我们在职业道路上迷失方向。只有保持职业兴趣的稳定性，我们才能在职场中持续前行，不断取得新的成就。

三、职业兴趣的发生和发展历程

职业兴趣是成就的重要推动力，它能将一个人的潜力最大限度地调动起来，使其长期专注于某一方向，做出艰苦的努力，取得骄人的成绩。职业兴趣的发生和发展一般经历这样一个过程：有趣—乐趣—志趣。

第一个阶段：有趣。此阶段是兴趣发展的初级阶段。此时的兴趣很不稳定，如白驹过隙，短暂易逝。处于这一阶段的兴趣常常与一个人对某一事物的新鲜感相关联，随着这种新鲜感的消失，兴趣也会逐渐减弱。

第二个阶段：乐趣。此阶段的兴趣是在有趣定向发展的基础上形成的，是兴趣发展的中级阶段。在这个阶段中，人们的兴趣会变得专一、深入，他们沉浸其中，自得其乐。例如，球迷狂热地观看比赛、追星族对偶像的狂热追捧等，他们不辞辛劳，直至筋疲力尽也不肯停下来，这份专注与执着，皆源于内心的乐趣与享受。

第三个阶段：志趣。当个人的乐趣与其社会责任感、理想及奋斗目标结合起来时，乐趣便升华为志趣。志趣贯穿于人的一生，无时无刻不在激励着人们向着辉煌的人生巅峰迈进。正如古语所言，"三军可夺帅也，匹夫不可夺志也"，缺乏志趣的人，在职业道路上将难有作为，在事业生涯中也将一事无成。

兴趣与职业兴趣无疑是我们职业发展中的关键因素。在追求个人兴趣的同时，我们必须遵循科学规律，恪守程序规则，并以积极进取的态度攀登事业的高峰。只有这样，我们才能在职场中保持竞争优势，实现自己的职业价值和人生梦想。值得注意的是，每个人的职业兴趣稳定性各异。有些人的职业兴趣一旦形成，便相对稳定，即使兴趣范围随时间拓宽，他们仍然保持对原有职业的热爱。而另一些人的职业兴趣则多变，缺乏稳定性和持久性，他们可能迅速对某一职业产生兴趣，但很快又被新的兴趣取代。这种多变的态度在职业选择时可能难以适应职业生涯的长期要求。只有稳定的职业兴趣才能激励我们深入探究，从而获得系统和深刻的知识，为职业成功打下坚实的基础。

四、职业兴趣的探索

1. 职业兴趣对职业生涯的作用

职业兴趣在个人的职业生涯中扮演着至关重要的角色，它不仅影响着职业选择，还深刻地作用于职业稳定性、工作满意度以及职业生涯的适应性。

1）职业兴趣是职业选择的重要依据

在求职的旅程中，薪酬、福利、工作环境等固然是求职者关注的核心要素，但职业兴趣同样不可小觑。一个与个人兴趣相契合的职业，往往能激发一个人的内在动力，使其在工作中感受到愉悦，获得成就感。这种愉悦不仅仅来自对工作成果的肯定，更源于内心深处对工作的那份热爱与执着追求。因此，职业兴趣是职业选择中一个至关重要的考量因素。

当一个人的兴趣与职业相匹配时，其更容易形成坚定的职业志向，并为之持续努力。这种基于兴趣的职业选择，不仅有助于个人在职场中崭露头角，更能使其在职业生涯中保持热情与动力。

2）职业兴趣可以提高职业稳定性和工作满意度

兴趣与能力的结合是职场成功的关键。当一个人对自己从事的职业充满兴趣时，这种兴趣会成为推动能力提升的强大动力。兴趣可以激发工作热情，使人在面对挑战时更加积极主动，从而在工作中展现出更高的效率。

与此同时，兴趣还能显著提升工作满意度。一个对自己的工作充满兴趣的人，更容易在工作中找到乐趣与成就感，从而对工作产生更高的满意度。这种满意度不仅有助于提升个人的工作积极性，还能促进团队的和谐与稳定。

3）职业兴趣可以增强职业生涯的适应性

在职场环境中，变化是一种常态。一个具有强烈职业兴趣的人，往往能够快速地适应职场中的变化与挑战。因为兴趣不仅是对某一特定职业的热爱，更是一种对未知领域的好奇与探索精神。这种精神使人在面对新的工作机会或挑战时，能够保持开放的心态，勇于尝试与探索。此外，职业兴趣还能激发人的创新思维与创造力。一个对自己的工作充满兴趣的人，更容易在工作中发现新的问题与机遇，从而提出创新的解决方案。这种创新思维与创造力不仅有助于个人在职场中脱颖而出，更能为组织的持续发展注入新的活力。

综上所述，职业兴趣在个人的职业生涯中发挥着至关重要的作用。它不仅是职业选择的重要依据，还能提高职业稳定性和工作满意度，增强职业生涯的适应性。因此，在规划自己的职业生涯时，我们应充分关注自己的职业兴趣，并努力将其与职业发展相结合，以实现个人价值的最大化。

2. 库德职业爱好调查表的分类

职业兴趣作为人们选择职业的重要参考因素，历来受到广泛关注与研究。在众多职业兴趣分类方法中，库德职业爱好调查表（Kuder Occupational Interest Survey，KOIS）因其悠久的历史、广泛的认可度和科学的分类体系脱颖而出。该调查表自问世以来，已成为职业心理学领域评估个体职业倾向的标志性工具之一。库德职业爱好调查表旨在通过一系列精心设计的问题，揭示个体在不同职业领域中的兴趣倾向。它不仅帮助个体深入探索自己的职业偏好，还为职业规划师和教育工作者提供了宝贵的指导信息。基于大量的实证研究和数据分析，库德职业爱好调查表将职业兴趣细分为十种类型，每一类都对应着特定的职业群体和工作环境特征。这些分类不仅反映了人们在职业选择上的多样性，也为职业匹配提供了科学依据。通过参考库德职业爱好调查表的分类结果，我们可以更准确地定位自己的职业兴趣，从而制定出更加符合自身特点的职业发展规划。以下即为这十类特征。

（1）户外。大多数时间愿意在户外度过，愿与大自然打交道，喜欢从事地理、地质、动物、植物等方面的工作。相应的职业有：地质勘探人员、登山队员、森林管理者、考古人员、农业人员等。

（2）机械。愿意与工具、机器打交道，不喜欢从事与人打交道的职业，并希望制作能看得见、摸得着的产品。相应的职业包括：车钳工、修理工、裁缝、钟表工、建筑工、司机、农机手、制造工程师、技师等。

（3）计算。喜欢与数字计算和文字符号类有关的活动，喜欢规律性较强的工作。相应的职业包括：会计、银行工作人员、邮件分类员、图书管理员、档案管理员、统计员等。

（4）科研。喜欢发现新的现象和解决问题，乐于分析推理或擅长理论分析。相应的职业有：化学家、工程师、侦察员、医生、数学家、生物学家、物理学家等。

（5）说服。善于与人会面、交谈，协调人际关系，组织管理，或者善于推销、宣传。相应的职业包括：教师、行政管理人员、记者、作家、店员、演员、警察、节目主持人等。

（6）艺术。这是一种创造性的艺术工作，喜欢通过新颖的设计、颜色的匹配和材料的布局等引起别人情感上的共鸣。相应的职业包括：画家、雕塑家、建筑师、服装设计师、美容师和室内装修工等。

（7）文学。喜欢阅读和写作，或能做相应的讲授、编辑工作。相应的职业包括：文学家、历史学家、演员、新闻记者、编辑等。

（8）音乐。对音乐作品和演奏有特殊爱好，喜欢听音乐会、演奏乐器、歌唱，或者喜欢阅读有关音乐、音乐家、戏剧家的书籍。相应的职业包括：音乐家、歌唱家、表演艺术工作者、音乐戏剧评论家等。

（9）服务。这是乐于从事社会工作，为他人服务的一种爱好，主要指社会福利和帮助人的职业，为他人解除痛苦、克服困难。相应的职业包括：医生、护士、职业指导者、家庭教师、人事工作者、社会福利救济工作者、宾馆及饭店服务人员、导游人员等。

（10）文秘。喜欢需要准确性、灵活性的办公室工作。相应的职业包括：秘书、统计员、交通管理员、公共关系人员等。

总之，不同的人有不同的兴趣。有的人对研究自然科学感兴趣，有的人对研究社会科学感兴趣。有的人倾向于情感世界，活跃于人际关系领域，有的人则倾向于理性世界，在数学、公式领域内自由翱翔。有的人对智力操作感兴趣，对读书、写作、演讲、设计乐此不疲，有的人对技能操作感兴趣，对修理、车、钳、刨、摄影、琴、棋、书、画津津乐道。当然，不同的职业也需要不同的兴趣特征。一个擅长技能操作的人，靠灵活的双手在技能操作领域得心应手，但如果硬要把兴趣转移到书本中的理论知识上来，他就会感到无用武之地。正是这种兴趣上的差异，构成人们选择职业的重要依据。因此，兴趣对个人事业的发展至关重要。

3. 互动任务：寻找榜样

（1）通过查阅、搜寻资料，介绍一位令你钦佩的榜样人物，这个人物意志坚定，方向明确，能够实现自己的职业理想。

（2）分享典型的人物、事例，对自己与他人都有较强的榜样作用。

（3）通过以上的榜样分析，思考我的职业理想是什么。

步　骤	任　　务	你 的 答 案
第一步	写出 3 个未来我最想实现的职业理想	
第二步	请仔细思考并删掉 2 个职业理想，保留 1 个最想实现的，并谈感想	
第三步	写出必须实现这个职业理想的理由（为什么这个职业理想这么重要）	
第四步	为了在期限内实现我的职业理想，我必须做以下努力（也许是做某些改变）	
第五步	从现在开始我就要做的事情是什么	

本节知识回顾

1. 职业兴趣指人们对某种职业的关注程度及乐于从事某职业的_____和_____。

2. 良好的职业兴趣需要具有相对的_____和_____，因为频繁更换职业兴趣会影响我们的职业发展。

第三章第二节知识回顾答案

3. 职业兴趣的三个发展阶段依次为_____、_____和_____。

4. 在职业选择中，符合个人兴趣的职业能够激发人的_____和_____。

第三节　能力识别与职业

我们从迈进大学校门的那天起，就应该开始为自己的职业生涯做准备。面对人生新的起点，我们要做的第一件事便是了解自己所学的专业，培养对所学专业的兴趣。只有掌握扎实的专业知识和技能，才能使自己的职业生涯赢在起跑线上。

扩展阅读 3.3　迅速成长的小王

一、能力与职业能力

1. 能力

人的能力是在不断学习和实践的过程中逐渐培养和提升的。一个成功的"职场人"通常具备多种能力，这些能力包括但不限于专业能力、创新能力以及实践能力等。提高职业能力不仅对个人成长至关重要，同时也对社会的发展有着积极的推动作用。

能力的发展受到先天遗传因素和后天因素的共同影响。不同的职业对从业者的能力有着特定的要求。这些能力可以大致分为一般能力和特殊能力。一般能力如智力、协调能力等，是人们在日常生活中普遍需要的；而特殊能力则是从事某种特定职业所必需的，如作家的写作能力、教师的语言表达能力等。

在当今社会，对个体的能力要求越来越高。随着知识经济的蓬勃发展，职业人士正经历着从一次性学习向终身学习的深刻转型。这不仅要求他们具备跨岗位、跨行业的综合职业技能，还强调必须具备一种能力，即能够根据市场变化的需求，不断开发自身潜能的创新能力。同时，现代社会发展使得职业的演变越来越快，每个人在一生中可能面临多次转岗和对职业的重新选择，这就要求每个从业者都应具备一定的职业适应能力。

2. 职业能力

职业能力是在职业活动中逐渐发展起来的，它直接影响职业活动的效率，是职业活动得以顺利进行的心理特征。一方面，职业能力需要在职业活动中不断形成和发展，并通过职业活动得以体现；另一方面，从事某种职业又必须以一定的职业能力为前提。

随着社会的不断发展和职业领域的日益扩大，具体的职业能力模式变得非常丰富。不同的国家和地区对职业能力的分类和鉴定方法也有所不同。例如，美国的一般能力倾向测验（General Aptitude Test Battery，GATB）鉴定了九种能力，而加拿大的《职业岗位分类词典》则将职业能力分为十一个方面。这些分类和鉴定方法有助于人们更好地了解自己的职业能力，从而做出更合适的职业选择。

3. 能力与职业的匹配

不同的职业对能力有着不同的要求。每个人都有自己的优势和劣势，因此，在选择职业时，应将自己的能力类型与职业进行匹配。例如，擅长形象思维的人更适合从事文学艺术方面的工作，而擅长逻辑思维的人则更适合从事哲学、数学等理论性强的工作。

随着生产力的不断提高和社会分工的日益细化，各种职业对从业者的要求也越来越高。例如，如果你想成为一名合格的营销策划师，必须具有以下能力：

（1）主动性。要有旺盛的求知欲和强烈的好奇心。

（2）洞察力。对环境有敏锐的感受力，对信息有准确的判断力。

（3）变通性。思路通畅，善于举一反三、闻一知十、触类旁通。

（4）独立性。不轻易附和他人，使自己的创意成功实施。

（5）独创性。不管有多少现成的好方法，策划人都必须有别出心裁的见解、与众不同的方法，要勇于弃旧图新、别开生面，要永远相信答案总比问题多。

（6）自信心。深信自己所做的事情的价值，一往无前，不达目的誓不罢休。

（7）坚持力。创意的完成需要锲而不舍的意志，确定目标后，能坚定地走下去。

（8）勇气。从事各类策划，尤其是营销策划，经常不惧困难、勇于冒险。在营销策划过程中，所面对的往往是常人无法忍受的市场困境，要有大无畏的勇气。

这些能力不仅有助于策划师在工作中取得更好的成绩，也是其职业发展的关键因素。在选择职业时，我们应充分了解自己的优势所在，并选择能够运用自身优势能力的职业。通过了解自己的能力和表现突出的方面，我们可以扬长避短，避免在职业选择中出现大的失误。同时，我们还应积极提升自己的职业能力，以适应不断变化的市场需求和职业要求。

综上所述，能力与职业能力对个人的职业生涯发展至关重要。在选择职业时，应充分考虑自己的能力类型和职业要求，以实现能力与职业的完美匹配。同时，不断提升自己的职业能力也是实现职业成功的重要途径。

二、如何识别自己的能力

能力识别是职业发展的基石，明确自身能力不仅有助于选择合适的职业方向，还能在未来的学习和工作中精准地发挥自身优势。以下是一些实用的能力识别方法，旨在帮助同学们全面、深入地了解自己的能力和潜力。

1. 自我反思

自我反思是认识自我能力的起点。细致回顾自己在不同场景下的表现，可以更清晰地揭示出自身的优势和待提升领域。反思的维度可以包括以下几点：

（1）课堂学习。思考自己在各学科中的表现，识别出最感兴趣的课程或表现优异的科目，以及学习过程中的轻松与困难之处。

（2）课外活动。回顾参与的课外活动，特别是团队合作、领导力或项目组织经验，从中识别时间管理、沟通协调、问题解决等能力。例如，参与学校的社团活动、组织志愿者活动等，都有益于明确自己在实践中表现出来的优势。

（3）社会实践与实习。分析社会实践和实习中的技能展现，评估自己适应新环境、处理复杂任务的能力。自我反思是认识自我能力的第一步，通过回顾自己在不同情境下的表现，我们可以更清晰地了解自己在哪些方面具备优势，在哪些领域还需进一步提升。

2. 使用能力评估工具

自我反思虽重要，但可能受到个人认知偏差的影响。因此，借助科学有效的职业能力评估工具，能更客观、准确地识别自身能力。以下是两个常用且经过验证的评估工具，我们可以通过它们深入了解自己的优势和潜力。

1）优势发现工具（Strengths Finder）

优势发现工具是由盖尔·克里斯滕森公司开发的一种职业能力评估工具，旨在帮助个人识别自己的核心优势。该工具基于正向心理学理论，强调每个人都有独特的优势，通过发掘和发挥这些优势，可以实现更大的职业成功。该评估工具是一套由 177 个问题组成的问卷，测试内容涵盖了多种行为反应。评估结果将揭示出人们在 34 个领域中的强项，其中最突出的五项优势将被特别标出。这些优势领域包括领导力、创新能力、人际沟通、策略性思维、执行力等，有助于我们了解自己在不同情境中的表现和潜力。

优势发现工具非常适合职场新人，尤其是对自身职业发展方向不明确或缺乏自信的毕业生。通过此工具，我们不仅可以了解自己的优势，还能够利用这些优势来进行职业规划，提升个人的职业竞争力。例如，一位大四毕业生通过优势发现工具测试得到了"战略性思维"与"学习力"两大优势，可以将这些优势应用到项目管理或市场分析的职业中，选择适合自己性格和能力的岗位，并在职业生涯中不断挖掘和提升这两项优势。

2）VIA 性格优势测试（VIA Character Strengths Survey）

VIA 性格优势测试由积极心理学专家克里斯托弗·皮特（Christopher Peterson）和马丁·塞利格曼（Martin Seligman）联合开发，旨在帮助个人发现其内在的 24 种人格优势。这些优势包括勇气、领导力、创意、善意、社交智慧、团队合作等，反映出个人的情感与行为特征。该测试由一份涵盖 240 个问题的问卷组成，评估内容将帮助我们识别自身在生活、工作、学习中的优势。评估结果会根据个体特征分出不同的优势等级，从而帮助我们理解自己在社会交往和职场环境中的表现。

VIA 性格优势测试非常适用于那些希望深入了解自我并提升个人素质的学生，尤其是那些处于职业选择迷茫期的大学生。通过测试，我们可以比较准确地识别出自己的情感优势、领导力和社交能力等，从而更好地指导自己的职业规划。例如，某位大三学生完成了 VIA 性格优势测试后，发现自己的"社交智慧"和"领导力"评分较高。基于这一发现，他可以将这些优势应用于管理类、公共关系或企业沟通等领域的职业选择中，从而规划出一条与个人优势相契合的职业发展道路。

3. 反馈与他人评价

除了自我反思和能力评估工具，我们还可以通过向他人请教和获取反馈来识别自己的能力。这种方式有助于我们从他人眼中看到自己的长处和短板，从而获得更客观、全面的自我认知。反馈来源可以包括以下几点。

（1）教师反馈。与老师交流，了解自己在学术能力、项目表现等方面的优势和不足。老师通常对学生的学习进程和能力有较全面的观察，能够从教学角度为学生提供有价值的反馈。

（2）同伴评价。同学之间的评价能够反映出个人在团队合作、沟通协调等方面的能力。

（3）实习单位反馈。实习单位和上司的评价对能力识别至关重要，它们能反映学生在实际工作中的表现。通过他们的评价，学生可以了解自己在实际工作中的表现，以及自己在工作任务中的优劣势。这些反馈通常具有更强的现实性，能够帮助学生明确自己的强项和短板。

三、能力与职业的匹配

每个人的能力独一无二，而不同职业对能力的需求也各不相同。因此，深入了解自己的能力，并将其与职业要求精准匹配，是制定有效职业规划的核心。

1. 职业能力需求分析

各种职业对能力的要求千差万别。了解所选职业的能力需求，是提升自我技能以匹配职业要求的第一步。几种常见的职位要求如下。

（1）技术职位。如程序员、数据分析师等，通常需要强大的专业技能和技术能力。这涵盖了熟练掌握编程语言、具备高效的数据处理与分析能力，以及深入理解算法与数据结构等核心要素。

（2）销售职位。此类职位看重沟通能力、谈判技巧、市场分析能力以及创意策划能力。销售人员要能够洞察客户需求，有效传达产品价值，并促成交易。

（3）管理职位。管理角色强调决策能力、团队协作、时间管理、领导力等软技能。管理者要能够带领团队达成目标，制定策略，解决冲突，并激励团队成员。

通过对不同职业能力需求的深入了解，我们可以评估自己是否具备从事该职位所需的技能，进而在能力不足的方面进行有针对性的提升。

2. 能力提升与职业目标对接

明确自己的职业目标后，我们应据此制订能力提升计划。例如，如果目标是成为市场营销经理，而当前在数据分析和策略规划方面能力较弱，那么可以通过以下方式提升。

（1）参加专业课程。报名参加数据分析、市场营销策略等相关课程，系统学习理论知识。

（2）实践经验积累。通过实习、项目合作等方式，积累实际操作经验，提升实践能力。

（3）阅读专业书籍。阅读市场营销、数据分析等领域的经典书籍，拓宽视野，深化理解。

（4）寻求导师指导。找到行业内的导师，获取专业建议，加速成长。

3. 专业与非专业能力的融合

在职业发展中，仅凭专业能力往往难以独当一面，众多职位还要求从业者具备跨领域的综合能力。例如，管理岗位虽需一定的技术底蕴，但领导力、团队协作、时间管理等软技能却更为重要。因此，管理者在精进专业技能的同时，亦需加大对软技能的培养力度。在诸如互联网、人工智能等创新行业中，扎实的技术基础固然重要，但创新思维与快速学习的能力同样不可或缺。因此，在审视自身能力时，我们应平衡专业与非专业能力的共同进步，确保在职业道路上具备全方位的竞争力。这促使我们在规划职业发展蓝图时，不仅要聚焦专业技能的提升，还要将软技能、创新思维等综合素养的培养纳入考量，实现能力的均衡发展。

总之，能力与职业的精准对接是职业规划的精髓所在。通过细致剖析职业能力需求，明确职业愿景，并量身定制能力提升策略，我们能够更加稳健地铺设职业发展之路，促进个人与职业的和谐共生与共同成长。

四、自身能力识别实操

为了更有效地识别和发展自己的能力，实际操作和实践至关重要。以下提供了几种实用的方法，帮助我们在实践中识别和提升自己的能力。

1. 设计能力自我诊断表

1）能力内容

沟通能力：评估自己在不同场合（如课堂讨论、团队会议、工作汇报等）中与他人沟通的清晰性、准确性和有效性。

领导力：评估自己在团队或项目中的影响力、决策能力、目标设定及执行能力。

团队合作：评估自己在团队中的协作态度、协调能力、解决冲突的能力以及为团队目标作出的贡献。

时间管理：评估自己对任务的规划、优先级设置、时间分配以及按时完成任务的效率。

解决问题的能力：评估自己面对挑战时的思维方式、解决策略、资源利用以及创新解决问题的能力。

2）实施步骤

第一步，设计表格。根据上述能力领域，设计一份包含具体评估指标的能力自评表。

第二步，自我评估。根据自己的实际情况，为每一项能力打分（如1～5分），并简要描述自己的表现。

第三步，反思与规划。分析自己的强项和改进空间，制订针对性的能力提升计划。

第四步，定期评估。每隔一段时间（如每半年）重新填写自评表，跟踪自己的成长。

2. 选择案例进行分析

选择案例：从职场中挑选具有代表性的案例，特别是那些与自己的职业目标相关的案例。

分析能力需求：深入剖析案例中人物所展现出的对职业成功至关重要的能力。

对比与反思：将自己的能力与案例中的能力进行对比，识别出自己的差距和提升空间。

制订提升计划：根据案例分析的结果，制订具体的能力提升计划，包括学习资源、实践机会等。案例分析示例：技术岗位到管理岗位的转型可以分析转型成功的工程师在领导力、沟通能力、项目规划等方面的成长路径，为自己制订类似的发展计划。市场营销岗位的能力来源可以研究成功市场营销人员的案例，了解他们在创意策划、数据分析、客户沟通等方面的能力，为自己设定相应的提升目标。

3. 与职业目标相结合

明确职业目标：根据自己的兴趣、价值观和能力，设定清晰的职业目标。

分析能力需求：深入研究目标职业所需的能力，包括专业技能、软技能等。

制订行动计划：将目标职业所需的能力与自己当前的能力进行对比，制订具体的行动计划，包括学习课程、实习机会、项目参与等。

持续跟踪与调整：定期评估自己的进展，根据外界变化和个人情况，适时调整行动计划。

4. 总结与行动计划

在识别和发展自己能力的过程中，我们需要不断反思、评估和调整。以下建议可供参考。

（1）保持开放心态。勇于承认自己的不足，积极寻求改进的机会。

（2）持续学习。通过课程、书籍、网络等多种途径，不断充实自己的知识和技能。

（3）实践锻炼。积极参与实习、项目、社团等活动，将所学知识应用于实践中。

（4）建立人脉。与同行、导师、行业专家等建立联系，获取宝贵的建议和资源。

（5）定期评估。定期对自己的能力进行评估，确保自己始终朝着职业目标前进。

通过以上实操方法，我们可以更全面地识别自己的能力，并制订有效的提升计划，为未来的职业发展打下坚实的基础。

本节知识回顾

1. 职业能力的形成与发展与职业活动密切相关，_____和_____是影响职业活动效率的重要因素。

2. 自我反思是认识自我能力的起点，能够帮助个人识别出在各类活动中的_____和_____，为职业发展提供方向。

3. 优势发现工具主要目的是帮助个人识别和发挥自身的_____和_____，从而提升职业发展。

4. 在职业规划中，了解所选职业的能力需求是提升自我技能以匹配职业要求的第一步，_____需要掌握专业技能和技术能力，以满足职业要求。

第三章第三节知识回顾答案

第四节 职业价值观

职业价值观是塑造职业生涯的指南针，它体现了个体对各种职业价值的基本认识和态度。职业价值观不仅是个人在选择职业道路时的不可或缺的内在衡量标准，更是支配个人的择业心态、行为、信念和理解的深层因素。它犹如一盏明灯，为职业生涯的征途提供光明指引，助力个体进行自我了解、自我定位并精心规划未来的职业蓝图。

一、职业价值观的起源与演变

价值观问题历来受到人文社会科学家的广泛关注。随着社会的现代化进程，价值观也在不断地变迁。职业价值观作为价值观在职业选择上的体现，同样经历了从简单到复杂、从单一到多元的发展过程。

早期研究者舒伯（Super）于 1957 年提出了 15 项职业价值观的内容。学者奥康纳（O'Connor）和金南斯（Kin-nance）于 1961 年将其缩减为独立性和多样化、工作条件和同事、社会和艺术、安全和福利、名望、创造性 6 个向度。1982 年拉尔瑟博（Larcebeau）则抽取了名望、利他、满意、个人发展 4 个因素进行分析。这些都是对职业价值观的内部因素结构进行的探讨。

人们在选择职业时，个人的择业标准及对具体职业的评价集中反映了职业价值观。在这方面，我国学者也做了不少探讨。20 世纪 80 年代初，金一鸣通过对上海中学生的调查发现，"发挥个人特长"和"有社会贡献"是择业的首要标准。2004 年冯伯麟对北京 892名中学生的调查发现，"能充分发挥自己的全部能力""与自己兴趣一致的工作""能从事得到乐趣的工作""与自己的性格相适应""能实现自我价值"五项标准在众多择业因素中排在前列。近年来有学者对大学生选择职业时最重视的决定因素进行了调查，其顺序是"发挥个人特长""经济收入""社会地位""轻松自由"。

二、职业价值观的种类

职业价值观大致可分为以下十二种类别。

1. 收入与财富

工作能够明显、有效地改变自己的财务状况，很多人将薪酬作为选择工作的重要依据。工作的目的或动力主要来源于对收入和财富的追求，并希望以此改善生活质量，显示自己的身份和地位。

2. 兴趣特长

以自己的兴趣和特长作为选择职业最重要的因素，能够扬长避短、趋利避害、择我所爱、爱我所选，可以从工作中获得乐趣和成就感。在很多时候，有的人会拒绝自己不喜欢、不擅长的工作。

3. 权力和地位

有较高的权力欲望，希望能影响或控制他人，使他人按照自己的意思去行动。认为有较高的权力和地位会受到他人尊重，从中可以得到较强的成就感和满足感。

4. 自由独立

在工作中能有弹性，不想受太多的约束，可以充分掌握自己的时间和行动，自由度高。不想与太多人发生工作关系，既不想管理他人，也不想受制于人。

5. 自我成长

工作能够给予自己接受培训和锻炼的机会，使自己的经验与阅历能够在一定的时间内得以丰富和提高。

6. 自我实现

工作能够提供平台和机会，使自己的专业和能力得以全面运用和施展，进而实现自身价值。

7. 人际关系

将工作单位的人际关系看得非常重要，渴望能够在一个和谐、友好甚至被关爱的环境中工作。

8. 身心健康

工作能够免于危险及过度劳累，并免于焦虑、紧张和恐惧，使自己的身心健康不受影响。

9. 环境舒适

工作环境舒适宜人。

10. 工作稳定

工作相对稳定，不必担心出现裁员和辞退现象，免于经常奔波找工作。

11. 社会需要

希望工作时能够根据组织和社会的需要响应某一号召，为集体和社会作出贡献。

12. 追求新意

希望工作的内容经常变换，使工作和生活丰富多彩，不单调枯燥。

三、职业价值观对择业决策的影响

职业价值观在大学生择业决策中起着指导和决定性作用。它像一面镜子，反映出个体对职业的理想和追求。具体来说，职业价值观对择业决策的影响主要体现在以下几个方面：

1. 择业标准

个体的择业标准往往与其职业价值观紧密相连。例如，有的人可能更注重发挥个人特长，有的人则可能更看重经济收入或社会地位。

2. 职业选择

在面临多种职业选择时，职业价值观会帮助个体做出决策。职业价值观能使个体根据自己的兴趣、能力和价值观，选择最适合自己的职业。

3. 职业发展

职业价值观不仅影响个体的初次职业选择，还会对其职业发展产生深远影响。一个拥有明确职业价值观的人，往往能够在职业生涯中保持坚定的信念和积极的态度，不断追求自我发展。

四、职业价值观的实现

面对日益激烈的就业竞争和不断变化的市场需求，塑造积极的职业价值观对于大学生来说至关重要。以下是一些实用建议：

1. 认清自我

了解自己的兴趣、能力、价值观和职业目标，是塑造正确的职业价值观的基础。通过自我评估、职业规划等活动，更好地认识自己。

2. 拓宽视野

投身社会实践、实习实训等多元化活动，了解不同职业的特点和要求，拓宽自己的职业视野。这有助于个体更全面地了解职业世界，形成更加理性的职业价值观。

3. 培养能力

根据职业目标，有针对性地培养专业技能和综合素质。通过不断学习和实践，提高竞争力和适应能力。

4. 保持积极心态

面对就业市场的重重压力与挑战，保持积极向上的心态尤为重要。学会适时调整心态，以乐观姿态迎接困难与挫折，主动寻找成长与进步的契机。

5. 关注社会需求

紧跟社会发展脉搏，敏锐捕捉市场需求动态，将个人职业规划融入国家与社会发展之中。此举将助力个体在职业征途上行稳致远。

总之，职业价值观是塑造职业人生的内在导向。通过认清自我、拓宽视野、培养能力、保持积极心态和关注社会需求等方式，我们可以塑造出更加积极、理性的职业价值观，为未来的职业生涯奠定坚实的基础。

五、构建职业价值观需要处理好的关系

在构建职业价值观的过程中，我们需要审慎地处理以下几个关键关系，以确保我们的职业道路既符合个人发展需求，又能与社会的期望相契合。

1. 职业价值观与金钱的平衡

金钱作为衡量职业成就的一种重要手段，在职业选择中往往占据重要地位。然而，对于即将踏入职场的毕业生而言，过于追求金钱可能产生忽视自身成长和长远发展的风险。因此，我们需要理性看待金钱在职业价值观中的地位，将其视为实现自我价值和回馈社会的手段之一，而非唯一追求。在求职过程中，我们应更注重个人成长、能力提升和职业前景，将金钱视为这些目标实现后的自然回报。

2. 职业价值观与个人兴趣和特长的结合

个人兴趣和特长是职业选择中不可忽视的重要因素。选择符合自己兴趣和特长的职业，不仅能够提高工作满意度和幸福感，还能激发个人的潜能和创造力，为职业发展提供持久动力。因此，在确定职业价值观时，我们应充分考虑自己的兴趣和特长，选择与之相匹配的职业领域，以实现个人价值和社会价值的双赢。

3. 职业价值观的排序与取舍

职业价值观具有多样性和复杂性，不同的人可能拥有不同的职业追求。在职业选择中，我们需要对自己的职业价值观进行排序，明确哪些是最重要、最核心的价值观，哪些是可以妥协或放弃的价值观。通过合理的取舍，我们可以更加清晰地认识自己的职业目标和需求，从而做出更加明智的职业决策。

4. 个人职业价值观与社会需求的融合

个人职业价值观的实现离不开社会需求的支持。在职业选择中，我们应充分考虑社会需求和发展趋势，选择符合社会期望和具有发展前景的职业领域。同时，我们也要关注个

人价值与社会价值的统一，通过为社会作出贡献来实现个人职业价值的最大化。这既是对个人职业发展的认真负责，也是勇于承担社会责任的重要体现。

5. 淡泊名利与追逐名利的适度把握

名利作为衡量个人成就和社会地位的重要标尺，在一定程度上能够激发人们的积极性和创造力。然而，过度追求名利可能导致个人价值观扭曲和社会风气恶化。因此，我们需要理性看待名利，既要保持对名利的适度追求，以实现个人价值和社会价值的双重提升，又要学会淡泊名利，保持内心的平和与宁静，避免为名利所累。在追名逐利的过程中，我们应坚守道德底线和职业操守，以合法、公正的方式实现自己的职业目标。

因此，职业价值观的构建需要我们在多个方面做出努力。通过平衡金钱与个人成长、结合兴趣与特长、合理排序与取舍、融合个人与社会需求以及适度把握名利等关键关系，我们可以更加清晰地认识自己的职业目标和需求，从而走出一条符合个人特点和社会期望的职业道路。

六、职业与道德

1. 职业道德概述

职业活动是人类社会中最基本、最普遍的活动形式，它不仅是个人谋生和发展的手段，也是社会进步和文明发展的重要推动力。在这个过程中，职业道德和法律起着至关重要的作用。它们不仅约束和指导从业者的行为，还保障着社会的持续、健康、有序发展。

职业道德不仅是从事相关职业的人在职业生涯中必须遵循的道德规范和行为标准，更是通过道德评价这一有力工具，引领从业者明辨是非、区分善恶，从而在职业生涯中做出正确的抉择。职业道德如同一面明镜，不仅激励着从业者追求卓越，更在关键时刻为他们指引方向、纠正行为，确保其每一步都坚定地走在正道上。同时，职业道德还巧妙地调整着人与人之间的职业关系，构建起和谐、高效的职场生态。职业道德的社会作用，犹如春雨般润物细无声，却又至关重要。具体体现在以下几个方面：

（1）促进从业者的自我成长与提升。职业道德如同一盏明灯，照亮了从业者内心的道德世界。通过不断的内省与反省，从业者得以审视自己的行为是否符合职业道德的要求，进而发现自身的不足，实现自我完善。这一过程不仅有助于提升个人的道德修养，更让从业者在职业生涯中不断进步，实现自我价值的最大化。例如，一位营销策划人员，在面对诱惑时坚守职业道德，拒绝采用不正当手段竞争，这种自律不仅保护了他的职业生涯，更让他赢得了客户的信任和尊重。

（2）构建从业者与服务对象之间和谐的服务关系。职业道德要求从业者尽职尽责，时刻将社会大众的需求放在首位。这种责任感不仅体现在提供优质的产品和服务上，更体现在从业者对客户的尊重与关怀上。例如，当产品设计人员深入了解客户需求，精心设计用户体验，力求每一个细节都完美无瑕时，他们不仅满足了客户的需求，更赢得了客户的忠诚与信赖。这种基于职业道德的服务关系，是任何企业都无法替代的宝贵财富。

（3）促进职场内部人与人之间的和谐相处与通力协作。职业道德如同一座桥梁，连接着职场中的每一个人。它要求各部门间相互配合、相互信任，同事间团结互助，上下级间相互理解与支持。在一个充满职业道德的职场环境中，每一个成员都能感受到归属感和价值感，从而激发出更大的工作热情和创造力。例如，在企业中各部门之间因为共同遵循职业道德而建立了紧密的合作关系，无论是创意部门还是执行部门，都能在工作中相互支持、共同进步，为企业创造出更多的价值。

总之，职业道德不仅是职业领域内不可或缺的行为规范，更是推动个人成长和社会发展的重要力量。它如同一股清泉，滋润着每一个从业者的心田，让其在职业生涯中不断前行、不断成长。

2. 职业道德的基本要求

1）爱岗敬业

爱岗敬业是职业道德的基础。它要求从业人员热爱自己的工作岗位，以正确的态度对待职业，培养幸福感和荣誉感。敬业则是用严肃的态度对待工作，勤勤恳恳、兢兢业业、忠于职守、尽职尽责。

2）诚实守信

诚实守信是职业道德的重要内容。它要求从业者在职业活动中说老实话、办老实事，不弄虚作假、不隐瞒欺骗。遵守职业承诺，不仅要遵守职业规则，还要说话算数、说到做到。

3）办事公道

办事公道是职业道德的又一重要要求。它要求从业者在工作中坚持章法，不以个人主观意志办事。如果没有规章制度可循，也要以大家公认的、公平的、正义的原则来处理事情。

4）服务群众

服务群众是职业道德的重要体现。它要求从业者对人民群众怀着赤诚与热情之心，以真情换理解、以奉献赢民心、以实干求稳定，把爱心贯穿于职业活动的全过程和日常行为之中。

5）奉献社会

奉献社会是职业道德中的最高境界。它要求从业者把一切奉献给国家、人民和社会。奉献是不期望等价的回报和酬劳，愿意为他人、为社会、为真理、为正义献出自己的力量。

职业道德和法律在职业活动中起着至关重要的作用。它们不仅约束和指导从业者的行为，还保障着社会的持续、健康、有序发展。因此，我们应该大力倡导和践行职业道德，不断提高自己的道德修养和职业素养，为社会的繁荣和发展贡献自己的力量。同时，我们也应该加强法律意识和法治观念，自觉遵守法律法规，维护社会的公平和正义。

七、职业道德与职业法律素质的培养

大学生在准备未来职业生涯的过程中，不仅需要学习和积累专业知识，提升专业技能，还需要在职业道德和职业法律素质方面进行全面的培养和提高。

1. 努力学习职业道德和职业生活中的法律知识

大学生应通过系统的学习，掌握现代职业道德和职业生活中法律要求的基本内容，明确职业活动的基本规范和目的，提高自己的认知能力和判断能力，将职业道德和职业法律知识纳入个人学习计划，确保学习的系统性和针对性。大学生可以通过以下途径实现知识的积累，例如参加学校开设的职业道德和法律课程，阅读相关书籍、期刊和在线资源，参与职业道德、法律讲座和研讨会。

2. 努力提高职业道德意识和法律意识

（1）理解职业道德原则和规范。用马克思主义的唯物史观和中国特色社会主义理论体系来武装自己。立足社会主义的本质，深入领会职业道德原则、规范的客观依据和重要意义。

（2）培养职业道德观念。树立为人民服务的职业理想，将个人职业发展与国家和社会的需要相结合。

（3）培养职业道德情感。热爱职业，培养对所从事职业的热爱和热情，将职业视为实现个人价值和社会价值的重要途径。增强责任感，认识到职业活动对社会和人民的重要性，培养高度的责任心和使命感。激发动力，通过职业道德情感的激发，获得对事业的高度热情，推动自己在工作中兢兢业业、精益求精。

（4）增强职业法律意识。树立法律信仰，在掌握法律知识的基础上，树立对法律的信仰和尊重。规范行为，在职业生活中，有意识地用法律来规范自己的行为，确保行为的合法性和合规性。学会运用法律知识处理职业生活中遇到的问题和纠纷，维护自身和他人的合法权益。

3. 参与实践活动

通过实习、社会实践等方式，将所学的职业道德和法律知识应用到实际工作中。在实践中不断反思和总结，提升自己的职业道德和法律素养。实践活动包括以下两种：

（1）案例分析。分析职业道德和法律方面的典型案例，了解职业活动中可能遇到的法律问题和道德困境。通过案例分析，学习如何正确处理问题和应对困境。

（2）交流与合作。与同学、老师、行业专家等进行交流与合作，共同探讨职业道德和法律问题。通过交流与学习，拓宽自己的视野和思路，提升职业道德和职业法律素质。

总而言之，大学生在培养和提高职业道德素质和法律素质的过程中，需要注重知识的学习和积累、职业道德意识和法律意识的提高以及实践与应用能力的提升。通过这些努力，大学生将能够更好地适应未来职业发展的需要，成为优秀的社会主义建设者。

扩展阅读 3.4　职业情商培养——职场成功的关键

本节知识回顾

1. 职业价值观是个体对各种职业价值的基本认识和态度，它不仅影响人们的_____和_____，还支配着他们的择业心态和行为。

2. 职业价值观在大学生择业决策中起着_____和_____作用，帮助个体选择最适合自己的职业。

第三章第四节知识回顾答案

3. 在职业选择中，个人的职业价值观需与社会需求相结合，以实现个人价值与社会价值的_____和_____。

4. _____是职业道德的基础，强调从业人员应热爱自己的工作，并以严肃的态度对待工作。

即测即练

自学自测　　　　扫描此码

实践与练习

任务（一）认识自己

任务内容：选取迈尔斯–布里格斯（MBTI）测试问卷进行测量，通过测量结果分析自己的性格特征。

MBTI测试前须知：

1. 参加测试的人员请务必诚实、独立地回答问题，只有如此，才能得到有效的结果。

2.《性格分析报告》展示的是你的性格倾向，而不是你的知识、技能、经验。

3. MBTI提供的性格类型描述仅供测试者确定自己的性格类型之用，性格类型没有好坏，只有不同。每一种性格特征都有其价值和优点，也有缺点。清楚地了解自己性格中的优劣势，有利于更好地发挥自己的特长，尽可能地在为人处世中避免性格中的劣势，从而更好地与他人相处，更好地做出重要的决策。

4. 本测试分为四部分，共93题，需时约18分钟。所有题目没有对错之分，请根据自己的实际情况选择。将你选择的A或B所在的○涂黑，例如：●。

只要你认真、真实地填写了测试问卷，那么通常情况下你都能得到一个和你的性格相匹配的类型。希望你能从中或多或少地获得一些有益的信息。

步骤一：哪一个答案最能贴切地描绘你一般的感受或行为？（15分钟）

序号	问题描述	选项	E	I	S	N	T	F	J	P
1	当你要外出一整天，你会 A. 计划你要做什么和在什么时候做　B. 说去就去	A							○	
		B								○
2	你认为自己是一个 A. 较为随兴所至的人　B. 较为有条理的人	A								○
		B							○	
3	假如你是一位老师，你会选教 A. 以事实为主的课程　B. 涉及理论的课程	A			○					
		B				○				
4	你通常 A. 与人容易混熟　B. 比较沉静或矜持	A	○							
		B		○						
5	一般来说，你和哪些人比较合得来？ A. 富于想象力的人　B. 现实的人	A				○				
		B			○					
6	你是否经常让 A. 你的情感支配你的理智　B. 你的理智主宰你的情感	A						○		
		B					○			
7	处理许多事情时，你喜欢 A. 凭兴所至行事　B. 按照计划行事	A								○
		B							○	
8	你是否 A. 容易让人了解　B. 难以让人了解	A	○							
		B		○						
9	按照程序表做事，你认为 A. 合你心意　B. 令你感到束缚	A							○	
		B								○
10	当你有一份特别的任务，你喜欢 A. 开始前认真制订计划　B. 边做边确定必须做什么	A							○	
		B								○

续表

序号	问题描述	选项	E	I	S	N	T	F	J	P
11	在大多数情况下，你会选择 A. 顺其自然　B. 按程序表做事	A								○
		B							○	
12	大多数人会说你是一个 A. 重视自我隐私的人　B. 非常坦率开放的人	A		○						
		B	○							
13	你宁愿被人认为是一个 A. 实事求是的人　B. 机灵的人	A			○					
		B				○				
14	在一大群人当中，通常是 A. 你介绍大家认识　B. 别人介绍你	A	○							
		B		○						
15	你会跟哪些人做朋友？ A. 常提出新主意的　B.脚踏实地的	A				○				
		B			○					
16	你倾向 A. 重视感情多于逻辑　B. 重视逻辑多于感情	A						○		
		B					○			
17	你比较喜欢 A. 坐观事情发展才作计划　B. 很早作计划	A								○
		B							○	
18	你喜欢花很多的时间 A. 一个人独处　B. 和别人在一起	A		○						
		B	○							
19	与很多人一起会 A. 令你活力倍增　B. 常常令你心力交瘁	A	○							
		B		○						
20	你比较喜欢 A. 很早把约会、社交聚集等事情安排妥当 B. 无拘无束，看当时有什么好玩就做什么	A							○	
		B								○
21	计划旅行时，你较喜欢 A. 大部分的时间都是根据当天的感觉行事 B. 事先知道大部分的日子会做什么	A								○
		B							○	
22	在社交聚会中，你 A. 有时感到郁闷　B. 常常乐在其中	A		○						
		B	○							
23	你通常 A. 和别人容易混熟　B. 趋向自处一隅	A	○							
		B		○						
24	哪些人会更吸引你？ A. 一个思维敏捷及非常聪颖的人 B. 实事求是，具备丰富常识的人	A				○				
		B			○					
25	在日常工作中，你会 A. 颇为喜欢处理迫使你分秒必争的突发事件 B. 通常预先计划，以免要在压力下工作	A								○
		B							○	
26	你认为别人一般 A. 要花很长时间才认识你　B. 用很短的时间便认识你	A		○						
		B	○							

步骤二：在下列每一对词语中，哪一个词语更合你心意？请仔细想想这些词语的意义，不必理会它们的字形或读音。（**10分钟**）

序号	问题描述	选项	E	I	S	N	T	F	J	P
27	A. 注重隐私	A		○						
	B. 坦率开放	B	○							
28	A. 预先安排的	A							○	
	B. 无计划的	B								○
29	A. 抽象	A				○				
	B. 具体	B			○					
30	A. 温柔	A						○		
	B. 坚定	B					○			
31	A. 思考	A					○			
	B. 感受	B						○		
32	A. 事实	A			○					
	B. 意念	B				○				
33	A. 冲动	A								○
	B. 决定	B							○	
34	A. 热衷	A	○							
	B. 文静	B		○						
35	A. 文静	A		○						
	B. 外向	B	○							
36	A. 有系统	A							○	
	B. 随意	B								○
37	A. 理论	A				○				
	B. 肯定	B			○					
38	A. 敏感	A						○		
	B. 公正	B					○			
39	A. 令人信服的	A					○			
	B. 感人的	B						○		
40	A. 声明	A			○					
	B. 概念	B				○				
41	A. 不受约束	A								○
	B. 预先安排	B							○	
42	A. 矜持	A		○						
	B. 健谈	B	○							
43	A. 有条不紊	A							○	
	B. 不拘小节	B								○
44	A. 意念	A				○				
	B. 实况	B			○					
45	A. 同情怜悯	A						○		
	B. 远见	B					○			
46	A. 利益	A					○			
	B. 祝福	B						○		
47	A. 务实的	A			○					
	B. 理论的	B				○				

序号	问题描述	选项	E	I	S	N	T	F	J	P
48	A. 朋友不多	A		○						
	B. 朋友众多	B	○							
49	A. 有系统	A							○	
	B. 即兴	B								○
50	A. 富有想象的	A				○				
	B. 以事论事	B			○					
51	A. 亲切的	A						○		
	B. 客观的	B					○			
52	A. 客观的	A					○			
	B. 热情的	B						○		
53	A. 建造	A			○					
	B. 发明	B				○				
54	A. 文静	A		○						
	B. 合群	B	○							
55	A. 理论	A				○				
	B. 事实	B			○					
56	A. 富有同情	A						○		
	B. 合乎逻辑	B					○			
57	A. 具分析力	A					○			
	B. 多愁善感	B						○		
58	A. 合情合理	A			○					
	B. 令人着迷	B				○				

步骤三：哪一个答案最能贴切地描绘你一般的感受或行为？（15分钟）

序号	问题描述	选项	E	I	S	N	T	F	J	P
59	当你要在一个星期内完成一个大项目，你在开始的时候会 A. 把要做的不同工作依次列出　B. 马上动工	A							○	
		B								○
60	在社交场合中，你经常会感到 A. 与某些人很难打开话匣子和保持对话 B. 与多数人都能从容地长谈	A		○						
		B	○							
61	要做许多人也做的事，你比较喜欢 A. 按照一般认可的方法去做　B. 构建一个自己的想法	A			○					
		B				○				
62	你刚认识的朋友能否说出你的兴趣？ A. 马上可以　B. 要待他们真正了解你之后才可以	A	○							
		B		○						
63	你通常较喜欢的科目是 A. 讲授概念和原则的　B. 讲授事实和数据的	A				○				
		B			○					

序号	问题描述	选项	E	I	S	N	T	F	J	P
64	哪个是对你较高的赞誉？ A.一贯感性的人　B.一贯理性的人	A						○		
		B					○			
65	你认为按照程序表做事 A.有时是需要的，但一般来说你不大喜欢这样做 B.大多数情况下有帮助且是你喜欢做的	A								○
		B							○	
66	和一群人在一起，你通常会选 A.跟你很熟悉的个别人谈话　B.参与大家的谈话	A		○						
		B	○							
67	在社交聚会上，你会 A.是说话很多的一个　B.让别人多说话	A	○							
		B		○						
68	把周末期间要完成的事列成清单，你认为 A.合你意　B.使你提不起劲	A							○	
		B								○
69	哪个是对你较高的赞誉？ A.能干的　B.富有同情心的	A					○			
		B						○		
70	你通常喜欢 A.事先安排你的社交约会　B.随兴所至做事	A							○	
		B								○
71	总的说来，要做一个大型作业时，你会选 A.边做边想该做什么　B.首先把工作按步细分	A								
		B							○	
72	你能否滔滔不绝地与人聊天？ A.只限于跟你有共同兴趣的人　B.几乎跟任何人都可以	A		○						
		B	○							
73	你会 A.实践一些证明有效的方法 B.分析这些方法还有什么不足之处	A			○					
		B				○				
74	为乐趣而阅读时，你 A.喜欢奇特或创新的表达方式 B.喜欢作者实话直说	A				○				
		B			○					
75	你宁愿替哪一类上司（或者老师）工作？ A.天性淳良，但常常前后不一的 B.言辞尖锐但永远合乎逻辑的	A					○			
		B					○			
76	你做事多数是 A.根据当天心情去做　B.按照拟好的清单去做	A								○
		B							○	
77	你是否 A.可以和任何人按需求从容地交谈 B.只是对某些人或在某种情况下才可以畅所欲言	A	○							
		B		○						
78	要做决定时，你认为比较重要的是 A.据事实衡量　B.考虑他人的感受和意见	A					○			
		B						○		

步骤四：在下列每一对词语中，哪一个词语更合你心意？（10分钟）

序号	问 题 描 述	选项	E	I	S	N	T	F	J	P
79	A. 想象的	A				○				
	B. 真实的	B			○					
80	A. 仁慈慷慨的	A						○		
	B. 意志坚定的	B					○			
81	A. 公正的	A					○			
	B. 有关怀心的	B						○		
82	A. 制作	A			○					
	B. 设计	B				○				
83	A. 可能性	A				○				
	B. 必然性	B			○					
84	A. 温柔	A						○		
	B. 力量	B					○			
85	A. 实际	A					○			
	B. 多愁善感	B						○		
86	A. 制造	A			○					
	B. 创造	B				○				
87	A. 新颖的	A				○				
	B. 已知的	B			○					
88	A. 同情	A						○		
	B. 分析	B					○			
89	A. 坚持己见	A					○			
	B. 温柔有爱心	B						○		
90	A. 具体的	A			○					
	B. 抽象的	B				○				
91	A. 全心投入的	A						○		
	B. 有决心的	B					○			
92	A. 能干	A					○			
	B. 仁慈	B						○		
93	A. 实际	A			○					
	B. 创新	B				○				
	总分									

步骤五：阅读评分规则。（10分钟）

1. 当你将●涂好后，需要把8项（**E、I、S、N、T、F、J、P**）分别加起来，并将总和填在每项最下方的方格内。

2. 请复查你的计算是否准确，然后将各项总分填在下面对应的方格内。

每项总分						
外向	E			I		内向
实感	S			N		直觉
思考	T			F		情感
判断	J			P		认知

步骤六：确定类型的规则。（15分钟）

首先，MBTI 以四个组合来评估你的性格类型倾向："E-I""S-N""T-F"和"J-P"。请你比较四个组合的得分。每个组合中获得较高分数的那个类型，就是你的性格类型倾向。例如，你的得分是 E（外向）12 分，I（内向）9 分，那么你的类型倾向便是 E（外向）了。

其次，将代表获得较高分数的类型的英文字母填在下方的方格内。如果在一个组合中，两个类型分数相同，则依据下面表格中的规则来决定你的类型倾向。

评估类型：

同分处理规则：
假如 E＝I，请填上 I；
假如 S＝N，请填上 N；
假如 T＝F，请填上 F；
假如 J＝P，请填上 P。

步骤七：性格解析，请仔细阅读并查看符合自己的测试结果。（5分钟）

性格是一种个体内部的行为倾向，它具有整体性、结构性、持久稳定性等特点，是每个人特有的，可以对个人外显的行为、态度提供统一的、内在的解释。MBTI 把性格分为 4 个维度，每个维度上包含相互对立的两种偏好：外向 E—内向 I、感觉 S—直觉 N、思考 T—情感 F、判断 J—感知 P。其中，"外向 E—内向 I"代表着个人不同的精力（energy）来源；"感觉 S—直觉 N""思考 T—情感 F"分别表示人们在进行感知（perception）和判断（judgement）时不同的用脑偏好；"判断 J—感知 P"针对人们的生活方式（life style）而言，表明我们如何适应外部环境——在我们适应外部环境的活动中，究竟是感知还是判断发挥了主导作用？

ISTJ	ISFJ	INFJ	INTJ
ISTP	ISFP	INFP	INTP
ESTP	ESFP	ENFP	ENTP
ESTJ	ESFJ	ENFJ	ENTJ

注：根据 1978-MBTI-K 量表，以上每种类型中又分 625 个小类型。

每一种性格类型都具有独特的行为表现和价值取向。了解性格类型是寻求个人发展、探索人际关系的重要开端。

步骤八：自我反思。（15 分钟）

从兴趣、性格、能力、职业价值取向、学习状况、行为习惯等方面，写出反映个人实际情况的语句。评估一下自己在各个方面是积极的还是消极的，这些方面的表现是否有利于将来的工作和自己的进步。然后在课堂上交流一下自己评估的情况。

维　　度	描　　述
兴趣	
性格	
能力	
职业价值观	
学习情况	
行为习惯	

任务（二）完成企业调研

工作调查——我的理想职业						
姓名		专业		班级		学号

任务要求
在老师或者亲友的帮助下，联系本地区比较知名的企业进行现场参观，与工作经验丰富的员工交谈，向他们请教与自己所学专业相关的知识和操作技能，发现自身的不足和需要努力改进的地方

基本信息	
企业名称	
企业所属行业	
访谈岗位	

总结与反思	
理想职业	
职业价值取向	

职业素养	
提高职业素质的方法	

任务（三）案例分析：主动决定成败

		案例分析——主动决定成败					
姓名		专业		班级		学号	
		案例背景					

　　某大学宿舍有四位同学，他们是小赵、小钱、小孙和小李。小赵聪明好学，在课堂学习之余，经常阅读各类课外书籍和报刊，同时还积极参加各项校内活动和校外实践。在学习和实践中，小赵发现自己对研究工作很感兴趣，决定毕业后从事研究工作。通过多方面的了解，他发现考取硕士研究生是做研究工作的有效途径，因此小赵准备考研。为了考研成功，他主动做了以下几件事：首先，他说服了父母，得到了家人的支持。其次，他对时间进行有效管理，按照"轻重缓急"对任务进行了分类，不同任务不同对待。再次，他主动发起了"考研者同盟"协会，会员每周聚会一次，进行信息交流和共享，并主动联系以前考研成功的同学，寻求帮助和指导。最后，他还参加了一个考研辅导班。小赵挤出一点一滴的时间来学习，经过坚持不懈的努力，最终考上了理想的名牌大学的研究生。

　　小钱踏实肯学，看到小赵准备考研，逐渐激起了考研的兴趣，主动向小赵询问了一些考研的信息。他发现考研是一条很好的发展道路，随后确立了考研的目标。在准备考研的过程中，小钱除了常规的学习外，还将周六作为考研的专门学习日。并且积极响应小赵的倡议，鼓励其他同学也来参加"考研者同盟"。经过近一年的准备，小钱顺利考上了理想的大学的研究生。小孙是小赵的"饭友"。小赵在吃饭时经常谈论考研的好处，并鼓励小孙考研。小孙觉得小赵说得有道理，也确立了考研的目标。每天一有时间，他就去教室或图书馆自习。经过积极准备，小孙也考研成功。

　　室友小李看到他们三个都在准备考研，不以为然，认为"车到山前必有路"。他的父母劝他考研，说："现在的本科生到处都是，不考研就没有出路。"他只好也将考研作为自己的目标。在准备考研的过程中，如果有其他同学的带动，他也能去教室学习；如果没有其他同学一起学习，他就不想去教室学习了。最后，由于准备不充分，小李考研失败了。

分析内容

这四位同学在考研过程中表现出的主动性分别对他们考研的结果产生了怎样的影响？请写下你的观点

职业生涯规划与目标设定

学习重点

- 了解职业目标的重要性。
- 掌握职业生涯目标的选择与分析方法。
- 掌握阶段性目标的特点与设计要领。
- 掌握做好职业决策的步骤。
- 学会职业生涯规划书的制定。
- 了解全国大学生职业生涯规划大赛的要求。

扩展阅读 4.1　坚持"回来"的人

第一节　职业生涯发展目标设定与管理

一、职业生涯发展目标的选择

扩展阅读 4.2 启示案例：木桶原理

职业生涯发展目标的确定，是关乎每个人人生轨迹的重大决策。无论是初出茅庐的职场新人，还是已在职场摸爬滚打多年的资深人士，都不可避免地要面对这一选择。对即将步入职场的大学生而言，一个恰当的目标选择，就如同为他们的人生旅途设定了精准的导航，有助于他们在未来的职业道路上少走弯路，提高成功率。

职业生涯如同一场漫长的旅行，大致可以分为职业准备、职业选择、职业适应、职业稳定、职业衰退和职业结束这几个阶段。在不同的阶段，我们应当设定不同的职业生涯发展目标。这些目标并非一成不变，而是需要随着个人的成长和职业经历的变化灵活调整。

在现实生活中，规划职业生涯发展目标无疑是一项复杂且至关重要的决策。一些人设立的目标犹如天空中的云朵，虽然绚丽多彩却缺乏稳定性，这样的目标往往因缺乏深思熟虑和具体规划而难以持久。另一些人则把目标设定为夜空中的明月，虽然皎洁明亮却遥不可及，这类目标过度理想化而忽略了现实可行性。此外，还有人在选择目标时盲目追随潮流，忽略了个人兴趣和潜在优势；更有极端情况，即完全依赖他人代为决策，这样的目标最终只能成为虚幻泡影，难以实现。因此，在确立职业生涯发展目标时，我们应当秉持科学严谨的态度，运用合理的方法。这不仅要求我们脚踏实地、勤勉努力，还要充分发挥目标的导向、定位与引领功能。在此过程中，我们必须做到"既低头赶路，又抬头看天"，即在勤奋执行的同时，始终保持对长远目标的清晰认知，确保个人努力与职业发展目标紧密契合，构建起科学且牢固的联系。

二、影响职业生涯目标设定的因素

大学生在规划职业生涯时，其目标的选定与设计受到多重因素的深刻影响。职业规划领域的专家普遍认为，这些因素大体上可以分为社会因素和个人因素两大类，它们共同构成了个人职业生涯目标设定的基石。

1. 社会因素

社会是人才施展才华、实现价值的广阔舞台。社会环境，特别是政治稳定、经济发展以及科技进步等宏观因素，对人才的成长起着决定性作用。在国泰民安、经济繁荣、科技日新月异的时代，社会对人才的需求旺盛，为人才的成长提供了丰富的资源和多样的机会。反之，社会动荡、经济衰退、科技停滞则会阻碍人才的涌现。改革开放以来，我国市场经济体制的确立和完善，为大学生的成长成才提供了前所未有的良机，也为他们的职业发展创造了良好的社会环境。

用人单位作为人们工作和生活的微观环境，其发展水平、文化氛围、管理理念等都对人才的成长产生重要影响。随着经济和科技的快速发展，用人单位对人力资源的素质要求日益提高。许多具有前瞻性的企业重视员工的培养和发展，积极为员工提供学习机会和成长平台，以激发员工的潜能，实现个人与企业的共同发展。

同时，社会因素还包括人际关系网络、职业发展过程中的辅助资源、学习机会和图书资料、社会舆论导向以及与职业生涯发展相关的制度和政策等。这些因素虽然个人无法完全掌控，但可以通过积极发掘和利用社会资源，借鉴成功者的经验，寻求他们的指导和帮助，来为自己的职业生涯规划增添助力。

2. 个人因素

能力是个人从事某种职业，在职业生涯中顺利成长并取得成功的关键条件。在设定职业生涯目标和选择职业道路时，应从客观实际出发，遵循"人职匹配"的原则，同时注重发掘和培养自身的优势能力。当一个人的特殊才能得到了充分发挥，且与社会发展的迫切需求精准对接时，他就有可能攀登事业的高峰，将职业生涯的辉煌愿景变为触手可及的现实。

然而，非能力因素同样对职业生涯目标的选择和实现产生重要影响。非能力因素包括个性和心理品质等方面，它们对能力因素起着激励、补偿或约束、限制的作用。在个人的职业生涯道路上，能力因素与非能力因素相辅相成，共同推动个人的成长和发展。

良好的个性心理品质，诸如广博的兴趣爱好、稳固的心境基石、炽热的激情火花与坚定不移的意志力量，宛如璀璨星辰，照亮着每个人成长与成功的征途。那些站在时代巅峰、成就非凡的个体，往往有自信的光芒、乐观的态度、审慎的智慧以及坚韧不拔的精神风貌。这些宝贵的个性和心理财富，是攀登高峰、跨越挑战的不竭动力。因此，我们在设定职业生涯目标时，应综合考虑自身的能力因素和非能力因素，力求实现二者的最佳结合，以取得最佳的综合效应。在遇到困难时，成功者往往能够坚持到底，而有的人则可能选择放弃。

这种毅力，正是推动一个人勇往直前的关键所在。因此，我们在职业生涯规划目标的确立上，也应深入认识和运用自身的非能力因素，以不屈不挠的信念为帆，以顽强拼搏的毅力为桨，在职业生涯的海洋中乘风破浪，开辟出一条属于自己的璀璨航道，为自己的职业生涯铺就一条通往成功的坦途。

三、职业生涯阶段目标的特性

人生的宏伟蓝图，从不是瞬间绽放的奇迹，而是由无数个阶段性目标的累积与达成所铸就的辉煌篇章。职业生涯的长远愿景正是通过一系列精心设计与逐步实现的阶段目标来逐渐靠近的。如果能科学规划并牢牢把握每个阶段的小目标，我们便能逐步缩短与成功之间的距离。

在追求职业生涯长远目标的征途中，找到一条适合自己的发展路径至关重要。而那些由长远目标逐步拆解而来的阶段目标，就如同这条路径上的一个个坚实台阶，它们有序排列，共同铺就了一条引领我们迈向成功的康庄大道。在这条大道上，每当一个目标被我们征服，新的挑战与更高的目标便会接踵而至。只要我们以坚定的信念和不懈的努力去迎接这些挑战，就能不断迈向新的高峰。只要我们持之以恒地沿着这些台阶攀登，终有一天，我们将站在成功的巅峰。

阶段目标的设定是衡量职业生涯设计质量的关键指标。一个合理的阶段目标设计是确保长远目标得以实现的重要前提。阶段目标具有以下几个显著特点：

首先，每个阶段的目标都十分具体且明确。这不仅仅是对某个职位或岗位的简单定位，还包括实现该目标需要具备的能力素质、弥补差距的具体措施以及清晰的时间规划。这样的目标设定，让我们清晰地了解到实现目标需要付出的努力。

其次，每个目标都具备实现的可能性，给人以触手可及的希望感。这样的设定既不会让我们因目标过于遥远而丧失信心，又能让目标指引着我们不断前行。

再次，目标具有一定的挑战性和高度。阶段目标并非轻易可达的平庸之物，而是需要我们努力拼搏、奋力一跃才能摘取的果实。这样的设定既能防止我们在舒适区停滞不前，产生懈怠情绪，又能在目标达成后给予我们满满的成就感，起到积极的激励作用。

最后，阶段目标之间紧密相连、环环相扣。一方面，它们与长远目标在努力方向上保持一致，共同服务于长远目标的实现；另一方面，它们之间也相互依存、相互促进，前一个目标是后一个目标的坚实基础，后一个目标则是前一个目标的自然延伸和努力方向。

四、职业生涯目标的设定与管理

在职业生涯发展规划中，设定并管理目标是至关重要的步骤，它不仅帮助我们明确方向，还能激发我们的内在动力。

1. 树立长远目标

1）树立长远目标的重要性

长远目标是职业生涯发展的灯塔，为我们指明了前行的方向。长远目标不仅仅是一个遥远的目标，更是我们职业道路上的精神支柱和动力源泉。长远目标的设定，意味着我们对未来有着清晰的愿景和规划，这有助于我们在面对困难和挑战时保持坚定的信念和决心。

2）如何设定长远目标

（1）明确职业理想。设定长远目标的起点，在于清晰地描绘出个人的职业理想。这要求我们深入探索自我，明确自己的兴趣所在、核心能力以及坚守的价值观。同时，对行业趋势的敏锐洞察同样不可或缺，它帮助我们理解未来的职业路径与可能达到的成就高度。职业理想，是驱动我们不断前行的内在灯塔，让我们的职业之舟驶向成功的彼岸。

（2）设定具体目标。有了职业理想的指引，下一步是将这份理想转化为具体的、可量化的长远目标。这意味着，我们需要将宏大的理想拆解为一系列可操作、可评估的小目标。这些目标既富有挑战性，又需要确保通过持续的努力与策略调整，最终能够实现。明确的时间框架、具体的衡量标准，以及实现路径的规划，都是将职业理想转化为实际行动的关键。

（3）保持目标的灵活性。长远目标虽为我们提供了方向，但并非一成不变，也需要保持一定的灵活性。行业环境的快速变迁与个人能力的持续提升，要求我们在坚持目标的同时，保持足够的灵活性。这意味着，我们需要定期审视既有目标，根据外部环境的变化与个人成长的新需求，对既有目标进行快速调整。这种灵活性，不仅是对现实的积极响应，更是确保目标始终贴合职业理想与个人发展节奏的智慧之举。在追求长远目标的过程中，保持开放的心态，勇于调整策略，方能稳健前行，最终抵达心中的彼岸。

3）长远目标的管理与实现

（1）制订行动计划。长远目标的实现始于周密的行动计划。为了实现长远目标，我们需要制订详细的行动计划，包括短期和中期目标，以及实现这些目标所需的步骤和资源。详细的行动计划不仅是我们前行的路线图，更是确保目标落地的坚实基石。通过设立里程碑，我们可以有条不紊地推进，每一步都向着长远目标迈进。

（2）持续学习与成长。长远目标的实现需要不断地学习。为了实现长远目标，我们必须保持对新知、新技能的无限渴望，通过多种途径如参加培训、自学、实践等，不断提升自我，增强竞争力。学习，不仅是知识的积累，更是视野的拓宽与思维的升级，它让我们在追求目标的道路上更加从容不迫。

（3）定期评估与调整。在职业生涯发展过程中，我们需要定期评估进展和目标实现情况。若发现目标过于遥远或难以实现，我们可以根据实际情况进行调整，以确保目标仍然具有可行性和激励性。

（4）保持积极心态。在实现长远目标的过程中，我们可能会遇到各种困难和挑战。保持积极的心态，相信自己能够克服困难，是实现目标的关键。积极的心态如同心灵的灯塔，照亮我们前行的道路，让我们在逆境中也能保持信念，勇往直前。

总之，长远目标的设定不仅有助于我们明确职业方向，还能激发我们的内在动力，增强我们的责任感和使命感。当我们有了清晰的长远目标时，会更加专注于自己的职业发展，更加努力地提升自己的能力和素质，从而在职业生涯中取得更大的成功。

2. 发展阶段性目标

在职业生涯发展规划中，阶段性目标扮演着至关重要的角色。它们不仅是实现长远目标的桥梁，也是我们在职业生涯道路上不断前进的动力源泉。

1）阶段性目标的作用

（1）构建清晰思路的桥梁。阶段性目标如同连接长远目标与现实的桥梁，它们将长远目标巧妙地分解为一系列具体、可操作且可实现的小目标。这些小目标不仅为我们提供了明确的行动指南，还构建了一条通往长远目标的清晰路径，让我们在每一次前进中都能感受到离梦想更近一步的喜悦。

（2）激发个人的潜能与自信。每个阶段性目标的实现如同职业生涯征途中的一个个小胜利，不断激发我们的积极性与自信心，让我们在成就感中汲取力量，更加坚定地迈向下一个目标。这种正向激励，是推动我们持续前行、不断超越自我的强大动力。

（3）作为评估与调整的依据。阶段性目标的完成情况，是我们评估自身进展、调整策略与方法的重要依据。通过对比实际成果与预设目标，我们可以清晰地看到自己在哪些方面取得了进步，哪些方面还需要加强。这种定期的评估与调整，确保了我们的职业生涯发展规划始终与实际情况保持同步，有效避免了偏离轨道的风险。

2）阶段目标的设计思路

（1）巧用逆向思维。采用"倒计时"或"往回推"的方式，从长远目标出发，逐步分解出实现该目标所需经历的各个阶段和所需的时间、资源等。

（2）明确自身差距。分析自己当前的能力、资源等与目标之间的差距，确定需要提升和获取的内容。

（3）分阶段弥补差距。将差距分解为若干个小目标，每个小目标都对应一个具体的提升或获取计划，逐步缩小差距。

（4）设定具体目标。为每个阶段设定具体的、可衡量的参照标准，以确保目标的可操作性和可评估性。

3）阶段目标设计的具体方法

（1）厘清优势与差距。在设定阶段性目标时，首先需要深入进行自我审视，结合个人发展条件与长远目标的要求，清晰地识别自身的优势领域与存在的不足之处。这包括但不限于知识掌握、技能水平、实践经验、人脉资源等多个维度，为后续的差距分析打下坚实基础。

（2）差距分类与优先级排序。将识别出的差距进行细致分类，如知识类、技能类、经验类、资源类等，并依据这些差距与实现长远目标的关联度进行优先级排序。这一过程有助于我们聚焦核心，优先解决对长远目标实现影响最大的问题。

（3）选择主线来搭建阶段性目标框架。基于优先级排序，选择一种或若干种最为关键的差距作为阶段目标的主线。这些主线将成为我们构建阶段目标框架的核心，指引我们逐步填补差距，向长远目标稳步迈进。

（4）明确目标设定的标题与内容。为各阶段目标设定简洁、明确、醒目的标题，同时详细列出目标的具体内涵、预期达成时间、实施步骤及所需资源等关键信息。清晰的目标设定有助于我们保持方向感，确保每一步都精准对接长远目标。

（5）理顺关系与调整优化。对相邻两个阶段目标的要求进行对比分析，确保它们之间的连贯性与一致性。若发现目标设定存在逻辑断裂或资源冲突等问题，应及时进行调整与优化，确保阶段目标体系既符合个人发展实际，又能有效支撑长远目标的实现。

4）阶段目标设计的注意事项

（1）保持灵活性。虽然阶段目标是基于长远目标进行设计的，但在实施过程中也需要保持一定的灵活性，以适应外部环境的变化和个人能力的成长。

（2）持续评估与调整。定期评估阶段目标的完成情况，根据评估结果及时调整策略和方法，确保职业生涯发展规划的有效实施。

（3）保持积极心态。在实现阶段目标的过程中，可能会遇到各种困难和挑战。保持积极的心态，相信自己能够克服困难，是实现阶段目标的关键。

做好阶段性目标是实现长远目标的重要保障，通过明确阶段目标的作用、设计思路及设计方法，我们可以更好地规划自己的职业生涯，不断向更高的目标攀登。

3. 确立切实可行的短期目标

在职业生涯发展规划中，短期目标是我们迈向长远目标的基石。它们不仅为我们提供了明确的行动指南，还是我们实现职业理想的重要步骤。以下是对短期目标作用及制定步骤的详细探讨。

1）短期目标的作用

（1）行动导向。短期目标为我们提供了具体的行动指南，让我们能够聚焦于当前最重要的事务，使我们能够明确自己在短期内应该做什么、怎么做，确保每一步都朝着既定的方向前进，从而避免盲目行动和浪费时间。

（2）激励作用。短期目标的实现能够迅速给我们带来成就感和满足感，这种积极的反馈如同职业生涯征途中的"加油站"，激励我们继续前行，为实现更长远的目标提供源源不断的动力。

（3）适应性调整。通过短期目标的不断实现和评估，我们可以及时发现自己的不足之处，如技能短板、时间管理问题等，并根据实际情况进行调整和优化，确保职业生涯发展规划的有效实施。

（4）奠定基础。短期目标的实现为我们积累经验和资源，这些经验和资源可能包括专业技能的提升、人脉关系的拓展、项目管理能力的提升等，它们为实现阶段目标和长远目标打下了坚实的基础。

2）短期目标的制定要求

（1）具体明确。短期目标必须具体明确，包括要完成的任务、达到的状态及具体的措施。这样我们才能清晰地知道自己在短期内应该做什么、怎么做，以及如何评估自己的进展。

（2）可及性。短期目标应该具有一定的可及性，即通过一定的努力就能够实现。这样我们可以更容易地品尝到胜利的喜悦，增强自信心和继续前行的动力。

（3）切合实际。短期目标必须符合我们的实际情况，包括我们的能力、兴趣、特长以及外部环境等因素。这样才能确保我们在实现目标的过程中能够拥有持久的动力和积极性。

（4）考虑环境变化。在制定短期目标时，我们需要考虑外部环境的变化，如行业趋势、市场需求等。这样我们可以确保自己的目标与外部环境保持同步，避免因环境变化而导致目标失效。

（5）可评估性。短期目标应该具有可评估性，即我们能够明确地知道何时、如何评估自己的进展。这样我们可以及时发现问题并进行调整，确保职业生涯发展规划的有效实施。

3）制定短期目标的步骤

（1）分析自身条件。在制定短期目标时，我们需要充分了解自己的能力、兴趣、特长以及价值观等因素，以便制定符合自己实际情况的短期目标。这一过程旨在帮助我们精准定位自己在职业生涯中的优势与潜力，从而制定出既符合个人特点又具挑战性的短期目标，避免偏离主线。

（2）明确长远目标。在制定短期目标之前，我们需要明确自己的长远目标，以便将短期目标与长远目标相结合，确保我们的行动始终朝着正确的方向前进。

（3）分解阶段目标。将长远目标分解为一系列阶段目标，并根据实际情况为每个阶段目标制定具体的、可衡量的短期目标。

（4）制定措施。为每个短期目标制定具体的实施措施，是确保目标顺利实现的关键。这包括时间规划、资源分配、任务分解等多个方面。通过制定详细的时间表和行动计划，我们可以更加高效地利用时间和资源，确保每一步行动都精准对接短期目标，从而推动目标的顺利达成。

（5）评估与调整。在实施短期目标的过程中，定期评估自己的进展至关重要。通过对比实际成果与预设目标，我们可以及时发现不足之处，并根据实际情况进行调整和优化，以确保职业生涯发展规划的有效实施。

总之，确立切实可行的短期目标是实现职业生涯发展规划的重要步骤，这是一个系统性、动态性的过程，它需要我们深入分析自身条件、明确长远目标、分解阶段目标、制定具体措施，并在实施过程中不断评估与调整。通过明确短期目标的具体要求、制定方法以及实施步骤，我们可以更好地规划自己的职业生涯，不断向更高远的目标迈进。

4. 互动任务：小林的转型

小林细心、热情，从学校毕业后，她在一家寻呼公司做话务员。当时寻呼业务在社会上需求很旺，做这一行的收入也还不错，而且话务员的工作也符合小林的性格、能力，她做起来得心应手。但是，一年后，小林发现随着手机的逐渐普及，寻呼业务已出现萎缩的迹象。在冷静分析后，小林认为以自己现有的能力可以做更有挑战性的工作。于是，她在对所了解的几种职业进行判断和选择后，开始利用业余时间进修文秘专业的课程。后来，当她所在的寻呼公司因为业绩下滑而大幅裁员时，小林因早有准备，顺利地进入一家外资公司，开始了自己喜欢且能够胜任的秘书职业生涯。

请思考：小林成功转型的原因是什么？

小林成功转型的原因可以归结为以下几点：

（1）敏锐的行业洞察力。小林具备敏锐的市场嗅觉，能够及时发现所在行业（寻呼业务）的发展趋势和潜在风险。她观察到随着手机的逐渐普及，寻呼业务已呈现出萎缩的迹象，这种对行业的敏锐洞察为她后来的转型提供了重要的决策依据。

（2）自我认知清晰。小林对自己的性格、能力和兴趣有清晰的认识。她知道自己细心、热情，适合做与人打交道的工作。在寻呼公司做话务员时，她能够得心应手地处理工作，但她并未满足于此，而是不断寻求更高层次的职业发展。

（3）主动学习与提升。面对行业变革，小林没有选择消极应对或安于现状，而是积极寻找新的职业发展方向。她通过对所了解的几种职业进行判断和选择，决定进修文秘专业课程，以此来提升自己的职业竞争力。这种主动学习和自我提升的精神是她成功转型的关键。

（4）早做准备，应对变化。小林在意识到行业风险后，没有立即跳槽或盲目行动，而是有计划地进行了职业转型的准备。她利用业余时间进修课程，为将来的职业发展打下了坚实的基础。当寻呼公司因为业绩下滑而大幅裁员时，她已经做好了充分的准备，顺利地进入一家外资公司，开始了自己喜欢且能够胜任的秘书职业生涯。

（5）适应能力强。小林能够迅速适应新的工作环境和岗位要求。她不仅具备秘书所需的专业知识和技能，还能够快速融入新的团队和文化氛围，这种适应能力也是她成功转型的重要因素之一。

本节知识回顾

1. 在职业生涯目标设定中，影响因素可以分为_____因素和_____因素。

2. 在职业生涯规划中，大学生应综合考虑自身的_____因素和_____因素，以实现最佳的综合效应。

3. 职业生涯目标的设定不仅帮助我们明确方向，还能激发我们的内在_____和_____。

第四章第一节知识回顾答案

第二节　职业生涯决策

一、职业生涯发展路线的内涵

职业生涯发展路线，是指个人在选定职业后，为实现职业目标和职业理想所规划并选择的发展路径。这一路径的选择不仅关乎个人的职业成长，更在很大程度上决定了未来的职业选择和生涯发展的机会。因此，在明确职业生涯目标之前，合理规划和选择职业生涯发展路线显得尤为重要。

二、职业生涯发展路线的类型

由于我们每个人的自身条件、基础素质不同，因此适合我们的职业生涯发展路线也不同。有的人适合搞研究，能够在专攻领域求得突破；有的人适合做管理，能够成为优秀的管理人才。一般来讲，有三种普适性较强的职业生涯发展路线可供我们选择，即专业技术型路线、行政管理型路线和自我创业型路线。

1. 专业技术型路线

1）专业技术型发展路线概述

专业技术型发展路线是指专注于工程、财会、生产、销售、法律等职业性专业方向的发展路径。这些职业共同的特点在于要求从业者具备专门的技术性知识和能力，以及较强的分析能力。掌握这些技能并非一朝一夕之功，而是需要经过长期的培训、锻炼和积累才能逐渐精进，达到炉火纯青之境。

2）专业技术型发展路线的特点

第一，专业性强。这一发展道路强调对某一专业领域的深入研究和精通，要求从业者具备扎实的专业知识和实践经验。

第二，技术性高。从业者需要掌握一定的技术和方法，能运用专业知识解决实际问题。

第三，分析能力强。较强的分析能力是这一类型从业者的必备素质，他们需要能够独立思考、分析问题并找到解决方案。

第四，保持持续学习能力。由于技术更新换代快，从业者需要不断学习新知识、新技术，以保持竞争力。

3）专业技术型发展路线的职业规划建议

第一，明确职业定位。根据个人兴趣、能力和市场需求，明确自己在某一专业领域内的职业定位。

第二，制订学习计划。根据职业定位，制订详细的学习计划，包括专业知识的学习、实践经验的积累以及技能的提升。

第三，积累实践经验。通过实习、兼职或参与项目等方式，积累实践经验，提升自己的实际操作能力。

第四，关注行业动态。了解所在行业的最新动态和技术发展趋势，及时调整自己的学习计划和发展方向。

第五，提升综合素质。除了专业技能外，还需要提升自己的沟通能力、团队协作能力等综合素质，以适应不同工作环境的需求。

第六，规划职业发展路径。根据自己的职业定位和发展目标，规划职业发展路径，包括技术职称的晋升、技术性成就的认可以及物质待遇的改善等。

4）跨越发展的可能性

专业技术型发展路径虽聚焦于某一专业领域的深度钻研与精通，但并不意味着从业者的发展路径只能局限于该领域。众多技术精英在积累了充足的专业知识和实战经验后，往往选择向管理岗位转型，在管理岗位上，他们可以巧妙融合其技术优势与管理能力。这一跨越不仅促进了个人职业生涯的多元化拓展，也顺应了时代变迁对复合型人才的需求。

因此，对于踏上专业技术型发展道路的从业者而言，既要坚持不懈地提升专业技能，也应保持对管理领域的敏锐洞察，培养兴趣，为适时转型做好充分准备。同时，企业亦应肩负重任，为技术骨干搭建广阔的晋升阶梯与职业发展平台，激励他们迈向管理领域，以此实现个人潜能的最大化发挥与企业发展的和谐共进，共创双赢局面。

2. 行政管理型路线

1）行政管理型发展路线概述

行政管理型发展路线是指个人通过不断提升自己的管理能力、人际沟通技巧和领导力，在组织内部逐步晋升至更高层次的管理职位的发展路径。这一道路适合那些善于与人打交道，善于处理人际关系问题，善于从宏观角度考虑问题且个性比较理智，喜欢追求权力、影响力和控制他人的人。

2）行政管理型发展路线的特点

第一，人际导向。行政管理型发展道路强调人际关系的处理和沟通能力的提升，要求从业者具备出色的人际交往能力和沟通技巧。

第二，拥有宏观视角。从业者需要具备从全局和宏观角度思考问题的能力，能够把握组织的整体发展方向和战略。

第三，具备领导力。领导力是行政管理型发展道路的核心素质之一，要求从业者能够带领团队实现组织目标。

第四，喜欢追求权力。行政管理型发展道路的从业者通常对权力和影响力有较高的追求，希望通过自己的努力在组织内部获得更高的地位和影响力。

第五，业绩导向。行政管理型发展道路的晋升通常与业绩提升密切相关，要求从业者能够不断提升自己的业绩水平，为组织创造更大的价值。

3）行政管理型发展路线的职业规划建议

第一，明确职业定位。根据自己的兴趣、能力和市场需求，明确自己在管理领域的职业定位，如人力资源管理、财务管理、市场营销管理等。

第二，提升管理能力。通过参加培训课程、阅读管理书籍、参与管理实践等方式，不断提升自己的管理能力，包括决策能力、沟通能力、协调能力、团队建设能力等。

第三，积累实践经验。通过实习、兼职或参与项目等方式，积累管理经验，了解不同层级管理岗位的工作内容和职责，为未来的职业发展打下基础。

第四，建立人脉关系。积极参与组织内外的交流活动，建立广泛的人脉，为未来的职业发展创造更多的机会和资源。

第五，关注行业动态。了解所在行业的最新动态和管理趋势，及时调整自己的职业规划和发展方向，保持竞争力。

第六，制订晋升计划。根据自己的职业定位和发展目标，制订详细的晋升计划，包括晋升的时间节点、所需的技能和能力提升、业绩目标等。

4）行政管理型发展路线的挑战与应对

行政管理型发展路线对个人素质、人际关系技巧要求较高，因此从业者需要不断学习和提升自己的能力。同时，行政管理型发展路线也面临着一些挑战，如竞争激烈、工作压力大等。为了应对这些挑战，从业者需要保持积极的心态，不断提升自己的竞争力和适应能力。此外，企业也应该为管理型人才提供充分的发展机会，实现个人价值和企业发展的双赢。

3. 自我创业型路线

1）自我创业型路线概述

自我创业型路线是一种极具挑战性和自主性的职业发展路径。选择这一路线的个体通常拥有强烈的创新意识和创业精神，他们愿意承担风险，追求更大的职业自由和成功。通过自主创业或参与创业项目，他们将自己的创意、想法和技术转化为实际的产品或服务，从而实现个人价值和职业发展的双重提升。

2）自我创业型路线的特点

第一，自主性高。自我创业型路线赋予个体极大的自主性，他们可以根据自己的兴趣和专长选择创业领域，自由规划职业生涯。

第二，创新性强。创业通常需要个人具备创新思维和解决问题的能力，能够不断推出新颖的产品或服务，以满足市场需求。

第三，风险承受能力强。创业过程中存在诸多不确定性，如市场风险、财务风险等，个人需要具备较强的风险承受能力和应对能力。

第四，成长速度快。创业不仅是个人实现职业发展的途径，更是个人成长和锻炼的宝贵机会。通过创业，我们可以锻炼自己的领导力、团队协作能力、市场洞察能力等。

第五，收益大。创业的收益性是伴随着风险性而生的，成功的创业项目通常能够带来丰厚的经济回报，实现个人财富的积累。

3）自我创业型路线的职业规划建议

第一，明确创业方向。根据自己的兴趣、专长和市场需求，确定创业方向。可以通过市场调研、行业分析等方式，了解目标市场的竞争状况和发展趋势。

第二，制订创业计划。制订详细的创业计划，包括市场分析、产品定位、营销策略、财务规划等。创业计划是创业者行动的指南，有助于确保创业项目顺利进行。

第三，积累创业资源。积极积累创业所需的资源，如资金、人才、技术等。可以通过融资、招聘、合作等方式，获取必要的资源支持。

第四，提升创业能力。通过参加创业培训、阅读创业书籍、交流创业经验等方式，不断提升创业能力，包括创新思维、团队协作、市场营销等。

第五，关注市场动态。密切关注市场动态和竞争对手的变化，及时调整创业策略，确保创业项目的竞争优势。

第六，建立人脉关系。积极参与创业相关的社交活动，建立广泛的人脉，为创业项目的发展提供更多的机会和资源。

4）自我创业型路线的挑战与应对

自我创业型路线虽然充满机遇，但也面临着诸多挑战，如市场竞争激烈、资金压力大、团队管理困难等。为了应对这些挑战，创业者需要保持敏锐的市场洞察力，不断调整和优化创业策略。同时，创业者还需要具备较强的心理素质和抗压能力，能够面对创业过程中的挫折和困难。

三、职业生涯决策理论概述

在第一章职业生涯规划的基本理论中，我们曾经提到过职业生涯决策理论，在这里我们做一下简单回顾。职业生涯决策理论是斯坦福大学教育与心理学博士、全球著名的职业规划大师、美国心理学会（American Psychological Association，APA）"咨询传奇人物"之一的美国社会心理学家约翰·克朗伯兹（John Krumboltz）提出的。他是美国心理协会和美国科学促进会的研究员，通过长年的研究，他根据班杜拉社会学习理论，主张个人的人格与行为主要受到独特的学习经验的影响，应当由日常生活事件来解释生涯决策及其过程。他认为，对个人生涯决策具有影响力的因素包括以下四类：

（1）遗传天赋和特殊能力。例如种族、性别、体能、外表、人格特质、智能、艺术能力等。

（2）环境条件和事件。例如工作性质和训练机会、社会政策、社会影响、科技发展、劳工法令、社会组织的改变、物理事件（地震、水灾）、家庭特质等。

（3）工具性学习经验（如生涯规划技巧、职业或教育表现等）和联结性学习经验（如观察学习等经验）。

（4）任务取向技巧。例如问题解决技巧、工作习惯、心理状态、情绪反应和认知历程。

克朗伯兹认为，在个人与环境事件的互动中学习得到的新经验、个人的兴趣、价值观与人格特质等均可通过学习经验加以改变与拓展，每个人一生中的独特学习经验会影响个人的职业决策。克朗伯兹将人的生涯决策阶段分为七个步骤：①界定问题，制定明确的目标；②拟订行动计划，规划达成目标的流程；③澄清价值，界定个人的选择标准；④收集资料，找出可能的选择；⑤依据自己的标准评价各种可能的选择；⑥系统地删除不适合的方案，挑选出最合适的方案；⑦开始执行行动方案。

大学时期是个体职业生涯决策的关键时期。在这个阶段，大学生需要面临从校园到社会的转变，以及未来职业方向的选择。然而，由于缺乏必要的职业信息和个人经验，以及面临家庭和社会的压力，大学生往往更容易出现职业生涯决策困难。职业生涯决策困难是一个复杂而普遍的问题，但并非不可克服。通过加强自我了解、提升职业信息获取能力、增强决策信心、寻求职业咨询与支持、平衡家庭与社会期望以及制定职业规划等策略，个体可以逐步克服职业生涯决策困难，实现自己的职业梦想和人生价值。同时，社会和教育机构也应加强对个体的职业指导和支持，为他们的职业发展创造更加有利的环境和条件。

四、职业生涯决策的影响因素

在职业生涯决策过程中，自我因素、专业因素、家庭因素和社会因素等多种因素共同影响着个体职业生涯的选择。

1. 自我因素

自我因素是最为核心和基础的，它涵盖了个人性格、兴趣、能力及价值观等多个方面。

个人性格。性格特质决定了个体在职业环境中的表现。例如，外向型性格的人可能更适合需要频繁与人交流的职业，而内向型性格的人则可能更适合需要独立工作的环境。

兴趣。兴趣是职业选择的重要驱动力。对某个领域的浓厚兴趣可以激发个体的学习动力和工作热情，从而提高职业满意度和成就感。

能力。能力是职业选择的基础。个体需要评估自己的专业技能、沟通能力、团队协作能力等，以确保所选职业与自身能力相匹配。

价值观。价值观影响个体对职业的看法和选择。例如，有些人更看重工作的稳定性，而有些人则更追求职业发展。

大学生在职业选择过程中，由于缺乏社会经验和独立思考的意识，容易陷入一些误区。以下是对这些误区的详细解析：

误区一：热门的职业就是"好工作"。

热门职业因其待遇好、工作环境优、社会地位高等优势而受到追捧。然而，热门职业并不适合所有人。每个人的能力、兴趣和价值观不同，因此选择职业时应考虑个人特质与职业的匹配度。盲目追求热门职业可能导致个人特质和职业不匹配，影响个人的职业发展。

误区二：别人认为"好"的工作就是"好工作"。

职业决策是个体化的过程，需要基于自己的兴趣、能力和价值观进行。父母、亲朋好友、老师、学长学姐、职业咨询专家、职业测评工具等提供的建议和职业测评结果只能作为参考，不能完全代替个人的决策。别人认为的好工作不一定适合自己，我们应学会独立思考并做出决策。

误区三：薪水高的工作就是"好工作"。

高薪是吸引毕业生的一个重要因素，但高薪并不等同于好工作。其可能意味着工作压力大、工作强度高等问题。同时，高薪也可能只是短期的，随着市场变化而变化。因此，在选择工作时，我们除了考虑薪水外，还应关注职业发展前景、工作环境、工作稳定性等因素。

2. 专业因素

在大学生进行职业决策的过程中，专业因素无疑是一个核心且关键的参考要点。同学们经过多年的专业学习，不仅掌握了大量的专业知识，还接受了与这一专业相关的思维方式训练。这种专业性的积累，使得他们在进行职业选择时，往往会优先考虑是否能将所学应用于实践，即所谓的"专业对口"。

对大学生而言，专业对口承载着多重深远意义。首先，专业对口意味着所学知识能够直接应用于职场，可显著提升工作效率与质量。其次，专业对口往往伴随着较高的职业满意度与较低的适应成本，因为同学们已通过专业学习对行业趋势、技术要求等建立了初步认知。然而，理想与现实之间往往存在差距。近年来，应届大学毕业生初次就业的专业对口率普遍偏低，尽管同学们在专业领域倾注了大量时间和精力，但并非所有人都能如愿找到对口岗位。面对这一现实，部分同学开始反思自己的专业选择。他们渐渐察觉到，自己或许对所学专业并无真正的热爱，又或认为该专业的未来发展前景有限。因此，他们考虑转换专业方向，或在本科毕业后选择与所学专业不直接相关的职业。这一选择虽有合理性，但无疑提出了更高要求。一方面，他们需要展现出更强的自学与自我提升能力，以适应新领域的挑战。另一方面，他们还需做好心理准备，勇于面对可能的职业适应难题及职业发展中的不确定性。

因此，对于大学生来说，在进行职业决策时，除了考虑专业因素外，还需要综合考虑自己的兴趣、能力、市场需求等多方面因素。只有这样，我们才能做出更加明智和适合自己的职业选择。同时，我们也需要保持开放和灵活的心态，勇于尝试新的职业领域和机会，以实现自己的职业发展和人生价值。

3. 家庭因素

家庭，作为个体成长的第一课堂，其环境、氛围以及成员的职业、教育、经济等状况，对一个人的职业决策有着深远的影响。父母的受教育程度、职业背景、价值观以及家庭经济收入，都潜移默化地塑造着我们的职业观念。

父母的职业往往成为我们职业认知的启蒙之源。自幼年起，我们便通过观察与模仿父母的工作方式，初步形成对某些职业的感知。同时，家族成员的职业分布也为我们提供了一个职业选择的参考框架，绘制家族职业谱有助于我们明确自身与家族职业传统的联系。

家庭经济收入同样在我们的职业决策中扮演着间接但重要的角色。经济条件较好的学生，可能更偏向于选择那些需要长期投资但前景看好的职业；而经济条件较差的学生，则可能更注重职业的即时收益与稳定性。

父母的价值观对我们的职业选择具有深远影响。他们对工作的态度、对职业成功的定义，会深刻烙印在我们的职业观念中。若父母重视个人成就与社会贡献，我们可能更倾向于选择那些能带来社会影响力与个人成长的职业；若父母更看重经济收益与稳定性，我们则可能更偏向于选择高薪与低风险的职业。

此外，家族成员的职业发展顺利与否，也能为我们提供宝贵的职业资源。家族成员不仅能分享实习与求职的实用信息，还能在我们职业生涯的各个阶段给予指导与建议。这种来自家族的支持与帮助，无疑会提升我们的职场信心与竞争力，为我们的职业发展增添助力。因此，建议同学们在进行职业生涯决策前，充分了解家族成员的职业发展状况，绘制家族职业谱，从中寻找自己的职业定位和发展方向。同时，也要认识到职业兴趣、素质能力等个人特质可能受到先天遗传等因素的影响，与父母或家族成员的职业选择存在某种关联。通过综合考虑这些因素，我们可以做出更加明智和适合自己的职业决策。

4. 社会因素

社会文化环境与经济技术的发展，对个体的职业选择产生了深远影响，这是每一位面临职业选择的大学生都无法忽视的现实考量。我们在规划职业道路时，固然要明确自己的目标与期望，但更重要的是要深入了解社会动态与职业趋势，因为仅凭书本上的理论知识学习，已远远无法满足当下复杂多变的职业需求。我们必须学会运用知识解决实际问题。我们上大学的目的之一，就是找到一份满意的好工作。然而，什么是满意的"好工作"呢？这需要大学生投入时间与精力，去深入了解社会运行机制、行业兴衰更替及具体岗位的真实面貌，否则，所谓的"好工作"将只能停留于幻想之中。

在校大学生获取职业信息时面临着诸多障碍。尽管媒体每天都在提供大量的职业信息，但这些信息的真实性和有效性难以保证。很多用人单位抱怨大学生对职业的了解不足，职业化程度低。那么，社会上到底有哪些渠道可以帮助我们了解职业呢？哪些职位适合毕业生，哪些职位更适合有工作经验的社会人呢？这些都是我们在职业选择时亟须解决的问题。同时，人力资源市场的供求信息也会对大学生的职业选择产生重要影响。由于缺乏有效的信息渠道，我们很难了解到自己所学专业对应的职业群或所选职业的人才供求关系，这种信息不对称在很大程度上增加了决策的难度。

除了上述因素外，国家的政治、经济和社会发展状况，所就读学校的教育状况和地位，社会对职业的评价以及周围的人对职业的看法等社会因素也对大学生的职业选择产生了深远的影响，这些因素相互交织，共同构成了大学生职业选择的复杂背景。

五、大学阶段的职业决策

在大学阶段，明确生涯目标并初步制定短期及中长期目标后，接下来的关键步骤便是为实现这些目标而采取行动。这时，同学们将不可避免地面临一个新的挑战：职业生涯决策。

决策，简而言之就是做出决定的过程。它涉及从两个或更多可行的方案中选择一个最为合理的方案，以达成既定的目标。美国管理学家西蒙（Simon）曾指出："决策是管理的心脏，管理是由一系列决策组成的；管理就是决策。"这一观点深刻地揭示了决策在目标实现过程中的重要性。决策的正确与否，直接关系到目标行为的成败。正确的决策能引导人沿着正确的方向、合理的路线前进，而错误的决策则可能使人误入歧途，导致失败。

实际上，决策贯穿于我们日常生活的方方面面。从早晨醒来，我们就在不断地做出决策：是马上起床，还是再睡个回笼觉？起床后是先去食堂吃早饭，还是赶在上课铃响前进入教室？当感觉老师上课的内容乏味或难以理解时，是努力跟上老师的课程节奏，还是分心去打游戏、刷抖音？虽然这些决策看似微不足道，但构成了我们日常生活的一部分。

然而，在职业生涯规划的过程中，我们面临的决策要远比这些日常决策重大得多。这些决策将直接影响我们的未来发展方向和职业道路，因此我们必须审慎对待。职业生涯决策不是单一的事件，而是一个连续发展的过程。在整个生涯发展过程中，我们会不断地面临生涯决策问题，每一个决策都可能对我们的未来产生深远的影响。

1. 大学一年级的职业决策——认识专业与自我

首先，与家人、朋友及老师交流职业兴趣。在大一阶段，同学们应主动与家人、朋友、老师以及周围所有能提供信息的人交流自己的职业兴趣。这些交流对象可能来自不同的行业，他们的工作经验和职业认知能为同学们提供宝贵的参考。此外，网络也是一个获取职业信息的重要渠道，同学们可以通过网络结识各行各业的人士，了解他们的工作内容、职业感受以及职业发展路径。

其次，做职业倾向测试。为了更深入地了解自己，同学们应积极参与职业倾向测试。这些测试通常包括性格测试、兴趣测试、能力测试等，旨在帮助同学们明确自己的职业倾向、优势领域以及潜在的职业发展机会。通过测试，同学们可以更加清晰地认识到自己喜欢什么样的职业、擅长什么样的工作，从而为未来的职业规划打下坚实的基础。

最后，要刻苦学习，争取好成绩。在学习方面，大一的同学们应刻苦努力，争取每门课程都能取得好成绩。这不仅是为了顺利获得毕业证书和学位证书，更是为了培养自己的学习能力和专业素养。良好的学习成绩和扎实的专业知识是同学们未来求职和职业发展的重要资本。

2. 大学二年级的职业决策——专业选择与生涯拓展

首先，深入探索和收集信息。经过大一的尝试和探索，同学们对自身的特质和职业概况有了初步的认识。然而，这还不够，同学们需要继续深入探索和收集有关生涯发展领域的信息。这可以通过暑假实习、社会实践和志愿者活动等方式来实现。这些活动不仅能让同学们亲身体验职场环境，还能让他们更加深入地了解自己所感兴趣的职业群和就业市场。

其次，与职业人士取得联系。为了更全面地了解职业领域，同学们应主动与一些在职业发展领域工作且令自己感兴趣的人取得联系。他们可以是行业内的专家、前辈或同事。通过与他们的交流，同学们可以获得更加真实、具体的职业信息，了解职业发展的前景和挑战。此外，同学们还可以争取在某一专业工作岗位上实践一天，亲身体验真实的职场生活。

最后，获得工作经历。通过实习、兼职和志愿者活动，同学们可以获得宝贵的工作经历。这些经历不仅能让同学们更加明确自己的工作偏好和职业发展方向，还能提升职业素养和综合能力。同时，同学们还应主动参加相关的生涯发展项目，增加对整个就业领域的了解。在实践和比较全面地把握信息的基础上，同学们可以逐步明确自己的专业和职业发展方向，并做出初步的职业选择。

3. 大学三年级的职业决策——整理与评估

进入大学三年级，同学们已经通过社会实践和暑期实习获得了新的能力，这时需要重新认识和评估自己的能力，了解在哪些方面还有潜能可挖。随着专业课学习的深入，同学们可以进一步明确自己在专业和学术方面的目标。

在这一阶段，同学们需要逐步明晰自己的兴趣是否有所转变，以及这种转变对现在的行为有何影响。同时，还需要考虑本科毕业后是直接找工作、攻读硕士研究生，还是去海外留学。如果选择攻读硕士研究生，是继续学习本科专业，还是换专业？是在本校读还是换学校读？如果希望留学，目标国家、学校以及所需准备的事项都需要提前了解清楚。此外，若有创业意向，还需要评估项目的可行性、外部资源支持情况等。我们需要分析自己的选择是否合理，以及需要通过哪些渠道、具备什么知识结构和层次才能达成目标。同时，要研究相关的工作单位和工作环境，寻找与职业相匹配的能力，并开始建立专门的联系渠道，以便实现求职战略计划。

4. 大学四年级的职业决策——就业决策

大学四年级是就业决策的关键阶段。我们需要为自己提前规划和确定职业目标，并准备好求职申请信、简历和成绩单等资料。通过校园招聘会、人才市场和网络等渠道寻找就业岗位。

在这一阶段，我们需要思考的主要问题包括：在希望生活、工作的地区或城市，哪些职位可能适合自己？如何找到适合自己的岗位？已经尝试找了几个职业，哪一个最适合自己？为了找到满意的工作，我们需要利用各种联系渠道寻找工作机会，并争取被推荐。同时，要多尝试不同的招聘机会，如参加招聘会和用人单位的介绍活动，阅读提供就业职位的目录，参加各种校园面试。此外，可多与校友联系，了解他们在工作第一年面对的挑战、困惑和感受，也是非常重要的。

大四也是很多毕业生的就业恐慌时期，找工作可能会让大部分学生感到辛苦和受挫。然而，通过找工作，我们能不断地发现自己的不足，更加了解职场和职业，这些都是帮助我们在未来职场获得成功的重要因素。因此，我们要学会缓解自己的不安、焦虑、自卑等情绪，积极面对就业挑战。

大学四年的规划应该在大学一年级完成，然后根据规划安排接下来三年的学习生活。当然，随着年龄与知识的增长，我们的认知会发生变化，需要不断地对自己的目标进行调整。但总体的规划应该较早完成，以便有条不紊地推进学习和职业发展。

在制定年级目标的同时，同学们还可以细化自己的短期目标，比如制定上学期目标和下学期目标，按假期来制定暑假目标和寒假目标等。除此之外，我们还可以按内容来制定学习目标、生活目标、社团实践目标、兼职目标、实习目标等。当然，关于是否考研，这是一个需要同学们根据自身职业发展目标和未来从事职业对员工素质能力要求来决定的问题。在制定职业目标时，最好能够根据所学专业的特点与自身性格、兴趣、能力等因素的匹配程度，按照所处学习阶段来进行。

5. 互动任务：分析小王与专业教师的对话

小王："老师，我研三马上毕业，再有三个月就要离校了。我一直在找工作，虽然也拿到了几个offer，但都不是特别满意。您能帮我拿个主意吗？"

老师："小王，首先要声明一点：咨询师可不能替你拿主意，只能帮你分析具体情况，为你的决策提供更多的支持信息。你能具体说说目前拿到的几个offer的情况吗？"

小王："我学的是自动化专业，开始找工作不久，同门师兄就转发了他们单位——一家航空研究所的招聘信息，专业挺对口的，能解决户口问题，待遇也还可以。我挺顺利地通过了几轮面试，很快拿到了offer。不过，我有点儿不甘心，我才25岁，可这份工作从现在就能看到退休。所以，我又投了一些简历。我的编程学得还可以，上周拿到了一家互联网公司的offer，年薪25万元。我想签合同，但父母很反对。同时，我听说程序员最多干到35岁就得转行，也不知道自己将来能否顺利转行，想请老师帮忙出个主意。"

老师："小王，你能具体谈谈对那份研究所的工作从现在就能看到退休的感受吗？"

小王："我觉得那种单位比较稳定，只要自己不犯错就可以一直干下去。不过，收入应该不会有太大的增长。前段时间网上很热的那篇文章您看了吗？讲的是西安一家航天研究所的研究员离职了，研究员的年薪才十几万元。虽然我应聘的这个单位在北京，收入高一些，但研究员的年薪也就20万元上下吧。我要是去互联网公司，入职时年薪就25万元！"

老师："你清楚那家互联网公司的工作要求吗？据我了解，目前互联网行业中，很多企业都是执行'996'工作制，每周工作六天，每天的工作时间从早9点到晚9点。"

小王："老师，给我offer的那家公司也是这么规定的。但我觉得自己年轻，身体挺好的，应该没问题。"

老师："我们先不讨论你是否能承受这种工作强度。你来找我是想比较一下研究所和互联网公司提供的两份工作，我们从几个方面来分析。其中，最直观的就是收入水平，对吧？不过，你谈的是年薪，我建议再从小时平均工资的角度来分析一下。"

　　小王："小时平均工资？这个我还真没有想过呢。"

　　老师："小王，那家互联网公司的 offer 中有对加班工资的说明吗？"

　　小王："我好像没注意。"

　　老师："其实，基于'996'的工作时间，如果严格按照劳动法对加班的规定来计算，25 万元年薪的工作和每周工作 40 小时、10 万元年薪的工作相比，小时平均工资差距不会太大。"

　　小王："老师，我从未从这个角度想过收入问题。"

　　老师："《中华人民共和国劳动法》明确规定，员工加班，企业需要支付加班工资。具体来说，加班又分为三种情况。第一种情况是工作日内延迟下班时间，称为'加点'，比如规定下午 5 点下班，因为工作需要加班到晚上 7 点，多出的这两小时要按照小时工资的 150%支付加班工资。第二种情况是周六日加班，需要按照小时工资的 200%支付加班工资。第三种情况是国家法定节假日加班，需要按照小时工资的 300%支付加班工资。今年国庆节前不少人在转一个帖子：'国庆期间每天加班工资 2000 元，你去吗？'说的就是这种情况。国有企业及外企一般都会按照法律规定计算加班工资。但互联网公司、咨询公司等实行年薪制，就不额外支付加班费了。"

　　小王："是这样啊！"

　　老师："其实，全世界范围内公认薪酬水平最高的投资银行、管理咨询公司等，都是采取'雇一个人，让他干两个人的活儿，付给他三个人的工资'的策略。"

　　小王："这些公司为什么要这么做呢？"

　　老师："这么做有好处啊！首先，这种高薪策略能够吸引优质的人才。虽然并非所有人都看重薪酬水平，但薪酬水平高的职位对人才的吸引力普遍较高是不争的事实，而优质人才的工作产出远远高于普通的求职者。其次，企业不仅要支付员工的薪酬，还有一些福利项目的支出，大概是工资总额的 50%。但很多福利项目是按照人头计算的，如果少用人就可以节省不少。最后，企业可以通过少雇用员工降低管理费用，比如办公费、差旅费等。"

　　小王："不过，我现在还很年轻，工作多干些，收入高一些也挺好的啊。到工作清闲的单位，人不就废了吗？"

　　老师："刚才我们只是分析了高薪背后的逻辑。再回到你最初的问题：你担心程序员到 35 岁要转行。其实，其他职业也存在同样的问题，深层次的原因是 35 岁过后，人的体质下降，无法再承担高强度的工作。而在工作相对'清闲'的单位，你在工作之外还有很多自由支配的时间，可以用来学习充电，并不会荒废。最大的问题可能是来自自身的惰性。"

　　小王："听您这么说，我得重新比较一下这两个 offer 了。"

　　老师："其实所谓高薪，无外乎几种原因：①岗位责任重大，任职资格资历要求高，能够胜任者少。这类职位一般不是为应届毕业生准备的。②岗位工作强度大，投入时间长。今天我们重点分析的就是这类职业，其弊端是只适合年轻人，一般到 35 岁左右面临转型。③高风险行业，从长远看，收入水平不稳定，职业安全性不高。④垄断行业或企业，如我国前些年的电力、移动通信、石油、石化等行业，员工收入水平普遍偏高。但随着我国市场经济的深入发展，这种垄断行业或企业会越来越少。这类企业往往因为温水煮青蛙效应和员工的惰性而丧失市场竞争力，一旦企业失去垄断地位，员工往往面临非常尴尬的境地。所以，对于一份职业的薪酬水平，要从个人长期的职业生涯来看。针对你目前的情况，你要认真思考的是：是接受一份专业对口的工作，还是接受自己的能力也可以应对的编程工作。"

小王："通过您今天的分析，我意识到之前对薪酬的理解比较片面，确实需要重新思考一下将来工作的性质。"

因此，选择职业不仅需要考虑是否有"钱"途，还要考虑这份工作是否令自己的发展有前途，因为工作的目的不只是挣钱，更不是只顾当下挣钱。有的工作从眼前看起薪很低，但如果这份工作非常符合自己的兴趣倾向，我们又具备相应的能力，这样的职业对我们的发展就是十分有利的。所以，选择职业不能只追求眼前利益，更要看长远的发展。

请思考：结合案例谈谈你对职业生涯决策的看法，并与小组成员进行讨论。

参考要点：

小王是一名即将毕业的研三学生，专业是自动化。他在求职过程中拿到了两个offer：一个是专业对口的航空研究所，另一个是编程相关的互联网公司。小王对两个offer各有顾虑，于是向专业教师寻求建议。

（1）案例中呈现的问题分析。

小王对航空研究所的担忧：工作稳定但缺乏挑战性，收入增长空间有限。

小王对互联网公司的担忧：高强度的工作时间（"996"工作制），未来职业转型的不确定性（担心35岁后无法继续从事编程工作）。

小王对薪酬的误解：过于关注年薪，忽视了小时平均工资和加班工资的影响。

（2）教师的建议与解析。

薪酬分析：提醒小王从小时平均工资的角度分析薪酬，考虑加班工资的影响。

指出互联网公司虽然年薪高，但由于工作时间长，小时平均工资可能并不高。

职业发展分析：强调职业发展不仅要看眼前利益，更要看长远发展。指出高薪往往伴随着高强度的工作或高风险，需要小王根据自己的兴趣和能力做出选择。

个人兴趣与能力匹配：建议小王思考自己的兴趣倾向和能力是否适合所选择的职业。提醒小王注意自己的职业发展目标，选择能够提升自己职业竞争力的职业。

（3）小王的认识转变。

通过教师的分析和建议，小王意识到自己对薪酬的理解过于片面，需要重新思考将来工作的性质。他认识到选择职业不仅要考虑是否有"钱"途，还要考虑这份工作是否能让自己的发展有前途。

（4）总结与建议。

全面考虑薪酬：在选择职业时，要全面考虑薪酬结构，包括年薪、小时平均工资、加班工资等。

明确职业发展目标：根据自己的兴趣、能力和职业发展目标，选择适合自己的职业。

注重个人成长：选择能够提升职业竞争力、促进个人成长的职业。

平衡工作与生活：在追求高薪的同时，也要考虑工作强度对生活的影响，保持工作与生活的平衡。

持续学习与转型：无论选择哪种职业，都要保持学习的态度，为未来的职业转型做好准备。通过这次对话，小王对职业选择有了更深入的认识和理解。希望小王能根据自己的实际情况和职业发展目标，做出明智的选择。

本节知识回顾

1. 职业生涯发展路线是指个人为实现职业目标所规划并选择的发展路径，合理选择_____和_____是职业发展的关键。

2. 行政管理型发展路线强调人际关系的处理和沟通能力的提升，要求从业者具备出色的_____和_____。

3. 自我创业型路线通常赋予个体极大的_____和_____，使他们能够根据自己的兴趣和专长选择创业领域。

第四章第二节知识回顾答案

4. 克朗伯兹将人的生涯决策阶段分为七个步骤，其中第一步是_____，制定明确的目标。

第三节　职业生涯规划书的制定

职业生涯规划书是大学生在职业探索与发展过程中的重要指导性文件，旨在帮助个人明确职业方向、提升职业素养，并有效指导未来的择业与就业。

一、职业生涯规划书的制定目的

1. 厘清个人的职业岗位目标

1）确定职业范围：我可以干什么

这一问题的解答主要基于个人所学专业，我们在选择职业岗位时，应首先聚焦于自己所学专业背景下的职业出路。这不仅是因为专业知识与技能能为职业道路提供坚实的基础，还因为专业背景往往意味着更多的就业机会与更低的入门难度。

2）发掘职业兴趣：我喜欢干什么

职业性向分析是解答这一问题的关键。通过了解自己的性格、兴趣、价值观以及擅长的领域，我们可以更准确地定位自己感兴趣的职业岗位。职业兴趣是决定职业态度和工作动力的关键因素，因此不容忽视。

3）平衡理想与现实：我该干什么

在职业选择过程中，我们需要平衡理想与现实。面对多个可能的职业选择，应结合个人的短期生活理想和长期人生目标，综合考虑职业岗位的可行性、个人兴趣以及职业发展前景，做出明智的决策。当理想与现实发生冲突时，可以遵循"先干该干的，再干想干的"原则。

2. 分析职业岗位选择的准确性和可行性

1）准确性是职业选择的基础

我们应学会通过有效的社会调查，了解目标职业岗位的行业发展趋势、人力需求状况、职业生存状态、职业成长路径以及职业要求等信息。调查方法可包括网络调查、电话调查、人物访谈以及职业岗位见习和实习体验等。

2）可行性是职业选择的保障

在选择职业岗位时，我们应充分考虑入职门槛、就业竞争力以及家庭支持度等因素。入职门槛包括学历要求、技能要求等。就业竞争力则涉及市场需求、薪资待遇以及职业发展前景等方面。家庭支持度则关乎家庭对个人职业选择的认可与支持程度。

3. 正确指导未来择业与就业

1）提供明确指导

职业生涯规划书应成为大学生未来择业与就业的指导性文件。它不仅要有明确的职业生涯发展路线，还要包含合理的时间表以及可以付诸实践的阶段性奋斗目标。这些目标应具有可衡量性、可实现性和时间限定性，以便大学生在职业发展过程中进行持续跟踪与调整。

2）强调个性化预设

每个大学生的职业生涯规划都应是独一无二的。职业生涯规划书应充分反映个人的职业目标、兴趣、优势以及面临的挑战等因素。因此，在撰写职业生涯规划书时，应避免千篇一律的模板化表述，注重个性化预设与差异化发展。

二、职业生涯规划书的制定重点

在规划自己的职业生涯时，需要综合考虑多个方面，以确保规划的合理性和有效性。

1. 人职认知

1）自我认知

我们在规划职业生涯时，首先要做到"知己"，即深入了解自己的职业性向。这包括对个人气质、性格、职业兴趣、职业能力以及职业观的全面剖析。为实现这一目标，我们可以采用多种方法，如自我感知法、他人分析法、职业体验法、量表测验法和理论分析法等。这些方法有助于我们更准确地了解自己在职业方面的优势和劣势，为职业生涯规划提供基础。

2）职业岗位认知

在自我认知的基础上，我们还需要对职业岗位进行深入探索。这包括了解本专业可能从事的行业、职业和岗位，以及这些行业、职业和岗位所处的环境及发展趋势。同时，我们还需要对就业竞争环境、家庭及社会对目标职业岗位的认同度和支持度等进行全面了解。这种全面的职业岗位认知有助于我们更准确地定位自己的职业方向，避免盲目选择。

2. 人职匹配

在人职认知的基础上，实现个人职业条件与目标职业岗位的合理匹配是大学生撰写职业生涯规划书的前提。人职匹配主要从以下几个方面进行考虑。

第一，专业知识储备的相关性。我们在选择职业岗位时，应优先考虑与自己的专业知识储备相关的岗位。这样不仅可以充分发挥自己的专业优势，还能在工作中更快地适应和成长。

第二，职业性向的吻合度。除了专业知识外，职业性向也是选择职业岗位的重要考虑因素。选择与职业性向吻合的岗位，有助于提升工作满意度和职业幸福感。

第三，个人职业素养的匹配度。个人职业素养包括职业道德、职业技能、团队协作能力等多个方面。我们在选择职业岗位时，应确保自己的职业素养与岗位需求相匹配，以确保能够胜任工作。

第四，符合个人成长与职业发展需要。我们在选择职业岗位时，还需要考虑个人的短期成长与长远职业发展需要。选择一个既符合当前能力水平又能促进未来职业发展的岗位，有助于实现个人职业生涯的持续进步。

3. 职业生涯发展路线的合理性

职业生涯发展路线是规划的核心，它描绘了个体从当前状态到终极职业目标的成长路径。一个合理的职业生涯发展路线应具备以下特点。

第一，明确的目标设定。首先，必须设定一个清晰、具体的终极职业目标。这个目标应该是基于个人兴趣、能力和市场需求等多方面因素综合考虑的结果。

第二，合理的进阶分解。将终极职业目标分解为一系列可实现的进阶目标，这些目标应按照合理的时间段进行排列，形成一条清晰的发展路径。

第三，考虑障碍与应对策略。在制定发展路线时，应充分考虑可能遇到的入职障碍，如准入门槛、专业限制等，并制定相应的应对策略。

4. 入职素质提升计划的可行性

入职素质提升计划是职业生涯规划的重要组成部分，它旨在帮助个体提升与目标职业岗位相匹配的职业素养。一个可行的入职素质提升计划应具备以下特点。

第一，共性素质与个性素质并重。既要提升基本的职业综合素质，以适应某类或几类职业的基本素质要求，又要针对目标职业岗位打造特有的职业素质，以提升核心竞争力。

第二，注重职业体验。职业体验或实习任务是提升职业素养的重要途径，通过实际操作和亲身体验，个体可以更深入地了解目标职业岗位的要求和工作环境。

第三，制订具体的行动计划。入职素质提升计划应包含具体的行动步骤和时间表，以确保计划的执行和效果的评估。

5. 职业风险预测与修正的科学性

职业生涯发展过程中的风险是不可避免的，但可以通过科学预测和合理修正来降低其影响。一个科学的职业风险预测与修正机制应具备以下特点。

第一，全面识别风险。应全面识别可能导致职业规划失败的主观和客观因素，如生理机能缺失、职业素质缺乏、就业竞争激烈等。

第二，制定应对策略。针对识别出的风险，制定相应的应对策略，如提升职业素质、拓宽就业渠道等。

第三，合理修正规划。当遇到无法避免的风险时，应及时、合理地修正职业生涯发展路线，甚至调整目标职业岗位。修正前后的规划应具有一定的内在关联性，以确保规划的连续性和有效性。

第四，制定备选方案。制定一个或多个备选的职业目标岗位，这些岗位应与原规划具有一定的相关性，以便在需要时能够迅速切换。

三、职业生涯规划书的基本内容

职业生涯规划书是大学生为明确未来职业方向，制定职业发展策略而撰写的重要文件。以下是一份典型的职业生涯规划书的基本内容框架，旨在帮助大学生系统地规划自己的职业生涯。其基本内容包括六个方面：

1. 封面

标题：职业生涯规划书。

撰写者信息：姓名、撰写时间。

封面设计：简洁明了，突出主题。

2. 扉页

个人信息：姓名、性别、年龄、学校（院系）、专业、联系方式（可选）等。

3. 摘要

内容概述：概述个人职业目标、发展策略、实施计划等。

分段呈现：避免缩略版，确保信息完整且条理清晰。

4. 目录

标题层级：列出正文的一、二级标题，必要时增列至三级标题。

页码标注：便于读者查阅。

5. 正文

1）引言

目的意义：简要说明撰写规划书的目的、意义及背景。

职业规划的重要性：阐述职业规划对个人成长和未来发展的重要性。

2）自我评估

基本情况：个人基本信息、教育背景、成长经历等。

职业能力：分析自己的专业技能、实践经验、团队协作能力等。

职业兴趣：探索自己的职业兴趣所在，如技术、管理、艺术等。

职业人格：通过性格测试等工具剖析自己的职业性格类型。

职业价值观：明确自己的职业追求和价值取向。

小结：总结自我评估结果，为职业定位提供依据。

3）环境分析

家庭环境：分析家庭经济状况、家人期望、家族文化等因素对个人职业选择的影响。

学校环境：评估学校特色、专业学习资源、实践机会等对个人职业能力的提升作用。

社会环境：分析就业形势、就业政策、行业发展趋势等。

职业环境：深入剖析目标职业所在行业的现状、发展前景、竞争态势等。

小结：综合环境分析结果，为职业定位提供外部依据。

4）职业定位

目标职业甄选：结合自我评估和环境分析，以SWOT分析确定目标职业岗位。

职业发展策略：明确进入目标职业领域的策略，如考研、实习、求职等。

职业发展路径：规划从当前状态到目标职业岗位的成长路线。

职业目标分解：将总目标分解为阶段性目标，明确每个阶段的具体任务和时间节点。

5）计划执行

总目标实施计划：概述实现职业总目标的总体策略和步骤。

分解目标行动计划为短期目标、中期目标、长期目标。

短期目标：大学期间各年级的具体行动及要实现的目标。

中期目标：毕业后几年内的职业发展计划。

长期目标：长期职业发展规划，如晋升、转行等。

6）反馈修正

评估内容：定期评估目标职业、职业路径、实施策略等是否适应个人发展和社会变化。

评估时间：设定评估周期，如每年进行一次全面评估。

规划调整原则：明确规划调整的依据和原则。

备用方案：制定应对突发情况的备用方案，确保职业规划的灵活性和适应性。

决心与展望：表达对职业生涯规划实施的决心和对未来职业发展的美好期望。

鼓励与希望：向读者传递正能量，鼓励大家积极规划自己的职业生涯。

6. 附件

（1）证明材料：职业体验报告、人物访谈记录、调查问卷及分析报告、社会实践报告等。

（2）证书资料：能力证书、资格证书等证明个人职业能力的文件。

（3）多媒体材料：相关音频、视频、照片等，用于丰富规划书的内容和形式。

通过以上内容的系统规划和撰写，大学生可以清晰地了解自己的职业定位和发展路径，为未来的职业发展奠定坚实基础。

四、职业生涯规划书的制定要求

撰写职业生涯规划书是一个系统而细致的过程，不仅要求内容全面、逻辑清晰，还需要具备思想深度、创新元素、真实性和实用性。以下将对一些撰写要点进行深入解析。

1. 职业生涯规划书的完整性与逻辑性

1）职业生涯规划书的完整性

职业生涯规划书应涵盖自我评估、环境分析、职业定位、计划执行和反馈修正五大核心部分。每一部分都应详细展开，确保规划的全面性和系统性。自我评估要深入挖掘个人潜能、兴趣、价值观和技能，为职业定位奠定坚实基础。环境分析要全面审视家庭、学校、社会和职业环境，把握外部因素对职业选择的影响。职业定位要明确目标职业、发展路径和阶段性目标，为计划执行提供方向。计划执行要制订具体可行的实施方案和短期计划，确保规划的落地实施。反馈修正要建立评估机制和备用方案，以应对规划执行过程中的不确定性和挑战。

2）职业生涯规划书的逻辑性

职业生涯规划书应遵循自我评估→环境分析→职业定位→计划执行→反馈修正的逻辑顺序，这也体现了从内到外、从静态到动态、从规划到实施再到调整的过程。每一部分的内容都应紧密衔接，形成一条清晰的发展脉络。例如，自我评估结果应作为环境分析和职业定位的依据，职业定位应指导计划执行的方向，反馈修正则是对计划执行效果的评估和调整。

2. 职业生涯规划书的思想性与创新性

1）职业生涯规划书的思想性

职业生涯规划书应体现健康向上的职业理想和价值观，避免盲目追求高薪或热门职业而忽视个人兴趣和长远发展。职业目标定位应合理且具有挑战性，既要符合个人实际情况，又要能够激发个人潜能和动力。规划中应体现对社会的贡献和责任感，将个人职业发展与社会需求相结合，实现个人价值和社会价值的双重提升。

2）职业生涯规划书的创新性

在职业生涯规划中，要敢于打破常规，勇于尝试新事物和新方法。例如，在职业定位上可以尝试跨界融合或新兴职业领域，在计划执行上可以采用项目式学习、在线课程等新型的方式。在规划中应体现个人特色和创意，避免千篇一律的模板化表达，通过个性化的语言风格、独特的职业路径设计等方式展现个人魅力。

3. 职业生涯规划书的真实性与实用性

1）职业生涯规划书的真实性

职业生涯规划书应真实反映个人的职业理想和行动计划，避免抄袭和虚假陈述。每一部分的内容都应基于个人的实际情况和深入思考。规划中应体现个人对职业发展的真诚态度和决心，通过具体的行动计划和时间节点展现个人的努力和付出。

2）职业生涯规划书的实用性

职业生涯规划书应具有较强的指导性和可操作性，能够真正用于指导未来的职业生涯。规划中应包含具体可行的实施方案和短期计划，确保规划的落地实施。为了增强实用性，应展开全面的职业调查、职业访谈和职业体验。通过深入了解职业领域的发展趋势、市场需求和岗位要求等信息，为规划提供有力的数据支持。同时，规划中应建立有效的评估机制和反馈修正机制，以便在规划执行过程中及时发现问题并进行调整。

职业生涯规划书范例模板如下。

职业生涯规划书

学 院 : _____

学 号 : _____

姓 名 : _____

日　期

正 文 部 分

一、自我评估

1. 个人基本情况介绍（介绍自己的年龄、学历、专业背景等基本信息）。

2. 职业能力评估（分析自己的专业技能、团队协作能力、沟通能力等）。

3. 职业兴趣分析（阐述自己对哪些职业领域感兴趣，以及这些兴趣的来源）。

4. 职业人格剖析（通过性格测试等工具，分析自己的职业性格特点）。

5. 职业价值观透视（明确自己在工作中最看重的价值观，如成就感、稳定性、创新性等）。

6. 自我评估小结（总结个人优势、劣势及发展潜力）。

二、环境分析

1. 家庭环境分析（分析家庭经济状况、家人期望、家族文化等因素对个人的影响）。

2. 学校环境分析（介绍学校特色、专业学习、专业实践等对个人职业能力的提升作用）。

3. 社会环境分析（分析当前就业形势、就业政策、竞争对手等）。

4. 职业环境分析（对行业、企业、职业、地域等进行深入分析，了解职业发展趋势和市场需求）。

5. 环境分析小结（总结环境因素对个人职业发展的影响）。

三、职业定位

1. 目标职业甄选（结合自我评估和环境分析，进行职业定位的 SWOT 分析，确定目标职业岗位）。

2. 职业发展策略（明确进入哪种类型的单位，如国企、外企、民企等）。

3. 职业发展路径（确定职业成长路线，如从技术岗位向管理岗位晋升，从专业岗位向研究领域发展）。

4. 职业目标分解［将总目标分解为阶段性目标，如短期目标（大学期间）、中期目标（毕业后 5 年内）、长期目标（10 年及以上）］。

四、计划执行

1. 职业总目标实施计划：概述实现总目标的总体策略和时间表。

2. 分解目标的具体行动计划。

（1）短期目标行动计划：大学期间各年级的具体行动及要实现的目标，如参加专业竞赛、实习实训、考取证书等。

（2）中期目标行动计划：毕业后初期工作计划，如提升专业技能、拓展人脉、参与行业交流等。

（3）长期目标行动计划：在职业生涯中不断提升自己，实现职业晋升或转型。

五、结语

对职业生涯规划的实施表明决心，并提出一些希望，如坚定信念、持续努力、不断学习和成长等。

六、附件

包括职业探索中的有关证明材料，如职业体验报告、人物访谈报告、调查问卷及报告、社会实践报告、能力证书、资格证书，以及相关音频、视频、照片等。

请注意：以上内容仅为示例框架和内容概要，具体撰写时需要根据个人实际情况进行填充和调整。

本节知识回顾

1. 职业生涯规划书应帮助大学生明确＿＿＿＿＿、＿＿＿＿＿和提升职业素养。

2. 在职业生涯规划中，大学生需要首先进行＿＿＿＿＿和＿＿＿＿＿，以深入了解自己的职业性向和优势。

3. ＿＿＿＿＿是大学生为明确未来职业方向而撰写的重要文件，＿＿＿＿＿则是将规划书的主要内容整合成短文，概述个人职业目标和发展策略等。

4. ＿＿＿＿＿是指个人在职业选择和发展中所追求的价值取向。

第四章第三节知识回顾答案

第四节　全国大学生职业生涯规划大赛

一、全国大学生职业生涯规划大赛概况

为贯彻落实党中央、国务院决策部署，落实《国务院关于印发"十四五"就业促进规划的通知》精神，加强高校生涯教育和就业指导，增强大学生职业规划意识，指导其及早做好就业准备，以择业新观念打开就业新天地，促进高质量充分就业，各省、自治区、直辖市教育厅（教委）、新疆生产建设兵团教育局，有关省、自治区人力资源社会保障厅，部属各高等学校、部省合建各高等学校积极贯彻落实中央精神，全国大学生职业规划大赛蓬勃开展。

全国大学生职业生涯规划大赛旨在打造成强化生涯教育的大课堂、促进人才供需对接的大平台和服务毕业生就业的大市场。通过举办大赛，可以更好地实现以赛促学、以赛促教、以赛促就。具体表现在以下三方面：第一，以赛促学，引导大学生树立正确的成长成才观和择业就业观，科学合理规划学业与职业发展，提升就业竞争力。第二，以赛促教，促进高校强化生涯教育，做实做细就业指导服务。第三，以赛促就，广泛发动行业企业和高校参与赛事活动，推动人才供需有效对接，全力促进高校毕业生高质量充分就业。

大赛包括学生成长赛道和就业赛道。成长赛道设高教组和职教组，就业赛道设高教本科生组、高教研究生组和职教组。成长赛道主要面向本、专科中低年级学生，考察其树立生涯发展理念并合理设定职业目标、围绕实现目标持续行动并不断调整的成长过程，通过学习实践提升综合素质和专业能力，体现正确的择业就业观念。参赛学生可获得实习机会。就业赛道面向本、专科高年级计划求职学生（不含已通过推免等确定升学的毕业年级学生）和研究生，考察其求职实战能力，对照目标职业及岗位要求，个人综合素质和专业能力等方面的契合度，个人发展路径与就业市场需求的适应度。

二、大赛赛制概况

大赛采用校赛、省赛、全国总决赛三级赛制。参赛选手通过全国大学生职业规划大赛平台（zgs.chsi.com.cn）报名（见图4-1）。校赛由各高校负责组织，省赛由各地负责组织。各地各高校参照大赛成长、就业赛道方案，自主确定参赛名额、分组设置、比赛环节、评审方式和奖项设置等。各地完成省赛选拔后，择优推荐全国总决赛参赛选手（专科生、本科生、研究生须保持合适比例）。参加总决赛的选手通过现场比赛决出各类奖项。

图 4-1 报名界面

三、大赛赛道简介

1. 成长赛道

1）比赛内容

考察学生树立生涯发展理念、设定职业目标并持续行动调整的过程，以及通过学习和实践提升综合素质和专业能力，形成正确的择业、就业观念。所有参赛选手均可获得实习机会。

2）参赛组别和对象

成长赛道设高教组和职教组，参赛对象为普通高等学校全日制本、专科中低年级在校学生。高教组主要面向普通本科一、二、三年级学生，职教组主要面向职教本科一、二、三年级学生，高职（专科）一、二年级学生。

3）参赛材料要求

选手在大赛平台提交以下参赛材料：

第一，生涯发展报告。介绍设定职业目标的过程；实现职业目标的具体行动和成效；职业目标及行动的动态调整等（PDF 格式，文字不超过 2000 字，图表不超过 5 张）。

第二，生涯发展展示（PPT 格式，不超过 50MB；可加入视频）。

4）比赛环节

成长赛道设主题陈述、评委提问和天降实习 offer（实习意向）环节。各环节时长根据实际情况适当调整。

第一，主题陈述（7 分钟）。选手结合生涯发展报告作陈述。

第二，评委提问（5 分钟）。评委结合选手陈述和现场表现提问。

第三，天降实习 offer（2 分钟）。用人单位根据选手表现，决定是否给出实习意向，并对选手作点评。

5）评审标准

指　　标	说　　明	分值/分
职业目标	结合所学专业多渠道了解相关行业发展趋势和就业市场需求，综合分析个人能力优势、兴趣特长等，合理设定职业目标	10
	基于职业目标对综合素质和专业能力等方面的要求，科学分析个人现实情况与职业目标间的差距，制订合理可行的成长计划	10
	职业目标能够将个人理想与国家需要、经济社会发展相结合，体现正确的择业就业观念	10
学习实践行动	围绕目标职业要求，结合学校育人特色和所学专业，利用学校及社会资源开展学习实践	30
	学习实践行动取得阶段性标志性成果，接近职业目标要求	20
动态调整	及时对学习实践行动成效进行自我评估，总结分析收获、不足和原因，对职业目标和学习实践行动路径等作动态调整	20

6）奖项设置

成长赛道设置金奖、银奖、铜奖，以及优秀指导教师奖等奖项。

2. 就业赛道

1）比赛内容

考察选手求职实战能力。对照目标职业及岗位要求，考察个人综合素质和专业能力等方面的契合度，以及个人发展路径与就业市场需求的适应度。参赛选手均可获得岗位录用意向。

2）参赛组别和对象

就业赛道设高教本科生组、高教研究生组和职教组，参赛对象为普通高等学校全日制本、专科高年级在校学生，以及全体研究生。高教本科生组面向普通本科三、四年级（部分专业五年级）学生（不含已通过推免等确定升学的毕业年级学生）、全体第二学士学位学生。高教研究生组面向全体研究生。职教组面向职教本科三、四年级学生和高职（专科）二、三年级学生。

3）参赛材料要求

第一，准备求职简历（PDF 格式）。

第二，进行求职综合展示（PPT 格式，不超过 50MB；可加入视频）。

第三，准备辅助证明材料，包括实践、实习、获奖等证明材料（PDF 格式，整合为单个文件，不超过 50MB）。

4）比赛环节

就业赛道设主题陈述、综合面试、天降 Offer（录用意向）环节。各环节时长根据实际情况适当调整。

第一，主题陈述（6 分钟）。选手结合求职综合展示 PPT，陈述个人求职意向和职业准备情况。

第二，综合面试（6 分钟）。评委提出真实工作场景中可能遇到的问题，选手提出解决方案；评委结合选手陈述自由提问。

第三，天降 offer（2 分钟）。用人单位根据选手表现，决定是否给出录用意向，并对选手作点评。

5）评审标准

指　　标	说　　明	分值/分
职业目标	能够结合就业市场需求和个人所学专业、能力及兴趣等特点，合理设定职业目标	5
	准确把握目标职业的任职要求、工作内容、基本流程和发展前景等	5
岗位	具备目标岗位所需综合素质，如思维认知、沟通协作能力和执行力等，具有敬业奉献的职业精神	40
胜任力	具备目标岗位所需的专业知识和技能要求，相关实习实践经历丰富，具备解决实际问题的专业能力	40
发展潜力	具备持续学习能力、创新精神和应对不确定性挑战的潜质，适应未来职业发展要求；符合就业市场需求，现场获得用人单位提供的录用意向	10

6）奖项设置

就业赛道设置金奖、银奖、铜奖以及优秀指导教师奖等奖项。

本节知识回顾

1. 全国大学生职业生涯规划大赛旨在增强大学生的＿＿＿＿＿和＿＿＿＿＿意识，指导其及早做好就业准备。

2. 全国大学生职业生涯规划大赛设有_____和_____，以适应不同年级学生的需求。

3. 参赛学生在成长赛道中可以获得_____和_____机会。

4. 就业赛道的参赛对象包括_____和_____，体现了对不同学段学生的关注。

第四章第四节知识回顾答案

即测即练

自学自测　扫描此码

实践与练习

任务（一）画一棵职业生涯树

职业生涯树							
姓名		专业		班级		学号	

任务要求
1. 每个同学将为自己的职业生涯目标填入树冠中，注意要分为长远目标、阶段目标、近期目标
2. 为使职业生涯之树枝繁叶茂，请补全土壤（自身条件）、阳光和雨露（社会条件），尽量写详细
3. 结合你所补充的"土壤、阳光、雨露"，看看你所填的职业生涯目标是否适合自己

作图区

任务（二）案例分析：某市场营销专业同学的职业生涯规划

规划期限：3 年。

起止时间：2021 年 9 月—2024 年 7 月。

年龄跨度：18～22 岁。

阶段目标：顺利毕业；成为一个有一定经验的市场营销人员（职业方向）。

总体目标：成为一家大公司的总裁。

个人分析：我属于很外向的人，善于沟通，曾经有过兼职推销人员的经历，并取得了相当不错的成绩。我所学的专业是市场营销，这也正是我的兴趣所在。

社会环境分析：当前，中国呈现出政治稳定、经济与文化高速发展的态势，这一宏观背景为每一个人提供了良好的发展机遇。伴随着市场经济的发展，市场在经济活动中的作用将越来越大。

职业分析：社会的发展势必将对市场营销这一职业领域产生重要的影响，同时，社会各界对市场营销的依赖程度也将日益加深。不仅如此，社会对市场营销专业的人才需求亦将持续增长。就我个人而言，虽然目前尚未最终确定职业方向，但制药、保险和食品行业颇受我的青睐。这些行业作为社会不可缺少的部分，其随着社会的进一步发展，所展现出的潜力与空间无疑将是巨大的。

目标分解与目标组合：

1. 目标分解。目标可分解为两个大的目标：一是顺利毕业；二是成为有一定经验的市场营销人员。针对第一个目标，可细分为把专业课和选修课学好，修完足够的学分，顺利毕业。接下来，还可以细分为在专业课程中，学好每一门课程；在选修课程中，合理安排并学好所选课程，如何学好；等等。对于第二个目标，可分解为接触市场阶段、了解市场阶段和熟悉市场阶段。接下来，还可以细分为在接触市场阶段，要采用什么办法，与哪些公司保持联系等。

2. 目标组合。顺利毕业的前提是学好专业课程，而专业课程的学习则对职业目标（成为一个有一定经验的市场营销人员）有促进作用。

具体实施方案：

要成为一个有一定经验的市场营销人员，需要缩小自己和有经验的市场营销人员的差距。这些差距包括以下几个方面。

（1）**思想观念上的差距**。刚从事销售工作的人一般认为销售只是卖出商品，但有经验的人则认为销售是"卖出自己"——客户只有相信销售者，才可能购买商品。为了缩小这种差距，需要向有经验的人员请教，并在实践中体会这一点。

（2）**知识上的差距**。书本知识的欠缺只是一个方面，更重要的是实操能力的欠缺。为了缩小这种差距，需要在学习书本知识的同时，多参与真正的市场销售，在实践中应用书本知识。

（3）**心理素质的差距**。市场销售工作需要百折不挠的精神，而作为被称为"天之骄子"的大学生，往往遇到些许挫折和失败就会退缩，缺少的可能恰恰是这种精神。这种差距需要在实践中逐步消除。

（4）**能力的差距**。这一点可能是最重要的。为了缩小这种差距，除了在实践中逐步学习外，还要与销售高手保持密切的联系，以便随时请教和学习。

检查和反馈：

在向销售高手请教的过程中，发现我需要学习的书本知识很多，特别是外语方面的能力需要提高，否则就无法适应现在的销售要求。所以我决定从以下两方面来加强英语的学习，报一个英语的口语班，每周上一次课；同时，参加学校里的英语角，切实提高英语水平。

问题思考：如何评价这位同学的职业生涯规划？

职业认知与技能训练

学习重点

- 掌握职业环境分析的框架与方法。
- 理解职业技能的分类及其重要性。
- 学习专业技能与通用技能的协调培养方法。
- 掌握团队合作与领导力的核心要素及提升路径。
- 学习职业技能持续更新的重要性及实施策略。

扩展阅读 5.1 大山深处的明灯——张桂梅的教育之路

第一节 行业与职业概述

一、行业概述

1. 行业的概念

行业是指从事国民经济中同性质的生产、服务或其他经济社会活动的经营单位或者个体的组织结构体系。简言之，行业就是生产或提供相似产品和服务的企业集合。每个行业具有独特的市场需求、技术要求和发展趋势。随着科技进步和全球化，行业结构和特点不断变化。例如，数字经济的发展推动了电子商务与网络安全等新兴行业的发展，而传统制造业目前也正在向智能化转型。

扩展阅读 5.2 小红的职业选择困境

2. 行业的分类

根据《国民经济行业分类》（GB/T 4754—2017），行业分类标准主要用于指导国家统计、产业分析和经济决策。该标准将国民经济行业划分为 20 个门类、97 个大类、473 个中类和 1382 个小类，涵盖了社会经济活动的各个方面。其中，20 个门类如下。

门类	描述	举例
A	农、林、牧、渔业	农作物种植、林业、畜牧业、渔业
B	采矿业	煤炭开采和洗选业、石油和天然气开采业
C	制造业	食品制造业、纺织业、汽车制造业
D	电力、热力、燃气及水的生产和供应业	发电、供电、燃气供应、自来水生产和供应
E	建筑业	房屋建筑业、土木工程建筑业

续表

门类	描　　述	举　　例
F	批发和零售业	百货零售、汽车批发、互联网零售
G	交通运输、仓储和邮政业	铁路运输、道路运输、仓储业、邮政业
H	住宿和餐饮业	酒店业、快餐服务、正式餐饮服务
I	信息传输、软件和信息技术服务业	电信业、软件开发、互联网服务
J	金融业	银行业、证券业、保险业
K	房地产业	房地产开发经营、物业管理
L	租赁和商务服务业	机械设备租赁、咨询与调查、广告业
M	科学研究和技术服务业	研究与试验发展、专业技术服务业
N	水利、环境和公共设施管理业	水利管理、环境保护、市政设施管理
O	居民服务、修理和其他服务业	家庭服务、电器维修、其他生活服务
P	教育	学前教育、基础教育、高等教育
Q	卫生和社会工作	医疗服务、公共卫生、社会工作服务
R	文化、体育和娱乐业	图书出版、广播影视、体育活动、娱乐活动
S	公共管理、社会保障和社会组织	政府机构、社会保障、社会团体
T	国际组织	联合国、世界贸易组织等

该标准按照门类、大类、中类和小类将国民经济行业划分为四个层次。每个层次都有相应的代码，其中，门类用 1 个英文大写字母表示（即 A、B、C、…、T 来代表不同门类），大类用 2 位阿拉伯数字表示（即从 01 开始按顺序进行编码），中类用 3 位阿拉伯数字表示（即前两位为大类代码，第三位为中类顺序代码），小类用 4 位阿拉伯数字表示（即前三位为中类代码，第四位为小类顺序代码），代码结构如图 5-1 所示。

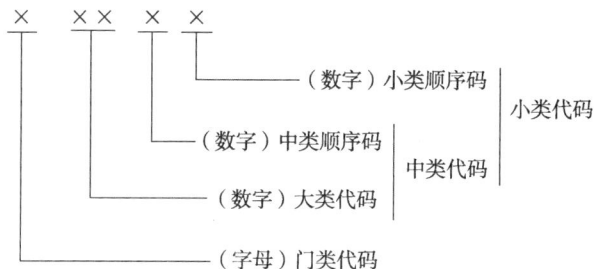

图 5-1　国民经济行业分类标准代码结构

例如，某企业主要生产家用门、窗等金属制品，根据《国民经济行业分类》（GB/T 4754—2017）文件，我们可以这样确定行业分类相关代码。

分类标准分析	划分	代码
制造业	门类	C
金属制品业	大类	33
结构性金属制品制造	中类	331
金属材料（铝合金或其他金属）制作建筑物用门窗及类似品的生产活动	小类	3312

因此，根据相关标准，行业可分为以下几类。

第一产业（primary industry）：包括农业、林业、渔业等，以自然资源的开发和初级产品生产为主。主要特点是依赖自然环境，劳动密集度高。例如，农民种植粮食，渔民进行海洋捕捞。

第二产业（secondary industry）：包括制造业、建筑业、电力、热力、燃气及水的生产和供应业，该产业以工业加工和产品制造为核心，强调技术和资本密集型。例如，汽车制造、电子设备生产、建筑工程。

第三产业（tertiary industry）：该产业又称服务业，包括交通运输、信息技术、金融、教育、医疗、文化娱乐等领域，提供各种社会服务和商业活动。例如，银行金融服务、旅游业、互联网服务。

互动小练习：行业分类分析

请选择你感兴趣的 2 个行业，根据《国民经济行业分类》（GB/T 4754—2017）标准，填写以下表格，分析其所属行业、代表企业、主要特点及未来趋势。

行业名称	行业类别	主要企业	行业特点	未来趋势
农业种植业	第一产业	北大荒集团	依赖自然环境、季节性强	智能农业技术发展
新能源汽车制造	第二产业	比亚迪	技术驱动、环保需求高	智能驾驶技术普及
信息技术应用	第三产业	阿里巴巴、腾讯、百度	技术创新、数字化转型	人工智能应用加深

二、职业的作用与分类

1. 职业的主要作用

职业不单单是一个人在社会中谋生的工具，还是实现自我价值、承担社会责任的重要途径。一个人所选择的职业也会影响其生活质量、社会地位和心理满足感等。因此，理解职业的作用对个人职业规划和发展具有深远的意义。我们可以从以下几个方面来理解职业的作用。

第一，经济收入来源方面。

职业是个人获得收入的主要途径，收入水平的高低通常可以直接决定一个人或家庭的生活质量和消费能力。选择一个收入较高的职业，不仅能提高生活质量，还能为个人提供更广阔的社会资源和发展机会。

例如，一位芯片工程师通过技术工作获得高薪，能够提供家庭经济保障，并有能力拥有更高质量的生活。职业收入的稳定性和增值空间成为其经济独立的基石。

第二，社会身份与认同方面。

职业是个人社会身份的重要组成部分，不同的职业在社会中所赋予的角色和地位各不相同。一些职业，尤其是公共服务类职业，如医生、教师、警察、法官等，通常会受到社会的尊重。这些职业不仅代表着某种社会责任，也象征着对社会的贡献。

例如，人民教师常常被人们称为"人类灵魂的工程师"，承担着培育下一代的责任，因而在社会中享有较高的地位和尊重。这份职业凭借其深远的影响力和强烈的社会责任担当，铸就了从业者在社会中的独特身份。

第三，心理满足与成就感方面。

职业能够为人们带来心理上的满足与成就感，是实现个人自我价值的主要途径之一。职业可以通过完成有意义的任务，使人们体验到成长与进步。因此，成功的职业生涯不仅为人们带来物质上的收获，更能带来精神上的愉悦与自豪。

例如，产品设计师在完成一个成功的作品后，常常感到极大的满足，这种满足感不仅来源于其工作的圆满完成，还来自通过自己的才华和努力为社会创造价值的满足感。

第四，社会责任与贡献方面。

社会中的每一种职业都会在不同程度上承担着一定的社会责任。随着经济的发展，许多职业在帮助从业者实现自我价值的同时，也使从业者为社会做出了贡献。因此，职业从单纯的谋生工具逐渐向社会贡献者的角色转变。

例如，医生在治疗病人的过程中，不仅实现了自我价值，也为推动社会的健康发展做出了贡献。警察在保护社会治安的同时，履行了公共安全的责任，维护了社会稳定，保障了人民的人身安全。

2. 职业的分类

根据《中华人民共和国职业分类大典（2022年版）》，主要的职业分类如下：

第一大类：党的机关、国家机关、群众团体和社会组织、企事业单位负责人。

例如，中国共产党机关负责人、民主党派负责人、企业董事……

第二大类：专业技术人员。

例如，工程师、医生、教师、律师、会计师……

第三大类：办事人员和有关人员。

例如，秘书、人民警察、统计员、消防员……

第四大类：社会生产服务和生活服务人员。

例如，餐饮服务员、营销员、导游、民航乘务员……

第五大类：农、林、牧、渔生产及辅助人员。

例如，农艺工、护林员、家禽饲养员、农机驾驶操作员……

第六大类：生产制造及有关人员。

例如，糕点师、酿酒师、车工、电焊工、安全生产管理人员……

第七大类：军队人员。

例如，军官、义务兵、军队文职人员……

第八大类：不便分类的其他从业人员。

例如，自由职业者、临时工等难以归入上述类别的其他从业人员。

三、职业角色的理解与适应

1. 职业角色的概念

职业角色是指社会和职业规范对从事相应职业活动的人所形成的一种期望行为模式，简单来说就是指个体在工作环境中所扮演的职能和承担的责任。每一种职业都有其特定的角色要求，这不仅包括了职位的名称，还涵盖了个体在工作中所需承担的具体任务、做出的决策以及实现的目标。

例如，在一家企业中，某事业部的销售经理的职业角色不仅限于销售产品，还承担着市场分析、团队管理和客户关系维护等任务。一名教师的职业角色不仅是传授知识，还包括课堂管理、学生心理辅导和课程设计等。

2. 职业角色的构成

职业角色在日常工作中通常由显性任务和隐性任务两部分构成。

（1）显性任务。显性任务是指岗位中明确规定的工作职责和任务。这些任务通常在职位描述中详细列出，员工在日常工作中需要完成这些任务。例如，项目经理的显性任务包括制订项目计划、拆解项目任务、分配任务工作、追踪项目进度、汇报工作以及复盘任务等。

（2）隐性任务。隐性任务是指岗位中未明确写入职位描述，但对工作成效和团队合作至关重要的任务。该任务往往包含沟通协调、情感管理和团队协作等方面。例如，作为项目经理，除了完成以上那些显性任务外，还需要处理团队内部的冲突，激励团队成员，以及为新员工提供资源支持与指导等。

3. 职业角色适应的挑战与应对策略

刚踏入职场的大学生往往面临着从"学生"到"职场新人"的社会身份转变。一名新入职的员工通常需要适应新的工作环境和角色期望，这个过程被称为"职业社会化"。职业社会化不仅涉及员工对新岗位职责的理解，还包括其对公司文化、团队合作和职场相关礼仪的适应。在这一过程中，大学生需要逐步完成从依赖学校教育的学习者，转变为独立完成任务的职业人。这种转变可能带来压力，但也是他们融入职场、提升自身能力的重要阶段。

以下是大多数毕业生常见的角色适应挑战以及相应的策略。

挑战一：角色期望不明确。

新入职的大学生可能发现，职场中的任务和责任与他们在学校被安排的课程学习不一致，这种"角色模糊"会导致他们感到困惑和压力。

应对策略：应主动与上级沟通，明确岗位职责和绩效考核标准。同时，可以请教有经验的同事，了解工作中的潜在要求和期望，缩短适应时间。

挑战二：角色冲突。

角色冲突是指当个体需要扮演多个角色时，不同的角色所提出的要求或期望可能会产生相互矛盾或冲突。对于初入职场的大学生而言，他们往往面临着三方面的重压：一方面要完成主线工作任务；另一方面还需要努力提升工作技能以适应职场需求；同时，他们也想要展现个人的职业认知、技能训练成果等。

应对策略：大学生应学会时间管理和任务优先级处理，明确主要任务和次要任务的权重。在遇到冲突时，建议第一时间主动找到自己的主管领导，诚恳地告知不明之处并寻求指点，寻找最佳的解决方案。

挑战三：角色认同缺乏。

从校园到职场的转变，可能让很多毕业生感到迷茫。他们在学校里习惯了老师们明确的指导和及时的反馈，但在职场中，更多地需要自我驱动和独立决策。这种角色认同的缺乏，可能导致工作满意度下降，甚至产生职业倦怠。

应对策略：大学生应积极寻求职业辅导，通过职业规划和自我反思，努力地进行自我心理调节，找到自己在新环境中的定位。同时，设定阶段性的小目标，逐步建立自信和职业认同感。

4. 角色转换的常见情境

职业角色的适应不仅是短期的过渡过程，随着职业生涯的发展，角色转换也时常发生。例如，从普通员工晋升为管理者、从技术岗位转型为市场岗位等，这些角色转换对个人的能力和适应力提出了更高的要求，当然，这也是职业生涯进入新阶段的重要表现。我们用一个案例来分析一下职业角色的转换。

小李是一名刚毕业的计算机专业学生，在校期间学习了编程技能，进入公司后被安排在技术开发岗位。工作一段时间后，由于表现优秀，小李被提拔为项目经理。新岗位要求他不仅要完成技术工作，还需要协调团队、管理项目进度、与客户沟通。小李发现，自己过去的编程技能在新岗位上并不是最重要的，他需要更多地依赖沟通和管理能力。

问题分析：小李从技术岗位转型为管理岗位，这是一种典型的角色转换。他需要从"个人任务工作"转变为"团队任务工作"，这不仅需要提升领导力和决策能力，还需要适应新的工作节奏。

应对策略：小李可以通过参加管理培训课程，学习项目管理和团队沟通的技巧。同时，他也可以向公司中资深的项目经理请教，了解他们在管理团队等方面的做法。通过不断学习和实践，他能够逐步适应新的职业角色。

5. 互动任务：大学生职业角色适应计划

请选择一个未来可能从事的职业角色填在下表中，分析该角色的显性任务和隐性任务，并完成个人提升计划提纲。

职业角色	显 性 任 务	隐 性 任 务	提 升 计 划
销售助理	客户跟进、订单处理	了解客户需求、团队合作	提高沟通技巧、学习销售策略
产品经理	产品规划、需求分析	团队协调、用户反馈处理	学习产品管理、参加用户体验培训

四、未来职业发展趋势的探索

随着经济全球化与科技创新的发展，职业结构和需求正经历快速转型。现代社会的职业发展趋势变得更加复杂和多样化，传统职业正在经历变革，而新的职业也将不断涌现。理解这些变化趋势，有助于大学生在职业规划中做出明智选择，提前做好准备，以适应未来职场的需求变化。

1. 未来主要职业发展趋势分析

在分析未来职业发展时，我们需要关注几个重要的趋势，这些趋势正在重塑当前的职场生态。

趋势一：技术变革与数字化转型。

技术进步正在改变劳动力市场，尤其是人工智能、机器学习和大数据的应用，这些领域对各行各业带来了深远的影响。传统职业在自动化的冲击下逐渐被重新定义，而新的数字化职业则应运而生。

新兴职业：大数据分析师、AI工程师、网络安全专家等职位在市场需求中迅速增长。

案例分析：小张是一名计算机科学专业毕业生。他意识到人工智能领域将快速发展，于是在大学期间选修了机器学习课程。毕业后，小张成功进入了一家AI公司，担任数据科学家，负责分析和建模工作。他的职业选择紧跟技术趋势，为其职业发展带来了巨大的机会。

趋势二：经济全球化与跨文化能力需求。

经济全球化带来了巨大的商业模式转变，跨国企业对多文化背景人才的需求不断增加，那些具备跨文化沟通能力和国际视野的员工，更容易在激烈的职场竞争中脱颖而出。

新兴职业：跨文化沟通专家、国际项目经理、全球营销顾问等岗位受到越来越多跨国企业的青睐。

案例分析：小丽是一名市场营销专业的学生。她在大学期间学习了英语和西班牙语，并且多次参加海外实习项目，与多国实习生一起共事。毕业后，小丽被一家跨国公司聘用，负责国际市场的产品宣传推广，其语言能力和跨文化沟通经验成为职业发展的重要优势。

趋势三：环保与可持续发展的职业机会。

随着碳中和的不断发展，环保政策的日益严格和可持续发展理念的普及，各行业纷纷转向了绿色经济模式，因此，一批新的绿色职业出现。企业越来越重视环境保护责任，消费者对可持续产品的需求也在增加。

新兴职业：可持续发展经理、环境工程师、绿色产品设计师等。

案例分析：小赵是一名环境科学专业的学生。他学习了职业规划相关课程后，仔细地做了职业规划，发现目前就业市场对绿色技术和环保咨询等岗位的需求增加，于是他在大学期间参加了一系列与环保相关的大赛，并在每次赛事中取得了优异奖项。小赵毕业后，凭借大赛经验，很顺利地加入了一家环保科技公司，担任某事业部的环境顾问，其主要工作是为企业提供环保合规相关的咨询服务，帮助客户减少碳排放和资源浪费。

趋势四：远程办公与自由职业的兴起。

随着互联网和移动办公的发展，远程工作和自由职业快速增长，很多企业开始接受混合办公模式，自由职业者也逐渐成为劳动力市场的重要组成部分。

新兴职业：自由撰稿人、数字营销顾问、远程讲师等。

案例分析：小红是一名国际新闻学专业的毕业生。她决定成为一名自由撰稿人。通过在线平台，她为多家国际媒体和企业撰写内容，并利用社交媒体推广自己的服务。自由职业的灵活性和多样性，使她能够自由选择工作项目，不拘泥于固定的地点工作，真正实现了工作与生活的平衡。

2. 大学生如何探索未来职业趋势

为了更好地适应未来的职业变化，大学生需要积极探索未来职业趋势，并制订有效的职业发展计划。下面介绍一些实用的探索方法：

（1）分析行业报告。行业报告为我们提供了丰富的职业信息，可以帮助我们了解不同领域的最新趋势。例如，世界经济论坛的《未来就业报告》及智联招聘相关的报告等都是分析就业市场的参考。

实践建议：每半年阅读一次最新的行业报告，关注并分析技术发展、人才需求和薪资变化等重要指标，以便调整自己的职业规划。

（2）参加相关职业论坛与讲座。相关职业论坛和讲座是了解行业动态和积累人脉的重要渠道。在这些活动中，我们可以与专家进行交流，获取第一手的行业信息。

实践建议：大学生可以参加所在城市或学校举办的行业论坛、讲座等活动，主动与行业人士沟通，积累人脉。

（3）学习跨学科技能。未来的职业需求将打破原有的单一专业概念，越来越多地强调跨学科背景和多技能整合。我们可以通过学习大数据分析、产品思维、沟通技巧等新技能，增强自己的竞争力。

实践建议：在大学期间，利用在线资源学习跨学科课程，如大数据分析基础、数据挖掘、用户体验设计、跨文化沟通等，为未来职业发展打下坚实基础。

（4）进行职业体验和实习。职业体验和实习是了解真实职场环境的最直接方式。通过实习，我们可以在工作中实际应用所学知识，积累职场经验，为未来的职业选择提供重要参考。

实践建议：抓住每一次校外职场体验参观学习机会，亲身感受职场氛围。同时，主动寻找与自己专业相关的实习机会，特别是那些涉及新兴技术或跨学科的岗位，通过亲身体验了解行业需求和职业发展方向。

本节知识回顾

1. 行业是指从事国民经济中同性质的_____或_____活动的经济单位。

2. 根据《国民经济行业分类》（GB/T 4754—2017），第一产业主要包括_____和_____等领域。

第五章第一节知识回顾答案

3. 第二产业的核心在于_____和_____。

4. 职业是指个人通过劳动获取经济收入，并实现_____的社会角色。

5. 职业的作用包括经济收入来源、_____和心理满足。

第二节 职业环境分析与信息筛选

一、职业环境分析的相关概念

1. 职业环境与职业环境分析

职业环境一般指某职业在社会大环境中的发展状况、技术含量、社会地位、未来发展趋势等，这些都会影响个人的职业选择和发展。职业环境包括外部环境和内部环境。外部环境通常包括经济形势、行业趋势、企业文化等。内部环境包含个人兴趣、职业技能、价值观等。

职业环境分析是指通过系统的方法，识别和评估这些因素对个人职业发展的影响，为职业选择和规划提供依据。

2. 职业环境的三个层次

职业环境可以分为三个层次，即宏观环境、行业环境（中观环境）和微观环境（企业环境）。

（1）宏观环境。宏观环境可以看作影响职业选择与发展的最广泛的外部因素，包括政治、经济、社会文化和技术等方面，通常影响所有行业和企业的运行。例如，经济全球化趋势推动了跨国公司对复合型人才的需求增加。

（2）行业环境（中观环境）。在职业环境分析中，行业环境又叫作中观环境。行业环境分析专注于特定行业的内部竞争动态、市场需求和技术变化等，帮助求职者识别行业中的职业机会和风险。例如，在医疗健康行业中，数字化转型推动了远程医疗和健康数据分析岗位的增长。

（3）微观环境（企业环境）。微观环境指目标企业的内部环境，包括企业文化、组织结构和财务状况，直接影响员工的职业发展和晋升路径。例如，初创公司通常采用扁平化管理，提供更多的创新机会和快速成长的职业路径。

3. 个体与职业匹配

在进行职业选择和规划时，除了要充分分析环境因素，个人因素也同样需要重点考虑。个体与职业是否匹配，通过评估个人兴趣、技能和价值观，帮助求职者找到与自身特质契合的职业方向。只有当个人能力与职业要求相匹配时，才能实现职业发展的最佳效果。例如，小张是一名市场营销专业的毕业生，他在毕业前进行了职业环境分析，发现在宏观环境中，数字经济快速发展，推动了企业对数字营销人才的需求。因此，他选择进入互联网行业，并重点研究了几家目标公司的企业文化和人才需求，最终决定加入一家重视创新和员工成长的初创型公司。小张通过合理的职业环境分析，找到了与自身兴趣和技能契合的职业方向，并在短时间内获得了快速成长。

二、宏观环境分析：外部因素的影响

宏观环境分析一般采用的是 PEST 分析方法，主要包括政治（political）、经济

（economic）、社会（social）和技术（technological）等四方面的分析。

1. 政治环境分析

政治环境分析包含政治制度和政策方针两方面。大学生要在工作前熟知相关法律法规，如《中华人民共和国劳动法》《中华人民共和国劳动合同法》等。同时，国家政策特别是在相关行业监管、产业扶持和就业促进等方面的政策，对职业发展具有重要影响。政治环境分析可以帮助我们准确识别国家发展重点行业和政策扶持的职业方向。以"双碳"政策为例，为了实现碳中和目标，国家正大力支持新能源和环保产业的发展，这一决策为可再生能源工程师、环境顾问等岗位带来了新的就业机会。而在教育改革政策的推动下，近些年相关的教育改革措施有力地促进了职业教育与高等教育的发展，进而使职业培训师、课程开发专家等新职业的需求显著增加。

2. 经济环境分析

经济环境是影响职业选择的重要外部因素，包括经济增长、通货膨胀、失业率等方面的经济指标。经济形势的变化会直接影响就业市场的供需关系和薪资水平。在经济高速增长阶段，企业通常会扩招，增加高薪岗位；而在经济减速阶段，企业则倾向于裁员或缩减招聘。例如，2020年全球经济受到疫情冲击，很多行业陷入生存困境，特别是旅游、航空和酒店业。然而，在线教育和电子商务却迎来了巨大的发展窗口，带来了大量新的就业机会，很多毕业生因此调整了职业规划，选择进入互联网行业。

3. 社会文化环境分析

社会文化环境包括居民教育程度和文化水平、宗教信仰、风俗习惯、审美观点、价值观念等因素。这些因素的变化会对职业选择和工作方式产生深远影响。例如，人口老龄化推动了医疗健康行业的发展，使护理师、老年心理顾问等职业需求增加。在价值观转变方面，年轻一代越来越重视工作与生活的平衡，自由职业和远程工作逐渐成为流行趋势。

4. 技术环境分析

技术进步是推动职业变化的核心驱动力，尤其是在信息技术、人工智能、大数据和物联网等领域。技术环境的变化会创造出新的职业需求，但也会淘汰一些重复性高、易被自动化取代的传统岗位。随着人工智能的发展，数据分析师、AI工程师、智能产品经理等职位需求激增。同样，传统制造业工人需要学习使用智能化设备，提升技能，以适应数字化转型。

三、行业环境分析：识别职业机会与风险

1. 行业发展趋势分析

行业发展趋势分析可指导我们了解职业需求变化。通过分析市场需求、行业竞争和技术创新，我们可以识别出较有前景的行业，为自己的职业规划提供方向。在朝阳行业中，例如云计算、人工智能等新兴行业增长迅速，提供了大量高薪岗位。在夕阳行业中，例如传统制造业、煤炭等重污染行业的招聘需求逐渐缩减。

2. 行业环境分析

行业环境分析不仅是企业战略制定的重要工具，也是我们进行职业规划的核心步骤。行业竞争格局决定了职业机会和挑战的大小，通过系统分析目标行业的竞争态势和发展趋势，我们能够识别出高潜力的职业机会，并规避可能存在的职业风险。通过波特五力模型分析（见图5-2），我们可以清晰地了解行业内的竞争态势，评估进入该行业的难度和潜在风险，帮助我们在选择行业和公司时做出更明智的决策。

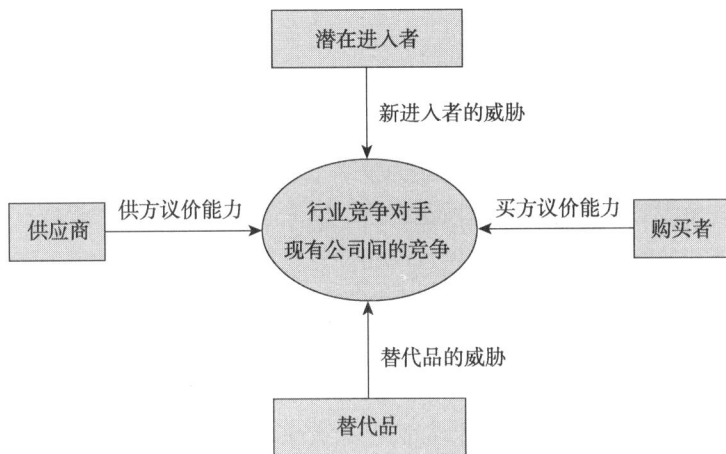

图 5-2 波特五力分析模型图

1）新进入者的威胁：评估行业成长潜力

新兴行业或成长性强的行业通常会吸引大量的新进入者，代表该行业充满发展机会。我们可以优先选择进入这些具有增长潜力的行业，特别是新兴的数字经济、人工智能和绿色经济等领域。举例来说，小强是一名计算机专业的毕业生，他通过分析发现人工智能行业处于快速增长期，吸引了大量新企业进入。他在大学期间学习了深度机器学习和数据挖掘技能，最终成功进入了一家人工智能初创公司，实现了职业的快速成长。

2）供应商的议价能力：识别行业稳定性

供应商议价能力强的行业，通常意味着企业利润空间受限，职业发展的稳定性较差。同学们在选择职业时，需要关注行业上游供应链的议价能力，并选择在利润空间较大、供应链较稳定的行业就业。举例来说，小孙计划进入传统汽车制造行业，但在分析行业环境后发现，上游芯片供应商对汽车制造企业有较高的议价能力，导致该行业利润波动大。于是小孙调整了职业选择方向，进入了供应链更加稳定的新能源行业，避免了就业不稳定的风险。

3）买方的议价能力：分析客户需求变化

买方议价能力强的行业，通常面临较大的定价压力和客户需求变化。我们在求职时，选择客户需求多样化且议价能力较弱的行业，能够获得较多的发展机会和较大的创新空间。举例来说，小李在毕业时选择了进入在线教育行业，他通过分析发现个人用户（买方）对在线教育服务的议价能力较弱，而市场需求旺盛。小李凭借创新的课程设计能力，快速适应了市场需求变化，并获得了晋升机会。

4）替代品的威胁：识别职业转型机会

替代品威胁高的行业，通常面临较大的转型压力，但同时也蕴藏着新的职业机会。我们可以通过分析替代品趋势，提前准备转型所需的新技能，提升自己的就业竞争力。举例来说，小美是一名艺术设计专业的学生，她原本计划从事传统手绘插画师的职业，但在进行行业分析时，她发现随着数字化工具的普及，许多公司已经开始使用数字插画和 AI 绘图来替代传统手绘插画。面对替代品的威胁，小美决定在大学期间学习数字绘图软件和相关 AI 设计技能。毕业后，小美顺利转型为一名数字插画师，并成功为游戏公司和广告公司提供数字插画定制服务，不仅提升了就业竞争力，还拓宽了职业发展空间。

5）行业内竞争强度：评估职业发展空间

行业内竞争强度反映了行业内部企业为争夺市场份额所展开的竞争的激烈程度。如果一个行业内的竞争者数量多、产品同质化严重，则竞争强度通常会非常高，进而导致行业利润被压缩，职业发展的空间也相对狭窄。相反，在竞争强度适中且市场需求稳定增长的行业，职业晋升和创新的机会更多。因此，我们应选择竞争强度适中且发展前景好的行业，这样才能获得更广阔的职业发展空间。

小周是一名电子商务专业的应届毕业生，他计划进入电商平台行业工作。在进行行业分析时，他发现电商平台行业竞争强度极高，如竞争者多，有淘宝、京东、拼多多等大平台，虽然每个平台的服务不同，但从本质上来看均较为相似。这种同质化导致了平台需要不断推出新功能和新服务来吸引用户，如极速配送、直播带货等。为了争夺市场份额，电商平台之间价格战不断，如"双十一""6·18"等。小周通过分析行业内竞争强度，意识到若选择在头部平台工作，尽管起薪较高，但也可能会面临极大的压力和激烈的内部竞争。因此，他选择了一家新兴的专注于母婴市场的直播电商平台，该细分领域竞争相对较小，且符合行业发展的新趋势。这一选择不仅降低了小周的职业压力，还让他有机会参与创新项目，拓宽了职业发展空间。

总之，我们可以通过深入的行业分析和职业规划，选择细分市场或新兴企业，为未来的职业发展创造更多的机会。

四、微观环境分析：企业环境与职业发展

本书所强调的微观环境分析主要是指对目标企业的内部环境进行评估。企业环境是直接影响员工职业发展的重要因素，包括企业文化、管理结构和财务状况等方面。了解企业环境，能够帮助求职者做出更适合自己的职业选择，并更好地规划职业路径。

1. 企业文化分析

企业文化是指企业在长期发展过程中形成的价值观、行为准则和工作氛围。不同企业的文化氛围各不相同，对员工的工作满意度和职业发展有着深远影响。求职者在选择企业时，需要关注企业文化是否与自己的价值观相匹配。下表是几种常见的企业文化。

企业文化类型	解释说明	优点	缺点	适合的职业类型
创新型文化	强调创新和创造力，鼓励员工提出新想法和试验新项目，常见于科技公司、初创企业	提供大量创新机会；员工自主性高；氛围开放	风险较大，对失败的容忍度低；工作压力大，节奏快	适合喜欢挑战、具备创新思维的求职者，如产品经理、研发工程师
团队合作型文化	强调协作和沟通，注重团队合作和集体决策，常见于咨询公司、大型跨国企业	强调团队支持和协作；员工有较强的归属感	决策过程较慢，个人表现不易突出	适合具有良好沟通能力和团队精神的求职者，如项目管理、客户经理
绩效导向型文化	以结果和业绩为核心，强调个人绩效和目标达成，常见于销售团队、金融行业	激励性强，回报丰厚；提供快速晋升机会	压力大，竞争激烈；员工流动性高	适合目标明确、抗压能力强的求职者，如销售经理、金融分析师
稳定型文化	强调稳定性和流程规范，注重长期发展和员工福利，常见于国企、政府机构	工作压力小，工作环境稳定；提供长期职业保障	创新性较低，职业发展路径较为固定	适合追求稳定、有长期职业规划的求职者，如行政管理、人力资源
客户导向型文化	强调以客户为中心，致力于提升客户满意度和服务质量，常见于零售业、服务业	注重客户体验，员工容易获得成就感；客户反馈机制完善	需要较强的客户沟通能力，工作时间不规律	适合具有客户服务意识、擅长沟通的求职者，如客户服务专员、市场营销经理

2. 管理结构分析

管理结构是企业为了实现战略目标而设计的内部管理框架，通常包括层级制管理结构、矩阵制管理结构和扁平化管理结构等不同形式。不同的管理结构会对员工的工作体验和职业发展产生不同的影响。因此，理解这些管理结构类型，有助于我们在求职时选择适合自己的公司环境。

组织结构类型	解释说明	优点	缺点	适合的职业类型
层级制管理结构	金字塔形结构，决策权集中于高层，信息传递有明确层级，常见于大型企业、政府机构	管理规范、职责明确；有较好的控制和协调能力	决策流程慢、创新性较低；员工自主性低	适合喜欢稳定、有清晰发展路径的求职者，如行政管理、财务经理
扁平化管理结构	减少管理层级，鼓励员工自主决策和创新，常见于初创企业、科技公司	决策效率高、沟通快速；创新空间大、灵活性高	角色和职责可能模糊；适合小型团队，不适合大规模公司	适合喜欢创新、追求自主性的求职者，如产品经理、项目开发工程师
矩阵制管理结构	结合职能部门和项目团队的双重结构，员工在职能部门和项目团队中同时工作，常见于跨国公司、咨询公司	资源利用率高、灵活适应变化；促进跨部门协作	权责冲突可能性高；员工需要处理多重汇报关系	适合擅长跨部门沟通、适应力强的求职者，如项目经理、市场分析师
网络化管理结构	以网络为基础，依靠技术连接不同团队和部门，强调信息共享和快速反应，常见于互联网企业、远程办公公司	信息流通快、灵活应变；适应远程和分散团队	管理难度较大；信息安全性较低	适合喜欢远程工作、具备数字化技能的求职者，如数据分析师、线上教育讲师

3. 财务状况与运营分析

企业的财务健康状况直接影响员工的职业稳定性和薪资福利。在求职时，我们要学会分析企业的财务报表，如资产负债表、利润表等信息，这样可以帮助我们评估目标企业的盈利能力和发展潜力。常见财务分析指标如下：

（1）盈利能力：通过净利润率、毛利率等指标评估企业的盈利水平。

（2）流动性：通过流动比率、速动比率评估企业短期偿债能力。

（3）偿债能力：通过资产负债率分析企业长期负债情况。

五、信息筛选与分析工具的应用

现代社会信息来源多样且信息量巨大，信息筛选是分析前的关键步骤，它能够帮助我们去除无效、重复或不相关的信息，确保分析的准确性和可靠性。

1. 信息来源的选择

信息筛选是职业环境分析的重要环节，常见的信息来源包括以下 4 类：

（1）政府统计数据：如国家统计局、人力资源和社会保障部等发布的就业市场数据。

（2）行业报告：如麦肯锡、德勤、智联招聘等公司发布的行业分析报告。

（3）公司年报：上市公司的年度财务报告和业绩总结是评估企业状况的重要资料。

（4）专业网站与期刊：如智联招聘、LinkedIn 等平台及《哈佛商业评论》等专业期刊。

2. 信息筛选的步骤

（1）确定需求：明确分析目标，列出需要收集的信息类别和数据类型。

（2）收集信息：多种渠道获取初始信息，如政府工作报告、行业期刊、公司年报等。

（3）初筛信息：去掉明显无效或重复的信息，初步过滤出相关数据。

（4）评估质量：评估信息来源的可靠性和准确性，选择可信的数据。

（5）分类整理：将筛选出的信息进行整理，按类别分类，便于后续分析。

（6）分析信息：使用合适的工具和方法分析信息。

（7）信息应用：将分析结果应用于职业规划和决策，帮助求职者做出明智选择。

3. 常见的信息分析工具

在职业环境分析中，信息的准确性和全面性至关重要。如果想了解整个行业的外部环境，可以使用 PEST 分析法。若希望评估特定行业或企业的竞争态势，可以使用 SWOT 分析法。若关注企业的财务健康状况，则使用财务分析法。以下是三种常见的分析工具的应用区分。

分 析 需 求	推 荐 工 具	应 用
评估宏观环境	PEST 分析法	识别政治、经济、社会、技术因素，分析其对行业的影响
识别行业机会和风险	SWOT 分析法	评估内部优势与劣势，识别外部机会与威胁
分析企业财务状况	财务分析法	通过利润率、负债率等财务指标评估企业发展潜力

（1）PEST分析法：宏观环境分析工具。我们在评估宏观环境时，通常可以使用PEST分析方法，正如前面所提到的，该方法包括政治（political）、经济（economic）、社会（social）和技术（technological）等四个方面的因素，应用步骤如下：

收集宏观环境信息。通过政府统计数据、行业报告等渠道获取数据。

分析政治因素。如政府政策、法律法规对行业发展的影响。

分析经济因素。如经济增长、通货膨胀、失业率对就业市场的影响。

分析社会因素。如人口结构、文化趋势对消费需求的影响。

分析技术因素。如新兴技术的发展对职业技能要求的变化。

（2）SWOT分析法：行业与企业环境分析工具。SWOT分析法是评估行业或企业环境的常用方法，其包含企业的内部优势（strengths）、劣势（weaknesses）、外部机会（opportunities）和威胁（threats）等方面（见图5-3），它能够帮助我们识别职业机会和风险，为职业规划提供有效的支持。

识别内部优势：分析自身的核心竞争力和行业优势。

识别内部劣势：分析可能影响职业选择的不足之处。

识别外部机会：分析市场趋势和新兴行业带来的职业机会。

识别外部威胁：分析行业内的竞争态势和政策变化带来的挑战。

内部影响（S、W）外部影响（O、T）内外部影响因素组合：SO、WO、ST、WT		内　部　影　响	
		优势（S）	劣势（W）
		企业自身的核心竞争力和行业优势	影响职业选择的不足之处
外部影响	机会（O）市场趋势和新兴行业带来的职业机会	SO组合：优势强化策略（依靠内部优势，最大限度利用机会）	WO组合：劣势改进策略（利用外部机会，克服内部弱点）
	威胁（T）行业内的竞争态势和政策变化带来的挑战	ST组合：差异化竞争策略（利用优势，回避外部威胁）	WT组合：战术规避策略（克服或减少内部劣势，回避外部威胁）

图5-3　SWOT分析矩阵

（3）财务分析法：企业微观环境分析工具。我们在评估企业的财务健康状况时通常使用财务分析法，该方法包括盈利能力、流动性和偿债能力等方面。我们可以通过分析目标企业的财务报表，评估其发展前景和职业稳定性，财务分析法应用步骤如下：

分析盈利能力：通过毛利率、净利润率等指标评估企业的盈利水平。

分析流动性：通过流动比率、速动比率评估企业的短期偿债能力。

分析偿债能力：通过资产负债率分析企业的长期偿债能力。

本节知识回顾

1. 职业环境分析分为 _____ 环境、行业环境和企业环境三个层次。

2. PEST 模型主要用于分析_____环境，该模型关注政治、经济、社会和技术等因素。

3. 行业环境分析包括市场需求、_____和技术创新等要素。

4. 微观环境分析的重点是_____和_____。

5. SWOT 分析中的"W"表示_____，属于内部因素。

第五章第二节知识回顾答案

第三节　职业技能的培养

一、职业技能的相关概念

职业技能（vocational skills）是指个人在工作场所中所具备的知识、技术和软性技能组合，帮助其完成任务并实现职业目标。职业技能包括专业技能（professional skills）和通用技能（generic skills），以及现代职场中日益重视的复合型技能（hybrid Skills）。

专业技能：指的是在特定岗位或行业里所需的技术性能力，如编程、会计、养殖、医学诊断等。

扩展阅读 5.3　三名应届毕业生的面试

通用技能：指的是可以在跨岗位、跨行业中应用的综合性能力，如时间管理能力、沟通能力、执行力、领导力等。

复合型技能：指的是结合多种专业技能和软技能，能够适应复杂工作环境和跨学科任务，比如某员工具备财务分析能力和时间管理能力，能领导团队顺利完成复杂的项目。

根据《中华人民共和国职业分类大典（2022 年版）》的分类标准和国际劳工组织发布的相关实践指南，现代企业对职业技能的要求已从单一技能向复合技能转变。高校毕业生在求职时，除掌握本专业的技术知识外，还需具备沟通能力、适应能力、团队协作能力等职业素养，以应对多变的职场环境。

二、职业技能的重要性

职业技能的培养对一个人的就业、工作表现以及职业发展具有重要意义。

1. 提升就业竞争力

专业技能在求职者获得面试机会时发挥着关键作用。企业在招聘时通常会优先考虑满足岗位要求的候选人，因为具备优质专业技能的求职者往往能够快速适应岗位要求，省去很多培养成本。同样，通用技能在面试中也起着至关重要的作用，尤其在团队合作、沟通及组织能力等方面表现突出的求职者通常会被企业视为高潜力人才。例如，某电子工程专业的应届毕业生小李不仅具备扎实的编程技能（专业技能），还在省级专业学科竞赛中获得过一等奖。然而在求职过程中，他发现一些竞争者同样具备类似的专业背景。于是，小李开始在面试时展示自己的通用技能，如有效的沟通能力和团队协作经验。最终，小李因出色的沟通和协作能力获得了某知名科技公司的录用。

2. 提升工作表现与效率

企业经常把专业的工作交给专业的人去做，因此，专业技能可以帮助员工在工作中高效完成任务。例如，数据分析师通过统计工具处理数据，快速为管理者的决策提供有力支持。当然，通用技能可以提升员工的适应性和沟通效率，帮助团队协作完成复杂任务，很多情况下拥有出色沟通能力的员工能高效传递信息，减少团队误解。例如，某企业的市场调研项目要求团队成员分析大量数据并向客户展示结果，这时候具备专业技能的数据分析员起到了关键作用，他以高超的专业技能提供了高质量的分析报告，同时，具备通用技能的项目经理成功地传达了调研结论，进而赢得了客户的信任，该团队取得了集体成功。

3. 推动职业晋升与发展

职业晋升往往伴随着组织能力、创新能力、控制能力和决策能力等通用技能的提升，在管理岗位上，这些技能比专业技能更为重要。在企业管理中，管理者需要承担更大的责任，因此他们只有具备了良好的组织协调、沟通和决策能力，才能带领团队达成目标。例如，小王最初是一名软件开发工程师，他不仅专注于编写代码，还积极参与团队管理和项目协调工作。通过不断提升自己的组织、沟通和领导能力，小王成功地从技术岗位转型为项目经理，得到迅速晋升。

三、专业技能与通用技能的培养

任何一种技能的养成都不是一蹴而就的，而是需要脚踏实地的学习积累。职业技能是后天习得的，其培养需要有系统的计划和方法。因此，我们可以通过持续地学习、实践锻炼和反馈调整来提升与改进技能水平。

1. 专业技能的培养

1）参加专业课程

大学阶段的专业课程是每个大学生掌握核心职业技能的基础，无论何种专业，扎实的专业知识是在未来职业中胜任工作的前提。我们应充分利用在校期间的课堂学习机会，深入理解和掌握专业理论，把专业知识学透，真正做到学以致用、活学活用。

下面分享几个课堂学习的小技巧。

第一，高效参与式的课堂笔记。老师在课堂上讲授的知识是我们掌握专业技能的核心内容，因此，我们应积极参与课堂的每一次讨论，讲授入耳、知识入脑、讨论入心，对课堂的重点及对知识的思考均做好笔记，并主动向老师请教疑难问题。

第二，课后及时深入研究。在课后，我们可以通过阅读资料或上网搜索，进一步加深对课堂知识的理解。同时，我们还可以通过实验和实践项目来验证所学理论。

第三，参加相关选修课。我们可以根据自己的兴趣和职业发展方向，选择对自己未来发展有帮助的选修课程。如果我们希望未来从事金融分析等工作，可以选择大数据分析或统计学相关选修课程；如果我们希望未来从事人力资源管理等职业，可以选择心理学基础相关选修课程等。

2）考取行业相关认证

除了专业课程之外，行业认证是求职者专业能力的有力证明，许多职业岗位要求持有特定的认证资格证书。通过获得行业认证，我们不仅能够展示自己的专业技能和技术水平，还能够在激烈的就业市场中脱颖而出，增加自己的求职竞争力。目前，在医药、金融、教育、艺术等领域，很多行业认证已成为许多岗位的准入条件。例如，我们常见的大学英语四、六级证书、教师资格证书、执业药师资格证书、护士执业资格证书、证券从业资格证书，以及诸如注册会计师、金融分析师、雅思、托福等其他相关行业认可的一系列证书。

我们可以通过各地区的人力资源和社会保障局相应的职业技能鉴定中心获取更多职业技能考试的相关信息，通过访问或联系该中心获取最新的考试信息，如考试安排、报名时间和报考条件等。

下面分享几个备考小技巧。

第一，制订学习计划。根据考试时间和科目安排复习进度，确保覆盖所有知识点。

第二，保持专业训练。参加相关培训或保持不断的强化训练有助于提升通过率。

第三，组建学习小组。通过组建学习小组来互相监督学习，强化训练。

总之，大学期间不要浪费自己的课余时间。考取相关的行业认证证书不仅是展示专业能力的途径，也是大学生进入职场并在职业晋升中获得更多机会的重要条件。但要注意的是，考证不能盲目考、随意考，证书多不一定代表着优秀，反而会让我们陷入"证书混乱"。我们需要根据自己的专业和职业规划，选择合适的认证进行报考，以此为未来的职业发展打下坚实基础。

3）自主学习与在线资源利用

在数字时代下，职场环境瞬息万变，具备自主学习能力对职业发展至关重要。高校课程为我们打下了步入社会的基础，但面对技术进步和行业需求的迅猛变化，仅依靠课堂知识远远不够。因此，自主学习不仅能够帮助我们灵活应对挑战，还能培养终身学习的习惯，提升自身的职场竞争力。

我们可以根据自身兴趣和职业需求，自主选择学习内容和进度，提升特定技能。除了传统的课堂学习，我们还可以利用在线资源、书籍、公开课等多种形式进行学习，获取广泛的知识。许多高质量的学习资源和公开课是免费的，我们可以充分利用这些资源，在不增加经济负担的情况下提升技能。以下是一些国内外广受欢迎的在线学习平台，大家可以根据自己的需求参考选择。

第一，中国大学 MOOC（慕课）。该平台由清华大学、北京大学等多所名校共同参与创建，提供丰富的免费公开课。

第二，学堂在线。该平台是由清华大学创办的在线教育平台，汇聚了国内外顶尖高校的课程资源，适合希望深入学习各学科知识的学生。

第三，edX。该平台由哈佛大学和麻省理工学院联合创办，提供来自全球名校的高质量课程，涵盖工程学、商业管理、语言学习等多个领域。

下面再分享几个自主学习的小技巧。

第一，制订学习计划。根据自己的职业目标确定所需的技能，并制订学习计划。

第二，按需选择资源。根据自身需求选择适合的课程，不要盲目跟风。

第三，参与互动讨论。参与课程互动，加深对课程内容的理解。

第四，完成实践项目。尽可能多地参与项目实践，做到学以致用。

2. 通用技能的培养

通用技能也称为软技能，它更关注个体的行为和人际的互动关系，一般包括沟通能力、时间管理能力、团队合作能力、领导能力、问题解决能力、创新能力……

要注意的是，这些技能通常无法通过一次性学习获得，而是需要在日常实践和长期锻炼中逐步培养和提升。职场中最常见的通用技能是时间管理能力、沟通能力和团队合作能力。我们一起来学习一下如何培养这些技能。

1）时间管理能力

我们在第二章中曾提到过学业发展中时间管理的重要性。同样，在职场中，时间管理仍然是一种至关重要的技能。该能力也是职场中衡量个人工作效率和自我控制能力的重要指标。时间管理可以帮助我们合理安排时间以平衡好工作、学习和生活，避免因工作任务繁多而导致一系列生活上的焦虑。目前最常见的时间管理方法是时间管理四象限法。该方法通过"重要性"和"紧急性"两个维度，将任务划分为四个象限：第一象限是紧急且重要的任务，第二象限是不紧急但重要的任务，第三象限是紧急但不重要的任务，第四象限是不紧急且不重要的任务。通过这样的分类，可以帮助我们优先处理那些对目标达成最为关键的任务，从而提高工作效率和生活质量。

为了回顾一下第二章中所学的知识，现在请完成下面的练习。请把方框里的 16 个选项分别填入时间管理四象限中（见图 5-4）。

A. 制订长远计划	B. 晋级考核	C. 闲聊或闲逛	D. 无关的电话
E. 素质提升	F. 突发任务	G. 看热闹	H. 无意义的会议
I. 培养员工	J. 救火抢修	K. 玩游戏	L. 抖音的通知
M. 看剧	N. 看小说	O. 生产车间停电	P. 刷朋友圈

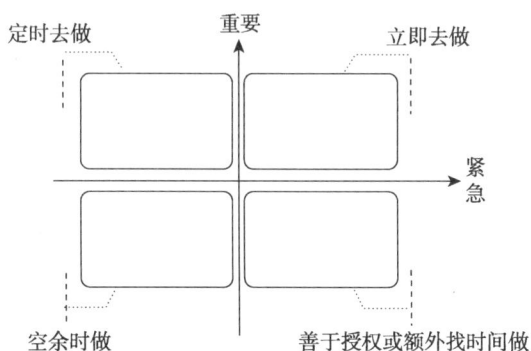

图 5-4　时间管理四象限

时间管理四象限法的具体应用步骤如下：

第一步，列出任务清单。

列出当天或一段时间内需要完成的所有任务，包括工作、学习和生活安排等。

第二步：做好任务分类。

将所有未完成的任务和责任进行分类，将其分别划分到四个象限中。

第三步：优先处理。

按照Ⅰ、Ⅱ、Ⅲ、Ⅳ的顺序依次处理任务，优先完成"重要且紧急"的任务，并为"重要但不紧急"的任务留出充足时间。

第四步：定期回顾和调整。

每周回顾一次任务安排，分析时间分配是否合理，并根据实际情况调整任务计划。

扩展阅读 5.4　项目经理的时间大作战

接下来，我们来看看时间管理四象限法在职场中该如何应用。

想要在未来成为一名合格的职场人士，我们应该将时间管理四象限法则内化为日常工作习惯，并通过持续实践，提高对时间价值的认识和时间管理能力。同时，我们也应该与团队成员分享这一概念，鼓励他们也采用这种方法，并在团队会议中讨论任务的优先级，确保团队资源得到最有效的利用。

除了时间管理四象限法，我们还可以使用番茄工作法、GTD法和日历应用等工具，帮助自己更高效地规划时间。

番茄工作法是一种简单且高效的时间管理方法，它将工作时间分割为25分钟的高度集中单元（即"番茄钟"），每个单元结束后安排5分钟的短暂休息，以此提高专注力和效率。完成4个番茄时段后，可进行15～30分钟的长休息。需要注意的是，在专注时段中要摒弃一切干扰。这种方法适合需要集中注意力学习的学生，能够帮助我们克服分心和拖延。例如，在每学期的期末复习时，我们就可以使用番茄工作法，设定25分钟学习时间，集中精力看书，然后休息5分钟，帮助大脑放松并提升记忆效果。

此外，我们在第二章中也曾提到过由著名时间管理大师大卫·艾伦（David Allen）提出的GTD法，它强调将任务和想法全部记录下来，通过分类整理，帮助个人厘清思路，专注于执行。GTD法的核心在于五个步骤，即收集、整理、组织、回顾和执行。例如，我们可以每天早上列出所有待办事项（收集），分类为"学业任务""实习工作"等（整理和组织），定期检查进度（回顾），并按优先级逐一完成（执行）。这种方法能够帮助学生系统化地处理任务，避免遗漏和拖延。

最后，日历应用也是最常见、最直观、最易用的时间管理工具。我们可以使用手机上的日历应用来设置每日、每周和每月的任务计划，设定提醒和通知，帮助自己合理规划时间，避免错过重要的任务或活动。

2）沟通能力

沟通能力是职场中核心的通用技能之一，涵盖了人际交往中的口头沟通、书面沟通和非语言沟通等多个方面。有效的沟通不仅有助于清晰表达自己的观点，还能够帮助理解他人的需求和反馈，促进团队合作与项目推进。我们可以采用以下这些方法来提升沟通能力。

首先，运用乔哈里视窗，提升自我认知与沟通能力。

乔哈里视窗（Johari Window）模型由心理学家约瑟夫·卢夫特（Joseph Luft）和哈里·英格拉姆（Harry Ingham）提出（见图5-5），该模型可以帮助人们通过开放分享和接受反馈来优化沟通效果。

乔哈里视窗	自己知道	自己不知
别人知道	开放区（open area）	盲点区（blind spot）
别人不知	隐藏区（hidden area）	未知区（unknown area）

图 5-5　乔哈里视窗

开放区（open area）是自己和他人都知道的信息，代表公开的自我。例如，特长、兴趣爱好，这些通常通过自我介绍或日常交流可以被他人了解。

盲点区（blind spot）是指自己不知道但他人知道的信息，代表他人对自己的观察。例如，不自觉说出的口头语（如"嗯""啊"），可能在他人看来影响表达效果。

隐藏区（hidden area）是自己知道但他人不知道的信息，代表隐藏的自我。例如，在团队中隐藏真实的想法，不敢说出来，担心被别人批评或拒绝。

未知区（unknown area）即自己和他人都不知道的信息，代表潜力和未开发的能力。例如，某人对危机管理的应对能力，可能只有在特定情境中才会显现。

那么我们该如何应用乔哈里视窗来提升沟通能力呢？

扩大开放区域，主动分享自己的想法、感受和能力，让他人更了解自己。

缩小盲点区域，接受他人反馈，识别沟通中的不足之处，并不断调整。

减少隐藏区域，在合适的情境下表达自己的真实想法，促进相互理解。

探索未知区域，尝试新环境、新角色，通过实践挖掘潜在的沟通能力。

除了运用乔哈里视窗，我们还可以通过以下几个小技巧来提升沟通能力。

第一，口头沟通要逻辑清晰、影响深远。

梳理观点：在表达观点前，先采用"思维导图"或"关键词提纲"等方式梳理核心内容，确保逻辑清晰，避免东拉西扯。

思路清晰：在表达观点时，尽量使用"总—分—总"的结构，让听众快速抓住重点。例如："我们要分解考核指标。首先……其次……最后……"

适当停顿：通过停顿强调重要内容，避免长句拖沓影响听众专注。

积极倾听：用眼神和点头回应对方，表示关注。同时，适时用简短的复述确认自己是否理解正确。

第二，书面沟通要精准表达、条理清晰。

重点突出：在撰写文件、报告或发送邮件时，使用分段和要点列举的方式，突出关键信息。例如："会议主要讨论了以下三点……"

格式规范：掌握应用文写作的基本格式，避免因措辞或排版问题造成误解。

用词专业：在正式场合使用简洁、规范的语言，避免口语化表达。

第三，用非语言沟通传递自信与信任。

眼神交流：在沟通中，保持与沟通对象的适当目光接触，增强表达的说服力。

面部表情：微笑能传递友好的积极情绪，但要避免表情过于僵硬或频繁变化。

手势运用：用自然的手势辅助说明重要观点，但避免过度挥舞或不当动作。

3）团队合作与领导能力

团队合作与领导能力是现代职场中不可或缺的核心软技能。无论是在课堂上，还是在职场中，能够高效协作并发挥领导作用，是个人综合能力的重要体现。良好的团队合作不仅能提升工作效率，还能促进创新和问题解决。在团队项目中，每个成员都需要发挥各自的优势，共同完成任务。具体而言，有以下几种提高团队合作与领导能力的方法。

第一，积极参与团队活动。

我们可以通过相关项目的团队协作积累实战经验，逐步学会高效沟通与合理处理团队中的矛盾。

首先，以课堂活动锻炼基础能力。在校期间，课程中的小组项目是提升团队合作能力的最佳场景。例如，某课程以小组形式完成一个任务的展示与汇报。在这个过程中，每个团队成员根据个人特长进行分工：有的负责调研，有的负责分析，有的负责展示方案，有的负责演说。这种合作能够培养我们的分工与协作意识。

其次，以跨学科项目开拓视野。积极参加校内相关跨学科项目，这些项目都为我们提供了与不同专业同学协作的机会。例如，在跨学科科研项目中，计算机专业的同学负责技术，管理类专业的同学负责商业模式设计，团队合作促使大家了解彼此领域的不同思维方式。

最后，通过课余活动积累经验。积极参与校内外活动，积累实践经验。例如，实习活动、志愿活动、社团活动和公益项目等都是培养团队合作的重要渠道，这些经历会帮助我们学会面对复杂任务时高效协作。

第二，培养同理心与换位思考能力。

同理心是团队合作中必备的核心素质，因为团队中分歧的产生常源于立场不同，所以我们需要学会站在他人的角度看问题，听取并尊重多样化的意见。

首先，学会倾听。倾听是培养同理心的第一步，我们需要在沟通中主动倾听他人观点，不随意打断或评价。在倾听后，可以进行简单的复述。

其次，换位思考。任何组织的团队合作，都避免不了产生一些冲突和误解。当团队成员对任务分工产生意见分歧时，我们需要尝试理解对方产生分歧的原因，并提出兼顾双方需求的解决方案。

最后，主动接触多元视角。在多元文化或跨专业的团队中工作，我们可以深入理解不同背景和思维方式。例如，与不同地区的同学合作时，语言表达可能存在差异，尊重和包容对方的文化背景可以为团队带来更多创新的可能性。

第三，锻炼领导能力与决策能力。

在团队中担任领导一职不仅仅意味着作为团队负责人，权利和义务是相等的，还意味着在关键时刻敢于提出建议、协调资源，并推动团队共同完成目标。

首先，主动承担更多责任。我们应在团队中主动承担复杂或具有挑战性的任务，展现解决问题的能力。

其次，在冲突中练习协调与决策。当团队中意见不一致时，我们可以尝试分析各方观点，提出平衡方案，并在必要时通过共同讨论或提供相关数据的支撑来推动决策。

最后，应激励调动成员积极性。领导者需要时刻关注团队成员的需求，通过适时的表扬和认可来增强团队凝聚力。例如，当某成员完成高难度任务时，我们可以公开赞扬并表达感谢。

总之，团队合作与领导能力的培养不是一次性的，需要长期不断地通过实际行动来积累经验。在团队合作中，我们可以通过参与课堂项目、跨学科合作和社团活动等积累经验。在领导能力的提升中，我们需要主动承担责任、练习决策与协调，并通过激励他人增强团队凝聚力。

本节知识回顾

1. 职业技能分为_____技能和_____技能。

2. 专业技能主要通过_____课程学习和实践活动提升。

3. 通用技能包括_____能力和_____能力，是跨领域适用的核心能力。

4. 时间管理方法中，_____工作法通过高效专注的25分钟学习提升效率。

5. 通过_____和选修课程，学生可以拓宽知识面并加强通用技能。

第五章第三节知识回顾答案

第四节　职业技能的持续更新与提升

在当今这个快速变化的时代，企业界流行着一句口号："拥抱变革"。这正是因为我们所处的社会与职场环境始终处于日新月异之中。你是否感觉到，自己目前所学的知识和技能面临着被"淘汰"的风险？每一次技术的进步、每一种新兴行业的崛起、每一种工作模式的改变，都意味着职业技能的持续更新成了每位职场人士不可或缺的修行之路。职业技能不再是一劳永逸、一学即会的静态能力，而是需要我们持续学习、主动适应，才能在复杂多变的环境中站稳脚跟。作为职场新人，我们要保持一颗永远向前的心，通过主动学习与动态适应保持职业竞争力。这不仅是应对就业挑战的关键，也是实现长期职业发展与个人成长的重要途径。

一、持续更新与提升的意义

1. 应对技术与行业变革

科技进步与产业升级如同浪潮般滚滚而来，不断重塑着各行各业对职业技能的需求轮廓。传统技能的生命周期日益缩短，而新兴技能的需求则如雨后春笋般涌现。以金融行业为例，其正稳步迈向数字化转型的深水区，从业者唯有掌握区块链、人工智能、大数据分析等前沿技能，方能从容应对未来的行业变迁。

2. 提升职业安全感与发展潜力

在竞争激烈的职场环境中，那些持续更新技能的人将会获得更多的就业机会。当一个行业走向衰退时，这样的人将会快速转行到其他行业，其所具备的新技能也会为其职业发展提供更多选择。例如，一名营销人员通过学习编程和数据分析技能，成功转型为数字营销专家，大幅提升了职业竞争力。

3. 满足个人成长需求

持续学习不仅是一把开启职业成功之门的钥匙，更是滋养个人心灵、满足深层次成长需求的甘露。它不仅能够助力我们在职业生涯中稳步前行，更能在内心深处激发出一种难以言喻的满足感与成就感。每一次新知的获取、每一次技能的精进，都是对自我边界的拓宽，对自身潜能的深度挖掘。持续学习激励我们不断挑战自我，勇于探索未知，从而在个人成长的道路上留下坚实的足迹。通过持续学习，我们得以在自我实现的旅途中，收获更加丰富而深刻的内心体验。

二、如何有效更新与提升职业技能

1. 动态技能评估

（1）定期自我盘点。通过职业测评工具（如 SWOT 分析法）分析自身技能现状，明确需要优化和补充的领域。

（2）与行业趋势接轨。定期关注行业发展动态，通过权威报告、社交平台以及相关论坛了解新兴技能的要求。

2. 主动学习新知识

（1）利用在线平台。我们可以通过在线平台寻找相关资源，并选择与职业方向有关的课程，丰富职业技能。

（2）参加行业认证考试。行业认证是职业技能更新的较为权威的证明，也是我们在某一领域学习成果的证明。

3. 实践应用与反馈

（1）项目驱动式学习。将新学到的技能应用于实际项目中，通过实战检验学习成效，这种"学中做、做中学"的方式能极大提升技能的时效性和实用性。

（2）接受多方反馈。邀请领导、同事、大学导师、同学或团队成员对技能应用进行全方位的评价，以改进不足之处。

三、保持可持续的职业技能发展

1. 设定阶段性目标

将技能更新分为短期、中期和长期目标，我们可以按照如下方法做：

（1）树立短期目标。聚焦于快速掌握一项具体技能或工具，如完成一门高质量的在线课程学习，确保自己能够立即应用所学。

（2）策划中期目标。将新技能应用于实践，如参与学科竞赛、实习项目等，通过实际操作深化理解，验证技能的有效性，并积累实战经验。

（3）设定长期目标。结合个人职业规划，致力于构建跨领域的独特竞争力，通过持续学习和实践，逐步形成难以复制的专业优势。

2. 保持学习敏感性

保持高度的学习敏感性，意味着我们要构建一个全面且高效的信息获取与吸收系统，以确保自己始终处于行业知识与技能的前沿。这要求我们不仅要定期阅读行业期刊、专业博客以及权威微信公众号等，以获取最新的行业动态和技术趋势。同时，如果条件允许，我们还可以多参与一些行业论坛和会议，与行业内的领袖和专家面对面交流，从他们的经验和见解中汲取灵感与智慧。除此之外，考虑进一步深造，如参加高校课程、专业认证或培训项目，也是保持学习敏感性、拓宽知识视野的重要途径。通过这些努力，我们能够确保自己紧跟时代步伐，不断适应职场变化，从而在激烈的竞争中脱颖而出，实现个人价值的最大化。

总而言之，职业技能的持续更新与提升是应对职场变化和实现自我成长的必经之路。在校期间，我们应充分利用实践机会，通过项目检验并优化所学技能。步入职场后，更要保持对行业动态的敏锐洞察，紧跟技术潮流，培养强大的动态适应能力。通过不懈的学习、探索和实践，我们不仅能够在职场上保持领先地位，更能收获满满的自信与成就感，实现个人价值的最大化。

本节知识回顾

1. 职业技能的持续更新可以帮助个人应对_____和行业变革的挑战。

2. 定期_____是评估自身技能现状并制定提升策略的重要方式。

3. _____和_____是职业技能提升的常见手段，帮助验证学习效果。

第五章第四节知识回顾答案

4. 职业技能更新的重点在于设定_____和_____目标。

5. 技能更新的最终目的是提升个人的_____和职业稳定性。

即测即练

自学自测　　扫描此码

实践与练习

任务（一）未来求职企业环境的 SWOT 分析

<table>
<tr><td colspan="5" align="center">未来职业环境评估与策略表——SWOT 分析</td></tr>
<tr><td>姓名</td><td></td><td>专业</td><td>班级</td><td>学号</td><td></td></tr>
<tr><td colspan="3">企业环境的 SWOT 分析　　企业名称：＿＿＿＿＿＿＿＿＿＿＿＿＿＿＿＿</td><td colspan="3"></td></tr>
<tr><td>分析要素</td><td colspan="2">分析内容</td><td colspan="3">查阅资料进行分析（每一项不少于 3 点）</td></tr>
<tr><td>内部优势
（S）</td><td colspan="2">企业的核心竞争力，如技术领先、市场占有率高、品牌知名度高等</td><td colspan="3"></td></tr>
<tr><td>内部劣势
（W）</td><td colspan="2">企业存在的不足，如技术创新能力较弱、管理层不稳定、资源分配不足等</td><td colspan="3"></td></tr>
<tr><td>外部机会
（O）</td><td colspan="2">行业或企业面临的有利条件，如市场需求增加、新兴技术应用、政策扶持等</td><td colspan="3"></td></tr>
<tr><td>外部威胁
（T）</td><td colspan="2">行业或企业面临的挑战，如市场竞争加剧、经济环境变化、政策调整等</td><td colspan="3"></td></tr>
<tr><td colspan="6" align="center">应对策略分析</td></tr>
<tr><td>策略目标</td><td colspan="2">策略内容描述</td><td colspan="3">你的应对策略</td></tr>
<tr><td>提升内部
适应能力</td><td colspan="2">例：针对企业的＿＿＿＿＿不足，我将通过学习＿＿＿＿＿技能，帮助企业＿＿＿＿＿，增强自身在＿＿＿＿＿的竞争力</td><td colspan="3"></td></tr>
<tr><td>应对外部
威胁挑战</td><td colspan="2">例：面对＿＿＿＿＿的威胁，我将重点学习＿＿＿＿＿技能，提升个人在＿＿＿＿＿方面的能力</td><td colspan="3"></td></tr>
<tr><td colspan="6" align="center">总结与反思</td></tr>
<tr><td colspan="6">1. 在 SWOT 分析中，企业的＿＿＿＿＿＿＿和＿＿＿＿＿＿＿是我未来职业发展中的重要参考因素
2. 通过本次任务，我意识到我的职业规划应重点关注＿＿＿＿＿和＿＿＿＿＿，以适应目标企业的环境</td></tr>
</table>

任务（二）时间管理任务分析

<table>
<tr><td colspan="5" align="center">时间管理四象限分析表</td></tr>
<tr><td>姓名</td><td></td><td>专业</td><td>班级</td><td>学号</td><td></td></tr>
<tr><td colspan="6" align="center">时间管理四象限分析</td></tr>
<tr><td>象限分类</td><td colspan="2">象限描述</td><td colspan="3">结合本周需要完成的主要任务进行分析</td></tr>
<tr><td>象限一：重要
且紧急</td><td colspan="2">需立即处理的任务，如投递简历截止日、论文提交截止日、需临近考试的课程复习</td><td colspan="3"></td></tr>
<tr><td>象限二：重要
但不紧急</td><td colspan="2">需计划完成的任务，如技能提升学习目标、长期职业规划项目</td><td colspan="3"></td></tr>
<tr><td>象限三：紧急
但不重要</td><td colspan="2">可委托他人完成的任务，如非关键性邮件回复、事务性文档整理</td><td colspan="3"></td></tr>
<tr><td>象限四：不重
要且不紧急</td><td colspan="2">可延后或删除的任务，如无意义的娱乐活动、冗长无效的社交媒体浏览行为</td><td colspan="3"></td></tr>
</table>

续表

改进计划		
改进目标	改进内容描述	请详细列出你的改进计划
任务优先级优化	例：优先完成"重要且紧急"的任务（如＿＿＿），并将"重要但不紧急"任务纳入每日计划表，分阶段推进完成	
时间浪费行为减少	例：减少不重要且不紧急任务（如＿＿＿）的时间投入，将时间更多集中在高优先级任务上	

总结与反思
1. 通过本次任务，我发现自己在时间管理上的主要问题是：＿＿＿＿＿＿＿＿＿＿＿＿＿＿
2. 为提高效率，我计划在未来一周内每天安排＿＿＿＿小时，用于完成"重要但不紧急"的任务，确保长期目标按计划推进，这几个小时是这样安排的＿＿＿＿＿＿＿＿＿＿＿＿＿＿

任务（三）职业目标与行动计划分析

职业目标与行动计划表							
姓名		专业		班级		学号	

职业目标行动分析			
时间跨度	目标描述	具体行动计划（按顺序写出）	完成时间
短期目标			
中期目标			
长期目标			
改进必要性分析			

改进策略		
策略目标	改进内容描述	请详细列出你的改进策略
优化短期目标执行	例：调整每天的学习时间，确保技能认证考试备考充足；每周检查一次目标完成情况	
强化长期规划方向	例：多参与行业活动，提升职业人脉，明确目标岗位对技能的具体要求，并有针对性地学习	

总结与反思
1. 通过本次任务，我明确了短期目标与长期规划的主要差距是：＿＿＿＿＿＿＿＿＿＿＿
2. 为更好地实现目标，我将在接下来的行动中重点关注＿＿＿＿＿＿和＿＿＿＿＿＿，以提升职业发展质量

就业认知与求职策略

学习重点

- 了解收集市场信息和行业趋势的方法。
- 掌握简历制作与求职信撰写技巧。
- 了解面试流程、面试方法并掌握面试技巧。
- 理解就业权益保护与合同签订的法律常识。
- 了解职场权益陷阱与防范措施。

扩展阅读 6.1 黄大年
——回国报效祖国，献身
科技事业

第一节 就业市场探索与分析

一、就业市场的供需关系

就业市场的供需关系是影响职业选择和发展方向的重要因素。在当前就业市场中，人才供需关系经历了快速变化，一些传统行业面临人才供过于求的局面，而其他新兴行业则因快速发展而出现人才稀缺的现象。

1. 就业市场的供需变化

根据中智发布的《2024届高校毕业生就业蓝皮书》，我国目前的就业市场已经发生了显著变化。2024年全国共有普通高等学校 2868 所，输送毕业生 1179 万人，较 2023 届同比增长 2.7%，其中，河南、江苏、广东、山东等省份高校密集且毕业生人数多。"北上江浙广"是高校毕业生异地就业的普遍选择，五成以上高校毕业生留省内就业，部分省份本地留存率创新高。

2. 行业人才短缺与过剩现象

在当前的就业市场中，很多传统行业，如金融、制造业中的某些岗位，出现了较为严重的人才过剩现象。这些岗位大多数要求具备较为固定的专业背景与工作经验，随着技术的进步和自动化的普及，这些岗位的需求逐渐下降。而新兴行业则面临人才短缺的问题，尤其是那些涉及高新技术和专业化技能的岗位。中智《2024届高校毕业生就业蓝皮书》显示，新能源汽车、生物制造、新一代信息技术等相关行业领域应届生招聘人数占到整体招聘计划的 45%～60%，这些新质生产力聚焦的行业所能够提供给应届生的就业机会明显增多。随着人工智能行业的发展，市场上出现了大量 AI 策略顾问、人工智能伦理师、自动驾驶工程师等新职业。同时，在电子通信、计算机信息技术等行业方面，各个企业有着大量互联网、技术人才需求，新能源、新材料相关行业的研发人员比重也在不断增加。从行业整体来看，人才缺口较为明显，其中复合型和经验型人才较为短缺，但随着高校紧跟行业发展的教育改革，未来相关行业的人才缺口将会被慢慢填补。

3. 从劳动经济学视角看供需

从劳动经济学的角度来看，就业市场的供需关系可以通过供需模型来分析。在完全竞争的市场中，劳动力的供给曲线与需求曲线会决定市场均衡工资水平。这个模型帮助我们理解，在理想化的环境下，工资是如何由市场力量决定的。

举个例子，在某个小镇上有一个市场，市场里卖的不是商品，而是"工作"。这个市场上有两群人：一群是想找工作的居民，另一群是需要工人的农场主。我们可以用图 6-1 来表示这个市场的情况，其中横轴代表工资水平，纵轴代表工人数量。供给曲线（向右上方的线）表示随着工资的增加，愿意工作的居民数量如何增加；需求曲线（向右下方的线）表示随着工资的增加，农场主愿意雇用的工人数量如何减少。这两条线相交的点就是市场的均衡点，也就是工资和工人数量达到平衡的地方。

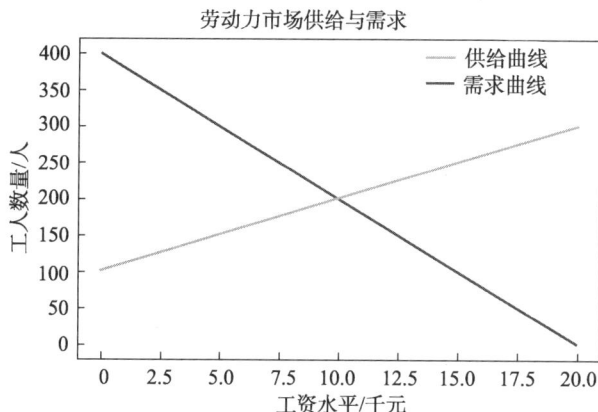

图 6-1　劳动力供求关系曲线（案例）

基于这个案例，具体来说，有两个公式可分别代表供给曲线和需求曲线：

供给曲线：供给 = 100 + 10 × 工资

需求曲线：需求 = 400 − 20 × 工资

在供给曲线中，公式中的数字"100"可以想象成即使没有报酬，也会有100位居民愿意因为某些原因（比如个人成长需要、志愿服务等）去工作。而数字"10"则表示，每当工资增加一个单位，愿意工作的居民就会增加10人。这就意味着，随着工资的提高，更多的人会觉得工作是值得的，因此愿意投身于工作之中。

在需求曲线中，公式中的数字"400"可以看作如果工资为零，农场主愿意雇用的最大工人数量是400人。这可以想象成，如果劳动力是免费的，农场主可能会尽可能多地雇用人手。而数字"20"则表示，每当工资增加一个单位，农场主愿意雇用的工人数量就会减少20人。这是因为随着工资的提高，雇用更多的工人意味着更高的成本，所以农场主会减少雇用人数以节省开支。

图中两条线的交汇处代表了市场的均衡状态，即供需均衡点。在这个点上，愿意工作的人和需要工作的人的数量是相等的。如果工资低于这个均衡点，就会有更多的工人找不到工作；如果工资高于这个均衡点，就会有更多的工作空缺没有人来做。这个均衡点是动态的，它会随着经济环境、技术进步、政策变化等因素的变化而变化。

通过这个劳动力的供需曲线图形，我们可以更直观地理解工资水平是如何影响劳动力市场的。它不仅帮助我们预测工资变化对就业的影响，还揭示了劳动力市场可能面临的结构性问题，比如因技能不匹配导致的失业。这些洞察对于政策制定者和教育规划者来说至关重要，因为它们指导着如何通过教育和培训来调整劳动力市场的供需平衡。

然而，现实中的就业市场并不总是完全充满竞争的，技术的迅速变革、政策的调整以及全球化的影响，使得就业市场往往存在结构性失衡。例如，随着人工智能技术的发展，传统的低技能岗位需求逐步减少，而高技能岗位需求大幅度增加。这种变化不仅影响了工资水平，也改变了劳动力市场的供需结构。在这方面，劳动力市场的"结构性失业"问题逐渐显现，即某些行业和岗位虽然仍存在大量的空缺，但因为求职者的技能与职位要求不匹配，许多求职者无法填补这些岗位，最终导致了人才的流动受限。这种失衡需要通过劳动力市场的调整来解决，包括职业教育和技能培训的提升，以确保供需关系的平衡。

总之，就业市场的供需关系是就业决策中至关重要的因素之一。通过对行业需求和人才供给的深入分析，我们可以更好地把握行业发展趋势，对未来的就业做出合理的职业规划。当然，数字化转型将是影响未来就业市场结构的重要力量，因此，我们现在要着手掌握新兴技术、提升职业所需技能，这才是应对市场变化的核心要领。

二、薪酬水平在就业市场中的影响

薪酬水平是影响职业选择和员工留存的关键因素。随着就业市场的变化，薪酬水平不仅反映了行业的经济状况，也与职场环境的吸引力息息相关。理解薪资差异对就业市场的影响，对于职业规划和求职决策起到了至关重要的作用。

1. 行业薪酬水平的差异性

根据锐仕方达发布的《2024全行业薪酬白皮书》数据显示，不同行业和职位的薪资差异表现出明显的区域性和行业性特点。例如，一线城市的平均薪酬约为13093元/月，新一线城市约为10368元/月，而二线城市则为9317元/月。这些数据可以反映出城市发展水平与薪酬水平的正相关关系。因此，我们在选择职业道路时要注意，城市和行业的发展态势是不可忽视的重要因素。例如，信息技术相关行业薪资水平普遍较高，特别是技术岗位。对于应届本科毕业生而言，在人工智能和企业软件领域具有更大的竞争力，平均薪酬水平为9700元/月、9200元/月左右，远高于传统行业的薪资水平。这一差距主要源于技术创新驱动的行业增长以及相关岗位的技能稀缺性。而相较于新兴行业，制造业和传统行业的薪资水平较低，增速也相对缓慢。不过，尽管这类行业在薪资方面存在差距，但依然是大多数从业者的选择之一。

互动小练习：行业薪酬水平调查。

请上网查询相关行业报告，选择你感兴趣的4个行业进行薪酬水平调查，完成表格。

行　　业	平均月/年薪（元）	工 作 特 点	报 告 依 据

2. 薪酬水平与职业选择的关系

通常情况下，薪酬水平对人们的职业选择有着较为直接的影响。在选择职业时，潜在的薪酬水平往往是求职者考虑的重要因素之一，主要表现为以下几个方面：

1）薪酬水平对职业吸引力的影响

薪酬水平是衡量职业吸引力的重要指标之一，因为薪酬水平直接关系到个人的经济状况和生活质量。首先，高薪通常意味着更高的生活水平和更强的经济安全感，对于那些寻求经济稳定和财务自由的求职者来说，高薪酬职业往往更具吸引力。其次，高薪资往往能够吸引更多的求职者，尤其是在技术密集型和资本密集型行业。最后，薪酬水平在一定程度上也能够从侧面反映出一个人的社会地位和声望。这源于在一些文化中，高薪职业被视为成功者的象征，这可能会影响求职者的职业选择。

2）薪酬水平对工作与生活平衡的影响

尽管薪酬水平是求职者择业时重点考虑的因素，但越来越多的求职者开始重视工作与生活的平衡。以金融行业为例，尽管金融行业的起薪较高，但高压的工作环境可能不适合追求工作与生活平衡的求职者。对于那些重视个人时间和家庭生活的求职者来说，即使某份工作的薪酬较低，但如果这份工作能够更好地平衡工作与生活，这样的职业对他们同样具有吸引力。正是由于现代社会中工作与生活平衡的矛盾问题日益凸显，很多年轻一代的求职者在选择工作时会优先考虑工作与生活的平衡，而不仅仅关注薪资水平。例如，一些初创公司可能提供的起薪较低，但提供灵活的工作时间和远程工作选项，这对某些求职者来说可能比高薪更有吸引力。

3）薪酬水平对职业发展与晋升机会的影响

薪酬水平与职业发展机会紧密相连。在某些快速发展的行业中，尽管起薪不高，但晋升速度快，薪资增长潜力大。例如，电子商务行业的快速发展为短视频营销和运营等岗位提供了快速晋升的机会，这些岗位的薪资增长速度远远超过传统行业。合理的薪酬水平不仅可以激发员工的工作热情，还可以促进其职业发展，从而提高整体工作效率，亦可提升企业在行业中的竞争力。

4）薪酬水平对职业稳定性的影响

薪酬水平与职业的稳定性密切相关。一些行业可提供较高的薪酬，但这些行业也存在较高的不稳定性，如正处于初创期的企业，可能会因为市场的风险波动而未能成长起来。但在一些传统行业，如事业单位，虽然增长潜力有限，但可提供更稳定的薪资。例如，医生、法官、教师等职业以其工作稳定性和长期职业发展路径吸引了许多求职者。

5）薪酬水平在不同地区的差异性影响

地区经济发展水平和生活成本对薪酬水平有直接影响。例如，一线城市的薪酬水平普遍高于二线和三线城市，但较高的房价、生活成本、时间成本也必须被考虑在内。因此，近些年来，有很多大学毕业生逐渐倾向于在家乡或生活成本较低的城市工作。因此，求职者在选择职业时，需要综合考虑薪酬水平和生活成本。

3. 薪酬水平与员工留存

薪酬是员工工作的重要动力来源，薪酬水平对员工留存有着重要影响，主要表现为以下几个方面：

1）员工满意度与忠诚度

当员工认为其薪酬公平且与贡献相匹配，与市场及行业内标准相当时，他们对工作的满意度和忠诚度将提升，从而倾向于留在公司。薪酬的竞争力同样重要，低于市场水平的薪酬可能导致员工流失，而具有竞争力的薪酬则能提高员工的忠诚度。此外，薪酬结构如基本工资、奖金、提成、股票期权等的灵活性和吸引力，也是激励员工和提高员工忠诚度的重要因素。

2）绩效与激励机制

绩效与激励机制是现代企业中常用的管理工具，它们与薪酬水平紧密相关，对员工留存有着显著影响。在绩效奖金方面，绩效奖金的合理运用能够直接激励员工提高工作效率。当员工看到自己的努力能够得到额外的经济回报时，他们更有可能留在公司。在长期激励计划方面，股权激励和股票期权等长期激励计划的有效应用能够让员工共享公司的成长和成功，提高员工的归属感和忠诚度。在非金钱激励方面，如科学的晋升路径与职业发展机会、良好的工作环境、领导对员工的认可等，也是影响员工去留的重要因素。

3）市场竞争力

在竞争激烈的行业中，提供有竞争力的薪酬是企业吸引和留住人才的关键。因此，企业的薪酬水平需要与市场竞争力相匹配，以吸引和保留所需的人才。在行业比较方面，企业不能"闭门造车"，需要定期进行同行业薪酬调研与比较，及时发现自身的问题并调整薪酬策略，确保自己的薪酬水平与同行业竞争对手相比具有竞争力。在地区差异性方面，企业在制定薪酬政策时需根据不同地区的经济状况和生活成本情况考虑地区的差异性，以确保薪酬的竞争力。在职位特定性方面，对于需要特殊技能或知识的职位，企业可能需要提供更高的薪酬以吸引和留住专业人才。

4）薪酬透明度

发展薪酬透明度是现代人力资源管理中的一个重要趋势，它对员工留存有着间接但重要的影响。透明度能建立员工与企业间的信任，帮助管理员工期望，使员工了解薪酬决策过程及与市场水平的关系，从而激励他们提升工作业绩。同时，薪酬透明度使企业能更快地适应市场变化，调整薪酬政策以保持竞争力。

4. 薪酬水平与个人职业规划

薪酬不仅仅是一个数字，它是个人价值、职业梦想与现实生活之间的桥梁。薪酬水平不仅关系到我们的经济状况，还关系到我们的职业满意度和个人成就。

1）不同职业发展阶段薪酬考虑因素

在个人职业规划的过程中，薪酬水平是一个重要的考量因素。它不仅关系到个人的基本生活需求，还与个人的职业发展目标紧密相关。个人需要设定短期和长期的财务目标，并评估不同职业路径如何帮助实现这些目标。例如，初入职场的高校毕业生可能更关注起薪和短期收入，而中期职场人员可能更看重薪酬增长和晋升机会，而资深职场人士则可能更关注长期激励如股票期权和退休福利。理解薪酬水平如何随时间和职业发展阶段变化，对于制定有效的职业规划至关重要。

2）薪酬变化与职业转换

在考虑职业转换时，薪酬水平的变化是一个不可避免的话题。个人需要评估转换职业可能带来的薪酬波动，并与新职业的职业发展前景进行权衡。这种变化可能包括起薪的降低，但也可能伴随着长期薪酬增长的潜力。例如，从传统行业转向技术行业的人员可能会经历薪酬结构的变化，包括更多的绩效奖金和股票期权。因此，个人在做出职业转换决策时，需要全面考虑薪酬水平对自己职业满意度和职业目标的影响。

3）薪酬增长的潜力与职业路径选择

薪酬增长潜力是评估不同职业路径吸引力的重要指标。个人在选择职业时，应考虑哪些行业和职位能够提供更好的薪酬增长机会。这可能涉及对行业趋势的分析，对技能需求的研究，以及对个人职业兴趣和市场价值的评估。例如，技术进步和市场需求的变化可能会提高某些技能岗位的薪酬水平，而个人通过继续教育和技能提升可以提高自己的薪酬增长潜力。因此，个人应将薪酬增长潜力作为职业规划的一个重要组成部分。

4）薪酬结构与福利在职业规划中的作用

薪酬结构与福利是职业规划中不可忽视的组成部分。一个全面的薪酬结构不仅包括基本工资，还包括奖金、提成、股票期权等激励措施，以及健康保险、退休金计划等福利。对于个人而言，我们需要根据自己的生活需求和职业目标，评估这些薪酬组成部分的价值，并将其纳入职业规划中。例如，对于有家庭的人员，那些具有更完善的医疗保障和儿童教育福利的企业可能比单纯高工资的企业更有吸引力。因此，个人在规划职业时，应综合考虑薪酬结构与福利，以确保职业选择能够满足自己的全面需求。

薪酬水平是个人职业规划中的关键因素，它与个人的经济目标、职业满意度和生活质量紧密相关。个人必须综合考虑薪酬如何支持其实现短期和长期的职业目标，如何通过职业发展和技能提升来提高薪酬的发展潜力，以及如何通过合理的薪酬结构与福利选择来实现职业和个人生活的平衡。

三、数字化转型推动就业市场变革

随着全球科技的迅猛发展，数字化转型已成为各行各业的核心驱动力之一，人工智能（AI）、大数据、云计算、物联网等技术的深度融合，不仅加速了传统行业的转型升级，也深刻影响了全球就业市场的格局。从"自动化"到"智能化"，从"数据孤岛"到"大数据互联"，数字化转型不仅是企业和产业的重塑过程，更是劳动力市场结构和人才需求的革命。

1. 数字化转型的深远背景与推动力

数字化转型并非一蹴而就，而是技术不断创新与社会需求演进的结果。近年来，随着人工智能和大数据技术的飞速发展，各行各业开始将数字化作为提升效率、拓展市场和重塑业务模式的核心手段。例如，全球范围内的互联网企业，如阿里巴巴、亚马逊等，已经通过人工智能、大数据等技术赋能商业模式，创新了传统行业的生产、营销、服务等环节。数字化转型是推动全球经济新一轮增长的关键力量之一。在国内，数字经济正在成为推动经济发展的新动能，数字化技术的普及不仅推动了企业业务的智能化、线上化，还促使人才结构发生了根本性变化。

2. 数字化转型对就业市场的广泛影响

数字化转型的影响体现在各行各业，尤其是在制造业、零售业、金融业和医疗等行业领域更为明显。在当前的就业市场中，各个行业利用 AI、大数据、云计算等技术，正在重塑自身的运营模式、生产方式和服务模式，进而对劳动力市场和就业结构产生深远影响。以下是几个较为典型的行业。

1）制造业：智能制造的崛起

数字化转型推动了制造业的智能化升级。传统的制造业开始通过工业机器人、物联网、大数据分析等技术实现自动化和智能化生产。智能制造不仅提升了生产效率，还催生了大量新的技术岗位，如工业数据分析师、机器人操作员、智能设备维护工程师等。这些岗位对技术的要求极高，人才缺口也随之加大。

2）零售业：从传统店面到电商的跃升

零售业的数字化转型也在快速推进，尤其是电商的崛起，将零售从传统的门店销售转向线上线下融合的模式。随着智能化技术的普及，电子商务平台的兴起催生了大量新的职业岗位，主要集中在产品数据分析、供应链管理和数字营销等领域，这些岗位要求员工具备数据分析能力、市场预测能力和技术应用能力。

同时，基于 AI 技术的智能客服、个性化及精准推荐等功能的普及，也使得传统零售商需要转型为科技驱动型企业，培养具备技术背景的员工，以应对市场需求的变化。

3）金融业：金融科技驱动变革

金融行业是数字化转型最为积极的领域之一。通过大数据、区块链及 AI 等技术的应用，金融行业正在经历根本性变革。智能投顾、风险控制、算法交易等领域的创新，催生了大量新的金融科技岗位，尤其是数据科学家、算法工程师和 AI 风险评估专家等。这些新兴岗位对技术能力的要求非常高，同时也推动了金融行业对法律、合规、风险控制等领域专业人才的需求增加。

4）医疗健康行业：数字化医疗带来新机遇

医疗行业的数字化转型正在以前所未有的速度发展。远程医疗、智能诊断、健康管理等新兴业务正在迅速崛起。AI 与大数据在疾病预测、个性化医疗方案制定、医学探索等方面的应用，使医疗服务变得更加精准高效。

随着远程医疗和智能化技术的普及，医疗行业对技术类人才的需求也在不断增加，尤其是医疗数据分析师、AI 医生、远程医疗协调员等新兴岗位的需求急剧增长。

3. 数字化转型对就业市场结构的影响

数字化转型对就业市场的结构性变革，主要体现在以下几个方面。

1）新兴岗位的快速增长

随着 AI、大数据、云计算等技术的应用，许多新兴职业应运而生。数据科学家、AI 工程师、云计算架构师等岗位不仅需求持续增长，而且成为抢手的职位。这些岗位要求求职者具备深厚的技术背景和创新思维，通常需要有计算机科学、数据科学等专业的教育背景。

2）传统岗位的转型

随着智能化技术的普及，许多传统岗位面临被取代的风险。然而，这些岗位并不会完全消失，而是发生了实质性的转型。例如，传统的制造业工人正在转型为智能设备操作员，金融行业的客户经理正在转型为数据分析师或风险控制专家。

尽管部分低技能的岗位可能会被机器取代，但新技术的应用也为劳动力市场提供了新的机会。通过培训和再教育，传统行业的从业者有机会提升自身的就业竞争力，向技术类岗位转型。

3）对技能的要求提升

随着数字化转型的推进，企业对员工的技术能力提出了更高的要求。越来越多的企业招聘时不仅关注应聘者的专业知识，而且更加注重其数字化技能。求职者不仅需要具备专业领域的知识，还需掌握数据分析等核心技能。

总之，数字化转型正在深刻改变各行各业的运作模式，推动着就业市场的变革。新的技术领域带来了大量新兴岗位，同时也迫使传统岗位进行转型。企业对技术型人才的需求急剧增加，尤其是在 AI、大数据、云计算等领域更为明显。这一变化不仅要求现有劳动力提升技术能力，也为新一代求职者提供了广阔的发展机会。为了适应这一变化，我们只有不断提升自身的数字素养和技术能力，才能在未来的就业市场中占据有利位置。

四、合理利用 AI 助力职业探索

随着 AI 技术的迅猛发展，智能化的职业评估工具和职业规划平台成为帮助学生进行职业探索和决策的重要工具。通过 AI 技术的应用，我们不仅能够获得更加科学、个性化的职业建议，还能了解不同职业领域的市场需求，从而做出更加科学的、现实的、前瞻性的职业决策。

1. AI 在职业探索中的应用

AI 的核心优势在于其强大的数据处理和分析能力。通过对海量就业数据进行分析，AI 不仅能帮助我们了解不同职业的需求、前景、薪资水平，还能根据个人的兴趣、性格、能力等特征，生成个性化的职业建议，帮助我们更精准地进行职业选择。

1）基于大数据的职业需求分析

AI 能够从全球范围内的就业数据中提取有价值的信息，通过大数据分析，准确预测不同领域、行业的发展趋势。例如，AI 能够识别哪些行业的需求量正在增加，哪些技能在未来就业市场上将成为重点，帮助我们提前做好职业规划，避免进入人才过剩或不景气的行业。

具体而言，随着数字经济和绿色能源等新兴产业的蓬勃发展，AI 能够帮助大家识别哪些行业在未来几年将继续增长，从而避免选择那些已呈现衰退趋势的领域。例如，AI 通过实时的数据分析，预测出 IT、人工智能、大数据、金融科技等领域的人才需求量将继续增加，这为我们的职业选择提供了明确的方向。

2）个性化职业评估与匹配

许多职业评估工具开始结合 AI 技术，帮助我们根据自己的兴趣、性格特征和技能水平找到最匹配的职业。AI 通过分析个人在模拟职业测试中的表现，结合历史数据中的职位信息，为我们推荐合适的职业选择。这种基于 AI 的个性化评估，比传统的职业测试更加精准，能够提供更加切合个人自身情况的职业规划建议。例如，中教智网的"智绘未来"系统，可通过 AI 技术对个人的兴趣、性格、能力进行深度分析，并结合全球就业市场的动态，生成个性化的职业规划建议，为学生推荐适合的职业路径。同时，该系统的 AI 咨询师功能，可解决生涯规划方面的问题，如通过模拟与真实的职业规划师沟通，在沟通过程中可启动测评，再根据测评内容对个人的回答进行针对性分析，帮助我们做出合理的选择。这种智能化的推荐可以帮助我们避免职业选择的盲目性，提高就业匹配度和职业发展的预见性。

3）提供技能提升的个性化建议

AI 不仅能够助力职业选择，还能提供有针对性的技能提升建议。具体而言，即通过分析个体现有的学术背景、专业技能、兴趣领域等，推荐相关的培训课程或学习资源，如数据分析、编程语言等技术课程，或软技能训练，帮助其提升竞争力。举例来说，小敏是一名市场营销专业的学生，AI 通过分析她的兴趣、学术成绩及职业倾向，建议她加强数据分析能力和数字营销知识的学习。基于这些个性化建议，小敏选择了相关的在线课程学习技能，顺利进入了一家知名广告公司的数字营销部门。

2. 合理运用 AI 工具选择职业方向

职业评估工具是 AI 助力职业探索的重要组成部分，它能够帮助我们通过系统化、科学化的方式评估自己的能力和兴趣，找到最适合自己的职业方向。与传统的职业规划方法相比，AI 职业评估工具更加精准，能提供基于市场需求的个性化建议。

1）基于性格和兴趣的评估

许多职业评估工具采用基于心理学的测评模型（如 MBTI、霍兰德职业兴趣理论等）来帮助个体了解自己的性格和兴趣。AI 结合这些模型，通过深入分析测试结果，为学生提供量身定制的职业方向。例如，喜欢创新和冒险的学生可能会被推荐选择创业、市场营销等领域，而喜欢稳定和系统化工作的学生则可能会被推荐选择金融、审计等专业岗位。例如，"智绘未来"系统提供了包括就业能力测评、考研潜力测评、考公潜力测评、心理测评、情商逆商测评、创业能力测评在内的十余类职业评估服务。我们可以通过这些测评更加深入地了解自己的优势和不足，以及适合从事的职业领域和方向，从而为未来的生涯发展提供有力的数据支持和参考依据。

2）基于技能和能力的评估

除了性格和兴趣，AI 还可以评估专业技能和能力，帮助我们找到符合自己技能的职业方向。通过对我们的课程成绩、实习经历、项目经验等数据的分析，AI 能够推荐与我们能力相匹配的职位。这种评估方式能帮助我们发现潜在的职业机会，同时避免选择不适合自己技能水平的岗位。

3）市场需求与就业前景的结合

传统的职业规划常常局限于对个人兴趣和能力的评估，而忽视了市场需求的变化。AI职业评估工具通过分析就业市场的动态，结合职位需求、薪资水平、行业发展趋势等因素，帮助我们做出更具市场前瞻性的职业选择。AI能够实时分析全球范围内的招聘数据，推荐具有较高就业前景和发展空间的职业方向，确保职业选择与市场需求高度契合。

3. AI 助力职业决策

在当前的就业市场中，企业对人才的需求已经发生了深刻变化，单纯的学历或专业背景已不再是唯一的决定因素，技能和实践经验变得更加重要。AI能够帮助我们更全面地了解当前市场的需求动态，并根据这些信息做出更加符合市场需求的职业决策。

1）智能化职业路径规划

AI通过分析个人背景和市场需求，为我们提供定制化的职业路径规划。这种智能化的规划帮助我们清晰了解，若要为职业发展打下坚实基础，在未来几年应具备哪些关键技能、在哪些领域积累经验。AI会结合个人的兴趣和职业目标，推荐适合的学习方向和发展路径，帮助我们避免盲目跟风，减少因信息不对称带来的职业困惑。

2）职业转换与再就业支持

对于已经进入职场的人员，AI还提供职业转换和再就业支持。AI平台提供针对中途转职者的职业建议和技能提升方案，帮助其在新的行业中找到合适岗位。例如，AI可以帮助一名从事销售工作的员工转型为数据分析师，为其提供必要的技能培训并推荐相关就业机会。

3）了解行业和公司需求

AI通过数据分析提供有价值的就业信息，帮助我们根据市场需求做出更加精准的职业决策。例如，AI不仅能帮助我们了解个人适合哪些职业，还能提供针对行业和公司的需求分析。AI通过实时分析全球范围的招聘数据，帮助我们了解哪些公司正在招聘，哪些行业正在扩张，哪些技能在特定行业中受到青睐。

4. 未来展望：AI 引领职业规划的新时代

随着AI技术的不断进步，未来的职业规划将更加智能化、个性化。AI不仅将继续帮助我们探索合适的职业路径，还将在整个职业生涯管理中发挥越来越重要的作用。未来的职业规划不仅仅是一个静态的决策，而是一个动态的、实时调整的过程。AI将根据个人的成长、市场的变化和职业发展的需要，持续为我们提供反馈和建议，帮助我们在职业生涯中不断适应变化，追求更好的职业发展。通过智能化的评估工具，我们可以根据自身特点和市场需求做出更加理性和精准的职业决策。

本节知识回顾

1. 在当前就业市场中，传统行业面临人才供过于求的局面，而新兴行业则因快速发展而出现人才_____的现象。

2. 根据供需模型，供给曲线表示随着工资的_____，愿意工作的居民数量如何_____；而需求曲线则表示随着工资的_____，农场主愿意雇用的工人数量如何

_____。

3. 当前制造、建工等传统行业的蓝领岗位，以及新一代信息技术、高端装备、绿色环保、金融科技等新质生产力相关行业的_____岗仍有不小的人才缺口。

4. 在选择职业时，_____（高薪/工作环境）通常是求职者考虑的重要因素之一，它不仅影响经济状况，还关联到个人的生活质量和社会地位。

5. 数字化转型对就业市场的广泛影响体现在多个行业中，其中智能制造的崛起催生了大量新的技术岗位，如_____、_____、_____等。

第六章第一节知识回顾答案

第二节　简历制作与求职信撰写

简历是求职过程中至关重要的工具之一，它不仅是求职者职业背景的展示，也承载了求职者在求职市场中的竞争力。一个清晰、有条理的简历能够帮助雇主迅速抓住求职者的亮点，决定是否给予其面试机会。因此，简历的设计和内容需要精准、直观、专业。以下是简历的核心结构、要素及如何通过优化简历提升求职竞争力。

一、如何撰写有效的简历

1. 了解简历的核心结构

1）个人信息

个人信息部分是简历的基础，通常包括姓名、联系方式（电话和电子邮件）、地址等信息。我们在撰写简历时，需要确保个人信息的准确性和清晰性，特别是联系方式，务必填写常用且有效的联系方式，同时还需要避免填写不常用或失效的邮箱。

2）求职目标

求职目标应简要阐述期望申请的职位及个人的职业方向，内容应该清晰、具体并与所申请职位相关。例如："产品经理，专注于用户体验和产品创新……"这部分要突出对职位的理解和个人定位，体现对该岗位的兴趣和匹配度。

3）教育背景

列出学历、所学专业、毕业院校及毕业时间。对于刚刚毕业的大学生，我们应该把教育背景放在简历的前面。同时，如果参与过与职位相关的课程、研究项目、获得学术成就，也应重点强调。例如："参与数据分析课程，掌握 Python、R 语言及 SQL 数据库操作。"

4）工作经验

这是简历中最重要的部分之一，重点展示过去的工作经历、实习经历以及个人在这些岗位上取得的成就。每段经历的描述应包括公司名称、职位名称、工作时间和具体职责。在描述工作经历时，我们需要尽量通过数字、百分比等量化的方式展示实际贡献。例如："优化项目管理流程，使项目交付时间缩短了 20%。"这样的量化成果更能打动招聘官。

5）技能与证书

列出与职位相关的硬技能和软技能，以及你获得的证书。如果拥有对职位至关重要的专业认证，如 PMP（项目管理专业人士认证）、CPA（注册会计师）等，不要忽略这部分认证。列出与行业相关的技术、工具和软件技能，以及能够展示领导力、团队合作能力等的技能。

6）荣誉与奖励

列出与职位相关的奖项、表彰或荣誉，特别是能展示工作表现或能力的奖项。例如，"获得××年××大赛××等奖"。

7）兴趣爱好与个人项目

兴趣爱好部分应尽量与申请职位的要求或企业文化相关联。如果申请的是设计类职位，可以提到参与的设计项目或者对创意行业的热爱。如果是技术职位，提到对新技术的兴趣或个人开发的项目也能展示积极性。

2. 招聘官眼中优秀简历的特征

在简历中，招聘官通常会关注以下几个方面来评估你的资历、能力是否符合公司需求。

1）简洁且重点突出

招聘官每天需要筛选大量简历，因此，过于冗长或信息重复的简历通常不会引起招聘官的兴趣。优秀的简历应直截了当，确保关键信息易于被发现，如工作经验、技能和成就。在简历的第一页呈现出最亮眼的部分，吸引招聘官的眼球。

2）量化成果与实质性贡献

招聘官通常希望通过简历看到求职者过去的实际成果，而不仅仅是职责的罗列。通过具体的数字来量化过去在岗位上的贡献，是让简历脱颖而出的有效方式。例如："通过分析客户数据，成功优化了营销策略，月度销售额提升了 30%。"这种量化成果能够直观反映实际能力，让招聘官清楚看到求职者能为公司带来什么。

3）清晰的职业发展路径

招聘官会通过简历了解求职者过去的职业发展路径，看是否有连续性和成长性。简历中每一份工作经历和项目应呈现出求职者的职业进步和发展。如果一个人从销售岗位转向产品经理岗位，可以通过简历展示自己在产品和客户需求方面的经验积累，突出自己的跨职能能力。

4）个人特色与岗位匹配度

招聘官希望看到简历中的个人特色，尤其是在那些竞争激烈的职位申请中更为明显。优秀简历能够展示求职者的独特优势，如领导能力、创新精神、团队合作等。同时，简历中的个人特质和技能也应与目标职位高度匹配，表明与职位的契合度。

5）整洁、专业且无错别字

一个整洁、无错别字的简历能够展示求职者的专业性和对细节的关注。简历的排版应清晰、简洁，使用统一的字体和格式，避免使用过多的颜色和复杂的设计。每次提交简历前，一定要仔细检查内容，确保没有错误，因为这些看似不起眼的细节可能会影响招聘官的第一印象。

3. 优化简历的要领

1）简历的视觉设计

良好的视觉设计不仅能使简历更具吸引力，还能提高招聘官的阅读效率。尽量使用简洁的布局，避免过多的图表和不必要的装饰。简历的主要内容应排列整齐，确保重要的信息可以一目了然地呈现给招聘官。

2）量身定制

根据不同职位的要求调整简历内容。每个职位的工作职责和要求可能不同，因此在申请时，简历需要根据目标职位进行量身定制。如果你申请的是数据分析师职位，那么简历中应突出数据分析技能、相关工具（如 Excel、SQL 等）的使用经验，以及任何可以量化的成就，如获得"××数据分析××证书"。

3）突出成就和贡献

在描述过去的工作经历时，强调成就和贡献，避免单纯列举责任。用具体的数据或案例展示你如何推动了公司业务的增长、提高了工作效率或优化了工作流程。

简历不仅是求职的第一步，也是面试的敲门砖。一个结构清晰、突出重点、量化成果的简历能够吸引招聘官的注意并为我们争取到面试机会。同时，了解招聘官眼中优秀简历的特征，将有助于在众多求职者中脱颖而出。

二、求职信的写作技巧

在求职过程中，简历是展示个人资历的工具，而求职信则是与招聘官建立第一印象的重要方式。一封优秀的求职信能够有效地打动招聘方，展示职业素养、对职位的兴趣以及与岗位的契合度。求职信不仅仅是对简历的补充，还是一个可以进一步突出个人特点、展示动机和兴趣的机会。在求职信的写作中，我们需要注意内容的准确性、条理性和个性化，以确保求职信能够脱颖而出。

1. 求职信的基本结构

求职信通常由三个主要部分组成：开头段落、主体段落和结尾段落。每个部分都有其特定的功能，我们在写作时需要按照这一结构进行合理安排。

1）开头段落：引起招聘方兴趣

开头段落的目的是抓住招聘方的注意力，并简要介绍自己和申请该职位的动机。开头要简洁明了，突出自己对该职位的兴趣，并解释为什么对这个职位感兴趣。

首先，要明确职位和公司。第一句话要明确表明要申请的职位，并指明公司名称。例如："我对贵公司发布的××职位非常感兴趣，并且认为我的背景和经验非常符合这一职位的要求。"

其次，突出动机和兴趣。展示为什么对这个职位有兴趣，用简洁的语言表达对公司及行业的兴趣，并与自己过往的经验联系。例如："我对数字营销有浓厚的兴趣，并且在过去三年里积累了丰富的 SEO 优化和社交媒体广告经验。"

综上所述，开头段落可以这样写："尊敬的招聘经理，我非常荣幸能有机会申请贵公司发布的数字营销专员职位。贵公司在业内的创新营销策略和前沿科技的运用给我留下了深刻印象。我深信，凭借我在社交媒体和数据分析方面的经验，我能够为贵公司在新兴市场的拓展做出积极贡献。"

2）主体段落：展示你的能力和经验

主体段落是求职信的核心部分，它需要重点展示职业背景、技能和成就。此部分的目标是向招聘官证明自己是该职位的理想人选，能够满足岗位要求并为公司带来价值。

首先，突出个人成就。在叙述经验时，尽量通过量化的数据展示自己在过去工作中的成就。例如："在我的某一阶段的工作中，我成功领导了一个市场营销项目，使得公司的线上销售额在六个月内增长了40%。"

其次，与职位要求对接。参考职位描述中的要求，将自己的能力与岗位要求——对应。例如，若职位要求"精通市场分析"，可以突出自己在市场数据分析方面的技能和经验。

最后，展示与公司目标的契合度。除了突出自己的能力外，还要展示自己能如何为公司带来价值。例如："贵公司正致力于加强品牌影响力，而我在打造品牌知名度方面的经验将为贵公司扩展市场份额提供帮助。"

综上，主体段落可以这样去写："在我目前的职位中，我负责制定活动方案和执行多项品牌推广活动，并成功地将社交媒体营销的转化率提升了30%。通过数据分析，我能够精确把握目标受众需求，并制定相应的营销策略。在过去的一年里，我还优化了原有的SEO策略，使得公司网站的自然流量提升了50%。我深信这些经验将帮助我在贵公司快速适应并对贵公司的业务产生积极影响。"

3）结尾段落：表达热情和行动意向

结尾段落是求职信的收尾部分，它应该表达对未来合作的热情，并鼓励招聘官与自己联系。结尾要简洁、礼貌且具有行动性。

首先，表达感谢。感谢招聘经理花时间阅读求职信，并表达对面试机会的期待。例如："感谢您抽出宝贵时间阅读我的求职信，我非常期待能有机会与您进一步讨论我的申请。"

其次，具体行动。期待招聘经理与自己联系，提出具体的面试安排时间，或者表达愿意进一步沟通的意愿。例如："我希望能有机会参加面试，您可以通过电话或邮件与我联系，我的联系方式是……"

综上，结尾段落可以如下去写："感谢您考虑我的申请，并阅读我的求职信。我非常期待有机会进一步交流，探讨我如何为贵公司贡献我的技能和经验。如果有任何问题，请随时通过电子邮件（xxx@example.com）或电话（1234567890）联系我。"

2. 求职者常见的写作问题

在求职信的写作过程中，许多求职者可能会犯一些常见的错误，以下是一些常见问题及解决方法。

（1）过于泛泛而谈。求职信中没有具体的成就或经验描述，导致内容过于空洞，难以打动招聘经理。优化方法是通过具体数字和实例来展示自己的成绩，例如："我成功领导了一个五人团队，推动公司市场份额实现了10%增长。"

（2）内容重复。有些求职信内容重复了简历中的信息，缺乏新意。因此，我们需要在求职信中补充简历中未提及的技能、成就或经验，突出自己的独特性。

（3）语气过于正式或僵硬。有些求职信写得过于正式，甚至显得机械化，容易让招聘经理感到缺乏热情。因此，我们应采用自然、亲切的语气，适度展现个人特点。

（4）错误的自我推销。在求职信中过于自大或夸大其词，会让招聘经理觉得不可信。因此，我们要保持谦虚，真实地反映自己的经验和成就，避免过度推销自己。

3. 如何定制求职信以匹配不同职位

每个职位的要求和职责不同，因此在写求职信时，必须量身定制，确保求职信能够针对不同岗位的特点和需求进行调整。

（1）针对不同职位的求职信。对于技术类职位，如软件工程师、数据分析师等，可以强调自己的编程能力、技术技能和项目经验；对于创意类职位，如市场营销或设计类职位，则可以突出自己的创意能力、沟通技巧和团队合作精神。

（2）强调与公司的文化契合度。在求职信中提及自己与公司的文化契合度也非常重要。如果公司注重创新，可以强调自己在创新项目中的经验；如果公司推崇团队合作，可以突出自己的团队合作精神和跨职能经验。

4. 求职信的视觉效果和排版

清晰、专业的排版可以提高求职信的可读性。求职信应保持简洁、整洁，并使用易于阅读的字体，如宋体或 Arial、Times New Roman 等。同时，行间距应适当，避免文字过于密集，以便招聘官在短时间内能够迅速找到关键信息。

总之，求职信作为求职材料的一部分，不仅是求职者与招聘方交流的渠道，更是展现个人特色和职业素养的机会。在写求职信时，务必保持简洁、重点突出，同时注重个性化，确保求职信与所申请的职位高度匹配。通过具体的成就展示和真实的动机表达，求职信将有机会在众多候选人中脱颖而出，争取到更多的面试机会。

三、实用简历案例分析

在求职过程中，简历是求职者与招聘方的第一座沟通桥梁。优秀的简历不仅能精准展示个人的职业背景，还能突出其能力与成就，从而引起招聘官的注意。接下来，我们一起来通过不同职位的简历案例，了解如何根据职位要求量身定制简历，并展示自己的核心优势。

1. 简历片段案例分析

（1）案例1：技术类职位——软件工程师。

第一，简历要点。简历要点主要包括以下几点：

个人信息。确保提供有效的联系方式，如常用电子邮件和电话号码。

求职目标。简短明确的求职目标，例如，"申请软件工程师职位，专注于数据处理和后端开发"。

教育背景。列出与职位相关的学位和专业课程。例如，"计算机科学与技术专业，参与'数据结构与算法'课程,掌握 Python 和 C++语言"。

工作经验。列出实习经历或项目经验,突出在项目中的实际贡献。例如,"在 XX 公司实习期间,参与后端开发,优化系统性能,减少响应时间 20%"。用数据量化成果,展示自己为团队带来的实际影响。

技能与证书。列出与职位相关的技能,如编程语言、数据库管理、数据结构等。如果有相关证书如"C++开发工程师认证"也应提及。

项目经验。特别强调实际项目的成果与成就,展示自己在项目中扮演的角色与解决的技术难题。

第二,案例分析。这份简历突出了求职者在软件开发方面的核心技能,尤其是在实际项目中如何通过技术优化提升系统性能。通过量化成果,让招聘官能够清晰地看到求职者的实际贡献。

第三,案例简历片段再现。具体如下所示:

工作经验:

××公司 | 后端开发实习生

2024 年 12 月—2025 年 3 月

参与开发并优化××电商平台的后端系统,通过代码优化,系统响应时间缩短 20%。

与前端团队合作,确保接口对接顺畅,提高用户数据交互体验。

使用 Python 与 MySQL 进行数据存储管理,提升系统数据处理效率。

---

(2)案例 2:金融相关职位——投资分析师。

第一,简历要点。具体包含以下几点:

个人信息。包含个人基本信息和联系方式。

求职目标。例如:"申请投资分析师职位,专注于市场分析与资产管理,致力于为公司的业绩带来持续增长。"

教育背景。列出金融学、经济学等相关专业及与职位相关的课程。

工作经验。强调在金融行业中的实习经历或工作经验,突出市场分析、数据处理与投资决策能力。用具体数据和成果来展示自己在投资分析中的贡献。

技能与证书。列出工具(如 Excel、Bloomberg)、投资分析能力及相关证书(如 CFA)。

荣誉与奖励。如果有金融类竞赛奖项或优异的业绩表现,也应展示出来。

第二,案例分析。这份简历通过量化的成果,如"通过分析市场趋势,帮助公司在投资组合中增加 15%的回报",展示求职者在金融领域的实战经验和分析能力。

第三,案例简历片段再现。具体如下:

工作经验:

××投资公司 | 投资分析师实习生

2023 年 12 月—2024 年 4 月

分析金融市场走势,为投资决策提供数据支持,帮助公司实现 15%的投资回报率。

参与编写公司季度投资报告，分析资产配置与市场风险，提供优化建议。

使用 Bloomberg 终端工具，追踪并预测股市和债券市场的动态，准确预测未来三个月的股票价格变动。

（3）案例 3：人力资源职位——培训专员。

第一，简历要点。具体如下：

个人信息。确保提供有效的联系方式和个人信息。

求职目标。例如："申请培训专员职位，致力于为公司提供高效的员工培训与发展计划。"

教育背景。列出与培训相关的学科或课程，例如："人力资源管理专业，修读'员工培训与发展''组织行为学'课程。"

工作经验。强调在培训领域的经验，特别是如何设计和执行培训项目。展示参与的具体培训项目，以及这些项目对员工或公司业绩的贡献。

技能与证书。列出与培训相关的技能，如课程设计、培训评估、沟通技巧等。如果有相关证书如"培训师资格认证"，也应提及。

荣誉与奖励。如果曾经组织过成功的培训项目或获得过公司表彰，也要列出。

第二，案例分析。这份简历突出了求职者在培训与员工发展方面的实践经验，特别是在员工技能提升、团队建设等方面的贡献。

第三，案例简历片段再现。具体如下：

工作经验：

××公司 | 人力资源部 | 培训专员

2024 年 3 月—2025 年 1 月

设计并执行季度员工培训计划，培训落地完成率达 100%。

设计新员工的入职训练营项目并成功实施，项目参与度超 120 人次，培训满意度 95%；同时，利用数据分析，撰写培训报告两篇。

2. 典型简历赏析

以下是一个基于市场营销职位的综合简历案例，涵盖了从教育背景到工作经验、技能、荣誉奖励等各个方面。

【个人信息】
- 姓名：张三
- 联系电话：138×××××××××
- 电子邮件：zhangsan@email.com
- 地址：北京市海淀区

【求职目标】
- 市场营销职位，专注于品牌推广与产品策划，致力于通过创新的市场活动提升品牌影响力和市场份额，帮助公司在竞争激烈的市场中脱颖而出。

【教育背景】

- ××大学 | 市场营销专业 | 本科 | 2021 年 9 月—2025 年 2 月
- 主要课程：市场分析、消费者行为学、品牌管理、数字营销、广告创意等。
- 学术成就：

课程成绩：市场营销学（A+），消费者行为学（A），数字营销（A）。

参与校内创业项目《××产品营销策划》，并获得学校"优秀项目奖"。

【工作经验】

- ××公司 | 市场部 | 市场营销实习生
- 2023 年 7 月—2023 年 9 月
  - 品牌推广：参与公司品牌推广活动，设计并实施线上广告，提升品牌曝光度 25%。通过精确的目标受众分析，优化了广告投放策略，使得广告投资回报率提高了 30%。
  - 市场调研：与团队合作，完成了针对竞争品牌的市场调研，编写《2023 年第二季度电商行业趋势报告》。该报告为公司后续产品定价和市场推广提供了重要依据。
  - 社交媒体管理：负责公司社交媒体账号的日常管理和内容发布，成功提升粉丝数 20%，并通过互动提升用户参与度和品牌忠诚度。
  - 活动策划与执行：协助策划和执行了两场大型线上营销活动，分别为"夏季新品发布会"和"黑五促销活动"，这些活动成功吸引了超过 30000 名潜在顾客，推动了 30%的销售增长。
- ××电商平台 | 市场分析实习生
- 2022 年 7 月—2022 年 8 月
  - 数据分析：使用 Excel 和 Google Analytics 分析电商平台的用户行为数据，发现某些品类的购买转化率较低，通过提出改进意见，优化了网站布局和商品推荐系统，转化率提升了 15%。
  - 竞品分析：参与竞品分析，识别主要竞争对手的优缺点，并形成分析报告，为公司的战略调整提供支持。

【技能与证书】

- 市场调研与分析工具：熟练使用 Google Analytics、Excel、Tableau 等数据分析工具，能够根据数据生成市场趋势分析报告。
- 数字营销与社交媒体：精通社交媒体管理工具（如 Hootsuite、Sprout Social），具备 SEO、SEM 和内容营销技能。
- 项目管理与团队协作：熟练使用 Asana、Trello 进行项目管理，具备良好的跨部门沟通与协作能力。
- 语言能力：英语（CET-4），能够流利阅读和撰写英文报告。
- 证书：

XX Analytics 认证证书

数字营销师中级证书

【荣誉与奖励】

- 2024 年全国大学生市场营销大赛一等奖
- 2024 年××学校校园最佳创意奖
- 2023 年中国国际大学生创新大赛××市金奖

- 2022年××公司第二季度市场分析三等奖

【兴趣爱好与其他】

- 兴趣：数字营销、品牌策划、电影、健身。
- 个人项目：
  - 自主项目。《本地餐饮品牌推广》：我在大学期间自己设计并实施了一个餐饮品牌的数字营销推广项目，成功为该品牌提高了40%的线上订单量，并为其社交媒体账户吸引了1000+名新用户。
  - 自媒体。运营"市场营销思维"××账号，分享关于品牌推广、社交媒体营销等方面的心得，每月访问量达到5000+，并吸引了一些业内人士的关注。

3. 合理使用 AI 技术，助力简历优化

AI 技术在简历撰写领域的创新应用，为求职者特别是毕业生提供了前所未有的便利条件，帮助其科学、合理地撰写出高质量的简历。通过自动化处理和个性化定制，AI 能够迅速整合求职者的信息，并生成符合行业标准和职位要求的专业简历。AI 不仅能优化简历的内容和格式，提高其可读性和吸引力，还具备实时更新和修改的能力，确保简历始终与求职者的最新经历和职业发展目标保持一致。

虽然 AI 技术在简历撰写中发挥着重要作用，但毕业生仍需保持审慎态度，不能完全依赖 AI。在利用 AI 技术的同时，毕业生应仔细核对简历内容的真实性，进行必要的个性化调整，以确保简历能够真实、准确地反映自己的能力和优势。因此，科学、合理地使用 AI 技术，结合个人的努力和判断，是毕业生撰写出一份完美简历的关键。

例如，"神笔简历"这个工具可以充分利用人工智能技术，根据不同的岗位及对应的服务场景，助力毕业生制作符合用人单位需求的标准化专业简历。同时，在使用这个工具时，我们只需要输入公司名称、岗位名称、选择工作经验等内容，AI 就会帮我们分析出这个岗位需要涉及的工作内容，这样，我们可以对不同的岗位制作有针对性的简历。

最后，一定要记住，AI 工具只是一种类似于 Word、Excel 这样的能使你工作效率提高的工具，千万不能让 AI 控制我们的思想。我们自己要有清晰的职业规划与方向，简历中的内容要真实、可信，这样才能够让自己的简历闪闪发光。

本节知识回顾

1. 在撰写简历时，个人信息部分应确保包含姓名、联系方式以及_____等基本信息，特别是确保联系方式的准确性和有效性。

2. 求职目标部分应简要阐述期望申请的职位，并突出对该岗位的_____和_____。

第六章第二节知识回顾答案

3. 在简历中，工作经验部分应尽量通过_____、百分比等方式来量化展示个人成就，这样更能突出实际贡献。

4. 在撰写求职信时，开头段落的目的是抓住招聘方的注意力，并简要介绍自己和申请

第六章 就业认知与求职策略 169

该职位的_____。

5. 在求职信的主体段落，求职者应通过具体的_____展示自己在过去工作中的成就，突出个人能为公司带来的价值。

第三节　面试详解与技巧应用

面试是求职过程中最为关键的环节之一，成功的面试不仅要求求职者具备扎实的专业技能和经验，更需要良好的应变能力、沟通能力和心理素质。针对不同的面试类型，求职者应有不同的准备策略，通过模拟面试和反馈，求职者能有更好的面试表现，增加录取机会。

一、了解面试的相关流程

1. 招聘流程

在面试前，我们需要清晰地了解招聘流程，其通常包括：网申、笔试、初试、复试、最终面试及 offer 发放等环节。了解这些流程将帮助我们在求职过程中保持良好的心态，并以最好的状态积极准备。以下是常见招聘流程的详细描述。

（1）网申：求职者首先需要在公司官网或者招聘平台上提交简历和一系列相关的申请资料。网申阶段主要是 HR 根据简历的内容筛选符合条件的候选人，因此，网申时要确保简历的完整性和准确性。

（2）笔试：笔试主要用于考察求职者的专业能力和素养。对于技术岗位，笔试环节常常会涉及专业知识的测试，如语言理解、算法编程、逻辑思维等。对于非技术岗位，笔试可能包括性格测试、能力评估等内容。

（3）初试：初试通常由人力资源部的面试官进行，主要了解求职者的基本情况，是否符合岗位的基本要求。面试问题主要集中在求职者的背景、动机、性格等方面。

（4）复试：复试环节通常由业务部门或岗位需求部门的直接上级进行，面试重点会转向求职者的专业技能、岗位适配度以及团队合作能力等。复试时，面试官会进一步深入了解求职者的背景，尤其是与岗位的匹配度。当然，复试有可能不止一次，可能会有两次、三次等。

（5）最终面试与 offer 发放：通过复试后，企业会进行最终面试，也称为"终面"，通常由高级管理人员或公司高层面试，了解求职者的文化适配性、职业发展潜力等。这一环节结束后，企业会进行研究并决定是否发放 offer。offer 发放后，求职者可以根据自身情况选择是否接受邀请。

2. 面试流程

1）面试前准备

面试前的准备至关重要，提前做好功课可以大大提升求职者的信心和表现。

（1）了解公司和岗位。求职者需要详细了解公司背景、文化、使命等，并深入了解岗位职责和要求、公司最新动态、市场状况以及其所在行业的趋势，这可以帮助求职者在面试中展现出对公司和行业的深入了解。

（2）整理简历和求职信。简历和求职信是面试中最基础的材料，确保简历内容清晰、有力，能够突出自己的优势和成就。求职信则需要针对特定职位进行个性化的修改，展示出自己对岗位的热情和与公司文化的适配度。

（3）模拟面试。模拟面试能有效帮助求职者提升面试技巧和应变能力。通过模拟练习，求职者可以更好地了解自己在面试中的表现，及时发现问题并改进。

2）面试中需要注意的事项

（1）注意面试着装。面试着装对即将步入职场的高校毕业生而言至关重要。它不仅是个人形象与气质的直接体现，更是对面试官和用人单位尊重与重视的象征。精心挑选且得体的着装，不仅能够为求职者增添自信，还能在面试过程中传递出积极、专业的态度，从而在无形中为求职者赢得更多青睐。因此，掌握面试着装的技巧与原则，以最佳状态迎接每一次面试机会，对于每一位即将踏入社会、寻求职业发展的高校毕业生来说，都是一项不可或缺的准备工作。

以下是一份普适性较强的面试着装指南，旨在帮助高校毕业生在面试时给面试官留下良好的第一印象。

男 生 穿 着	女 生 穿 着
• 西装：男性应选择深色西装，如深蓝、黑色或藏青色，显得正式、庄重。西装应合身，避免过于宽松或紧绷 • 衬衫：衬衫应选择白色、淡蓝色等浅色系，避免过于鲜艳的颜色。同时，衬衫应干净整洁 • 领带：领带应选择深色系，与西装和衬衫颜色相协调。如果不打领带，衬衫的领口应扣上 • 鞋子和袜子：皮鞋应选择黑色系带皮鞋，袜子也应选择深色，避免白色。同时，鞋子和袜子应保持干净	• 职业套装：女性可以选择职业套装，颜色以深色为主，也可选择驼色等较为素雅的颜色 • 裙子长度：如果穿裙子，长度应到膝盖以下，避免穿紧身裙。裙子颜色应与上衣协调，避免花哨 • 鞋子和袜子：高跟鞋可以提升气质，但不要过高。袜子应选择肉色或与肤色相近的颜色，避免穿黑丝 • 配饰和妆容：可佩戴简单的首饰，避免夸张，以淡妆为主，长发建议扎起来，露出额头，突出精神面貌

当然，诸如时尚行业，或许更看重求职者着装所表现出来的时尚态度和个性，去这类企业应聘时，若穿着过于正式和中规中矩反倒不会给面试官留下深刻印象。所以，面试着装需要因企业文化而异。

（2）注意肢体语言。肢体语言在面试中的作用非常重要，面试官通过求职者的肢体语言判断求职者的自信程度以及是否适合团队工作。以下是一些面试中的肢体语言技巧：

眼神接触。保持适度的眼神接触，能表现出自信和诚实。

保持微笑。面试过程中保持适当的微笑可以缓解紧张情绪，让面试氛围更轻松。

注意坐姿。坐姿应端正，但不要僵硬，避免交叉双臂，这样会显得封闭和防御。

关注手势。适当的手势可以增强言语的表达力，但要避免过度挥舞手臂。

（3）表达一定要清晰。在面试过程中，求职者需要清晰地表达自己的观点，避免冗长和含混不清的回答，面试官会根据求职者的回答判断其沟通能力和思维的条理性。特别是在行为面试中，回答时应简洁有力，避免跑题或含混不清的回答，确保回答紧扣问题，并能够清楚地表达自己的想法和观点。

（4）积极倾听和互动。面试官在面试时常常会向求职者提问，倾听面试官的问题至关重要。求职者可以通过回答面试官的问题，展示自己对岗位的兴趣和对公司文化的了解。

（5）展示个人特点。面试过程中，求职者应通过适当的方式展现个人特点，包括领导力、团队合作能力、创新力等，尤其是在面对竞争激烈的岗位时，面试官通常希望求职者能与团队成员合作，共同解决问题。通过实例展示自己在团队中扮演的角色及贡献，能够向面试官传达自己具备团队合作精神。例如，可以通过回顾过去的项目经历，说明自己如何与他人协作，如何发挥领导力，解决团队内部冲突等。

（6）合理回答负面问题。在面试中，求职者有时可能会遇到一些负面问题，例如离职原因、个人缺点等。面对这些问题时，求职者应保持冷静，诚实回答，同时尽量将话题转向自己的成长与改进。如果被问及为何离职，可以回答"希望能在更具挑战性的环境中发挥我的潜力"，千万不能贬低前公司。

3）面试后反馈与跟进

面试后的反馈与跟进有助于影响面试官对求职者的印象，我们可以按照以下方法进行：

（1）发送感谢信。面试结束后，求职者应及时发送感谢信，感谢面试官付出宝贵的时间和将自己作为候选人这一考虑，并重申对岗位的兴趣。

（2）请求反馈。如果没有获得岗位，求职者可以礼貌地请求面试官提供反馈，了解自己在哪些方面存在不足，帮助自己提升面试能力。

（3）跟进进展。如果面试结果还未确定，求职者可以适时跟进，了解招聘进展情况，表现出自己对岗位的持续兴趣。

二、面试类型及应对策略

1. 结构化面试

结构化面试是目前最常见的一种面试方式，特别是在大型公司或人力资源需求量大的企业中应用较为广泛。面试官会根据统一的标准问题对所有候选人进行面试，确保每个候选人都在公平的环境下被评估。面试问题通常围绕求职者的过去经历、能力和行为展开，目的是通过候选人过去的表现预测未来的工作表现。面对结构化面试，我们要注意以下几点：

（1）简洁明了，重点突出。由于面试官会询问一系列标准化问题，求职者在回答时要避免冗长，确保回答简洁且直接。尽量在最短的时间内展现出最重要的亮点。

（2）量化成果。许多问题要求求职者展示过去的工作成果。回答时，尽量用具体的数字、百分比或结果来量化成就。例如，"通过优化流程，最终的完成时间缩短了15%。"

（3）突出自我反思与成长。结构化面试常常围绕过去的经验来提问，展现出自己如何从经验中吸取教训、提升自己的能力。

例如，请告诉我你处理过的一个最具挑战性的项目，以及你是如何应对的？

回答示例：在上一份工作中，我负责一个跨部门合作的项目，该项目的目标是为公司推出一个新的产品线。初期，我们面临着不同部门之间的沟通障碍和资源分配不均的问题。为了打破这种僵局，我主动与各部门的负责人沟通，明确项目的关键节点和共同目标。我提出了一些切实可行的方案，协调资源，并且安排定期的进度更新会议，确保信息畅通。

在项目完成后，我们提前一个月达成了目标，并且产品销售额超出了预期的 30%。这一过程让我学到了如何在跨职能团队中进行有效协调，同时也提升了我的项目管理能力。

2. 非结构化面试或半结构化面试

非结构化面试指的是面试官根据求职者的回答和面试互动情况灵活提问的问题类型。这种面试形式没有固定的问答模式，面试官通常会根据求职者的背景、反应以及谈话内容提出各种问题，更多地考察求职者的思维能力、应变能力和沟通技巧。半结构化面试是由结构化和非结构化面试相结合的一种方法，是一种较为灵活的面试法，既有一些标准化固定的问题，又有一些开放性的问题。半结构化面试通过结构化过滤所需人才的基本信息，通过非结构化深度、多角度地考察求职者的综合素质，从而对求职者有一个更加全面的了解。面对这样的面试，我们要注意以下几点：

（1）保持灵活和应变能力。面对没有固定问题的面试时，最重要的是保持灵活，应对不同问题时，要保持冷静并展现自己的独立思考能力。

（2）注重沟通的连贯性。非结构化面试中，面试官常通过一问一答的互动来了解求职者的思维方式，因此沟通时要条理清晰、逻辑严谨。

（3）展示团队合作精神。非结构化面试往往涉及一些互动问题，面试官希望通过这些问题看到求职者的团队合作能力和沟通技巧。

例如，如果你现在是我们的部门经理，如何解决团队成员之间的冲突？

回答示例：首先，我会与冲突的双方进行一对一的沟通，了解各自的立场和观点，确保每个人都能充分表达自己的看法。在此基础上，我会组织团队进行集体讨论，寻找一个双方都能接受的解决方案。如果问题无法立即解决，我会提出一个暂时的妥协方案，同时保持与团队成员的持续沟通，确保问题得到妥善处理。我相信通过积极的沟通和透明的决策，不仅能够增强团队的凝聚力，还能解决矛盾并推动工作向前发展。

3. 行为面试

行为面试是一种通过询问过去的经历和行为来预测未来表现的面试形式。面试官会要求求职者描述在特定情境下如何应对过往的挑战或解决问题。行为面试通常使用情境性问题来了解求职者在过去的工作经历中的决策过程、行动步骤和结果。面对行为面试，我们要注意以下几点。

（1）联系具体案例。每个问题的回答都应尽量从自己过去的工作经历中挑选具体案例，避免空泛的描述，尽可能展示自己的行动与结果。

（2）关注行动与结果。行为面试中最重要的是展示自己在特定情境下采取的行动以及解决问题的实际效果。回答时要强调自己是如何进行决策，如何解决问题并产生积极结果的。

（3）展现自我反思。如果面试官询问的是一个失败的案例，求职者应展现出自我反思的能力，承认自己的不足，并说明自己从失败中学到了什么。

例如，讲讲你在团队工作中遇到的最大挑战，以及你是如何克服的？

回答示例：在一次市场推广活动中，我与一个跨部门的团队合作，当时由于缺乏统一的沟通渠道，导致信息错漏和项目进度延误。面对这一情况，我主动提出了一个新的沟通框架，将各部门的工作流程进行了梳理，并定期进行进度汇报。通过这个新的沟通机制，团队成员之间的协作效率显著提升，最终按时并高质量地完成了任务。通过这件事情，我充分意识到了提高团队沟通效率的重要性，以及如何在遇到挑战时及时调整策略。

4. 压力面试

压力面试的目的是通过创设紧张、压力大的情境来评估求职者在压力下的反应能力。这类面试可能包括面试官用挑衅的言辞、刁钻的问题、不停地追问或短时间内要求求职者快速做出决策等方式来测试求职者的承压能力。面对压力面试，我们要注意以下几点：

（1）保持冷静和理智。面对压力面试时，最重要的是保持冷静，避免情绪失控。通过深呼吸来调整自己的情绪，集中精力回答问题。

（2）积极应对。如果面试官提出非常苛刻或挑战性的问题，可以用幽默化解紧张气氛，展现自己应对挑战的能力。

（3）用事实回应。当面试官提出苛刻问题时，尽量从自己的经验出发，提供事实和数据支持，避免情绪化的反应。

例如，如果你今天没有通过面试，你会怎么办？

回答示例：如果我今天没有通过面试，我会把这次经历作为一次宝贵的学习机会，回顾自己在面试中的表现，找出不足之处。我认为每次失败都是成长的机会，因此，我会从中总结经验，调整自己的准备方式，以更好的状态迎接下次挑战。

5. 情境面试

情境面试是一种设定假设情境的问题，目的是评估求职者在面对特定工作情境时的决策和行为。面对情境面试，我们要注意以下几点：

（1）理性分析。面对情境问题时，先冷静分析情境中涉及的各方因素，然后结合自己过去的经验，给出有条理、逻辑清晰的回应。

（2）展示决策能力。情境面试通常考察求职者的决策能力，因此在回答时，要展示自己如何权衡不同选项并做出最佳选择。

（3）考虑团队协作。许多情境问题都涉及团队合作或领导力，因此要展示自己在集体决策中的角色，并确保在回应中体现团队精神。

那么，在情境面试中经常会出现哪类问题呢？

例如，如果你作为团队领导，团队成员在一个重要项目上出现了分歧，且项目进度滞后，你会如何处理？

回答示例：首先，我会与团队成员进行一对一的沟通，了解分歧的根源，看看是因为任务分配不合理，还是因为某个成员的工作存在问题。其次，我会召集团队开会，确保每个人都有机会表达自己的意见。在讨论中，我会尽力引导大家找到共同的目标，并确保每个成员的意见都能得到尊重。如果需要，我会重新调整项目计划，明确每个成员的责任，确保任务可以按时完成。最后，我也会加强与团队成员的沟通，确保大家理解项目的重要性和紧迫性，从而提高团队的凝聚力。

6. 评价中心面试法

评价中心面试法是一种全面、多维度评估应聘者的面试方法。通常，评价中心通过一系列的活动和模拟任务，如小组讨论、角色扮演、案例分析等来观察应聘者的行为表现。面试官会通过观察应聘者在这些活动中的表现，评估其在实际工作中所需的关键能力。无领导小组讨论是评价中心面试法中最常见的形式，尤其在校园招聘中被广泛应用。通过无领导小组讨论，招聘方可以考察应聘者的团队协作能力、领导潜质、沟通技巧以及压力应对等能力。要注意，无领导小组讨论是一种在短时间内解决问题的集体活动，面试官并不会指定明确的领导者，而是观察参与者如何分配任务、提出解决方案、组织讨论并达成共识。在讨论过程中，每个参与者都有机会表达自己的意见，最终由面试官评估其在团队中的表现。面对评价中心面试法，我们要注意以下几点：

（1）积极参与，展现领导潜质。在无领导小组讨论中，即便没有明确的领导者，所有参与者都应尽力发挥领导作用。积极发表意见，提出具有建设性的解决方案，同时要确保自己不独占话语权。适时地鼓励他人发言，展示自己的团队精神和沟通能力。例如："我认为，我们首先应该明确讨论的核心问题，然后根据每个人的背景分配任务。如果没有意见，我建议由小组讨论的发言人总结，并向大家确认最终的决策。"

（2）高效沟通，展示解决问题的能力。讨论过程中，应注意逻辑清晰地表达自己的想法，避免冗长或含混不清。更重要的是，能够倾听他人意见，并将不同的观点整合成一个有建设性的解决方案。面试官会观察求职者是否能够在讨论中达成共识，并通过有效沟通促进小组决策。例如："我认为我们现在面临的问题是……我听到其他人的意见后，结合自己的经验，我建议可以从……的角度进行调整，这样既能提升效率，又能保证质量。"

（3）适应性与决策能力。在无领导小组讨论中，求职者表现出来的不仅仅是解决问题的能力，而且还是在压力下的应变能力。小组讨论可能会突然出现意见分歧或时间紧迫的问题，求职者需要在不失控的情况下做出合理的决策，展现领导力和决策能力。例如："我们现在时间不多，我建议我们可以将重点放在解决这个问题的核心部分。其他细节部分可以分配给不同的团队成员完成，这样我们能在期限内完成任务。"

（4）保持冷静，展现团队协作精神。无领导小组讨论的过程中，压力是不可避免的，尤其是在时间有限的情况下。要保持冷静，避免情绪化。表现出良好的团队协作精神，不仅能赢得面试官的好感，还能帮助整个小组顺利完成任务。例如："尽管我们现在面临分歧，但我们可以先设定一个小目标，分阶段推进。在大家的共同努力下，我们可以一步一步达成最终目标。"

下面给大家提供一个无领导小组讨论的全过程案例分析。

案例背景：你们是一个初创公司的管理团队，公司决定开发一款智能家居产品，但在市场调研后，团队出现了两种不同的市场定位方向：一种是面向高端用户，提供高质量、功能丰富、价格较高的产品；另一种是面向大众市场，提供价格适中的智能家居产品，功能较为简化。你们需要在 30 分钟内讨论并决定一个方向来推动产品的上市。

任务要求：
- 确定产品的市场定位方向；
- 提出具体的产品定位策略；
- 分析两个方向的优缺点，并给出理性依据；

- 讨论实施方案中的关键要素，如目标群体、价格策略、功能规划等。

参与者：面试者将被分为 4~6 人一组进行讨论。

分析与评估的维度

评估维度	维 度 说 明
团队合作	无领导小组讨论的核心目的是评估参与者在没有正式领导的情况下如何与他人合作。评估团队成员在讨论中的合作与互动性，尤其是在分歧或冲突出现时如何处理 积极性与参与度：在讨论中，是主动提出有价值的建议，还是一味等待他人发言？在讨论中，是否能为团队贡献独特的观点，而非简单附和 冲突解决：当有不同意见时，如何处理？是否能通过有效的沟通化解冲突，或者能否及时找到妥协方案，推动讨论向前发展
沟通与表达能力	评估参与者如何清晰、简洁地表达自己的观点，是否能在有限的时间内简明扼要地传达关键要点，并能够有效地传达给其他成员 清晰度与逻辑性：发言时是否条理清晰，逻辑严谨，能有效说服他人 说服力：在给出建议时，是否能够有效使用数据、案例或逻辑推理来支持自己的观点
决策与分析能力	评估参与者如何分析问题、权衡利弊并做出决策，参与者不仅要分析两个市场定位的优缺点，还需要根据团队讨论中给出的信息快速做出决策 市场分析：是否能够有效识别市场上的趋势、需求、目标用户群体，展示出敏锐的市场洞察力 风险评估：在做决策时，是否能够全面考虑各方面的风险，包括产品定位的竞争力、成本控制、市场反应等
创新与创造性	评估参与者是否能在讨论中提供新颖的解决方案，突破传统思维，给出具有创新性的产品定位或营销策略 创新性：是否能提供独到的观点或想法 实际应用：提出的解决方案是否能有效解决实际问题，具备可操作性
结果导向	评估团队在讨论结束后是否能够达成共识，并提出切实可行的解决方案。最终的决策是否具有现实意义，是否符合公司目标 团队一致性：是否在讨论结束时，所有成员都同意某一产品定位方案，还是讨论中始终存在争议 可行性：最终的决策是否考虑到了实施的可行性，包括市场、资源、预算等因素

讨论过程：在这个案例中，四名参与者一开始便提出了自己的观点和立场。

成员 A（高端市场主张）：A 认为高端市场的竞争较少，产品可以通过高质量和独特的功能来吸引特定的高端用户。他提出要将产品定位为智能家居领域的奢侈品，并树立高端品牌形象。这种定位可以吸引有购买力的消费群体，并且通过高利润空间来抵消较高的研发和生产成本。

成员 B（大众市场主张）：B 则认为初创公司不应急于进入高端市场，而应通过定价亲民且功能简单的产品来迅速占领市场。他认为，低价格和简化的功能将使公司快速在市场中站稳脚跟，并且能够通过规模效应降低单个产品的成本。

成员 C（综合分析）：C 对 A 和 B 的观点进行了分析，并提出了折中方案。他认为，既然市场上两种定位都具有一定的潜力，可以考虑先推出一个基础版本的产品，逐步在市场中试水，并根据反馈调整定价和功能，最后决定是否向高端市场扩展。

成员 D（目标用户主张）：D 从目标用户的需求出发，提出了自己的观点。他认为产品必须具备一定的智能化功能，能够满足用户在生活中的便捷需求。D 主张通过市场调研分析目标用户的具体需求，并在此基础上调整产品定位，确保产品能够满足市场实际需求。

分析与评估：

团队合作：讨论中，成员们能够清晰地表达自己的观点，并在相互倾听和尊重的基础上逐渐达成共识。虽然存在不同的意见，但每个人都能适时地支持其他成员的想法，并提出有效的补充意见，展现了良好的团队协作能力。

沟通与表达能力：参与者能够通过数据和市场分析支持自己的观点，尤其是成员 C，通过分析目标用户的需求，提出的折中方案得到了大部分成员的认可。成员 A 和 B 则用市场数据支持自己的立场，虽然意见不同，但都能够清晰地表达出来。

决策与分析能力：讨论中，成员们展现了较强的分析能力，能够根据市场需求、竞争对手以及产品定位的优缺点做出判断。成员 C 的折中方案体现了团队的决策能力，充分考虑到市场的动态变化。

创新与创造性：成员 C 提出的折中方案富有创意，既保留了高端市场的优势，又能够满足大众市场的需求，这个想法具备创新性，有助于产品在市场测试中找到最合适的定位。

结果导向：最终，团队达成了一致，决定先推出一个基础版的智能家居产品，并在市场中进行测试，收集用户反馈后再决定是否进行升级或推出高端版本。这一决策能够有效结合市场需求和公司资源，具有较高的可行性。

通过这个案例的分析，我们可以看出，无领导小组讨论是对参与者在团队中的沟通能力、决策能力、创新能力等综合素质的全面考察。在这个案例中，团队成员展现了较强的合作意识、沟通技巧以及创新能力，最终形成了一个合理的解决方案。面试官在进行评价时，会根据各个参与者的表现，从中选出最适合岗位的人才。对于求职者来说，无领导小组讨论不仅是展示个人能力的机会，更是展示团队协作精神的渠道。

三、面试常问问题及应对策略

高校毕业生在面试中最常遇到的挑战之一是，面试官常常希望从他们的简历中看到实际的工作经验。然而，高校毕业生通常缺乏正式的职场经验，面试官往往通过其他途径来评估他们的潜力、学习能力、团队合作能力和职业素质。因此，高校毕业生需要在面试中展示实际能力、潜力以及与岗位的匹配度。

1. 关于自我介绍类问题

常见问题："请简要介绍一下你自己。"

问题解析：这是几乎所有面试官都会问到的问题，它帮助面试官快速了解求职者，评估其沟通表达能力、背景及职业定位。虽然问题简单，但也是展示自己优势的机会。

应对策略：过去 + 现在 + 未来

过去：简要介绍教育背景、工作经历，强调与岗位相关的经历。

现在：说明目前的工作或职业状态，突出自己在当前岗位上取得的成绩。

未来：阐述自己对未来职业发展的期望，明确自己对该岗位的兴趣及为什么适合该岗位。

标准回答示例：

过去：我毕业于××大学，××专业。在校期间，我通过××实践项目，积累了××经验，参与了××活动，获得了××奖项。在课余时间，我参与了××实习，取得了

××成绩。

现在：目前，我即将毕业/已经毕业，正在寻求××方面的工作。若已经是有经验的职场人士，则可以说明目前的工作情况，如我在××公司担任××岗位，负责××工作。我曾成功完成××项目（并量化该项目相关成果）。

未来：我希望能在贵公司进一步发展自己，为公司做出贡献。我相信我的经验和对营销的热情能为贵公司带来价值。

2. 关于职业定位与求职动机类问题

常见问题1："为什么选择这个行业/职位？为什么选择我们公司？"

问题解析：这个问题考察求职者是否对岗位和公司有充分了解，以及其职业目标和兴趣的真实性。对于高校毕业生来说，虽然缺乏直接的行业经验，但仍然可以通过阐明兴趣、学术背景和个人职业规划来表达对行业和公司的热情。

应对策略：展示优势 + 表达认可。

展示自身优势及对行业的兴趣：结合自己在大学的专业、学习经历、课外活动或兴趣，说明为什么选择这个行业。

表达对公司的认可：了解背景，表明自己对企业文化、发展前景等方面的认同。

标准回答示例：

我选择市场营销专员这个岗位，是因为在大学期间我对如何通过数据分析与消费者行为研究来优化品牌策略产生了浓厚兴趣。我对贵公司在市场营销创新方面的成就深感敬佩。通过贵公司提供的平台，我希望能够不断提升自己并为公司的市场扩展贡献力量。

常见问题2："你对未来的职业发展有什么规划？"

问题解析：面试官通过此问题评估应聘者的长期职业目标及发展潜力。对于高校毕业生来说，虽然缺乏工作经验，但对该问题的回答可以体现出学习能力和对职业生涯的规划意识。

应对策略：展示目标 + 表达能力。

展示明确的职业目标：即使是刚毕业的学生，也应该有一定的职业发展规划。

表达自己的能力：强调自己可以快速适应工作中的挑战，完成任务。

标准回答示例：

在接下来的三年内，我希望能够在人力资源领域积累更多实战经验，逐步承担更多的项目管理职责，最终成为一名独当一面的人力资源管理人员。通过在贵公司的工作，我希望能够深入了解绩效管理、薪酬管理等方面的专业技能，并在实际操作中不断提升自己的能力，尽快成为公司的顶梁柱。

3. 关于工作或实习经历类问题

常见问题1："你在大学里学到的最有用的技能是什么？"

问题解析：这是面试官常问的问题，目的是评估求职者在学术环境中获得的技能和知识是否能够转化为工作中的实际能力。尤其是对于缺乏正式工作经验的毕业生来说，能够清晰地表达自己在大学期间积累的专业能力至关重要。

应对策略：联系实际 + 技能转化

联系实际：将大学期间学到的技能与应聘岗位的要求相结合。

突出可转化技能：强调那些能够直接应用于工作中的技能，如团队协作能力、数据分析能力、沟通技巧等。

标准回答示例：

在大学期间，我主修市场营销课程，其中最有用的技能是数据分析和市场调研。通过参与项目，我学会了如何运用 Excel 和 SPSS 分析市场趋势，解读数据并为团队提供决策支持。这些技能能够直接应用到营销工作中，帮助我更好地理解客户需求并制定营销策略。

常见问题 2："你在实习中遇到过的最大挑战是什么？你是如何解决的？"

问题解析：由于很多高校毕业生的实际工作经验较少，面试官会通过询问实习经历来了解求职者如何在实践中运用所学知识。这不仅展示了求职者的专业能力，还能体现他们的问题解决能力和职业态度。

应对策略：细说方案＋量化成果。

具体问题与解决方案：描述实习中遇到的具体问题，并展示自己如何通过创新、团队协作等方式解决问题。

量化成果：如果有可能，展示解决问题后的成果。

标准回答示例：

我在之前的市场调研实习中，负责收集并分析竞争对手的营销策略。最大的挑战是由于时间紧迫，获取的数据量非常庞大。为了高效完成任务，我与团队成员协作，利用 Excel 快速筛选出关键数据，缩短了项目近 20% 的分析时间，最终为公司的市场战略调整提供了有效的数据支持。

常见问题 3："请描述一下你最近一份工作中的一个重要项目，你具体做了哪些工作？"（该问题经常会出现在已经参加工作的求职者面试中）

问题解析：面试官通过这个问题来评估求职者在职场中的实际表现、项目管理能力以及如何应对挑战。

应对策略：结构化回答＋突出贡献。

结构化回答：使用 STAR 法则（情境 situation、任务 task、行动 action、结果 result）进行回答，确保问题的每个环节都有详细说明。

突出贡献：强调自己在项目中的角色，特别是如何推动项目进展及取得成果。

标准回答示例：

情境：我在上一份工作中，负责公司年度品牌活动的策划和执行，目标是提升品牌曝光度和用户参与度。

任务：我负责活动的整体策划，包括活动主题、内容创意、预算管理和执行团队的协调。

行动：我与团队紧密合作，制订了详细的项目计划，并通过线上广告和社交媒体推广引流。同时，我还负责与外部供应商沟通，确保活动顺利进行。

结果：最终活动成功吸引了 5 万名用户参与，社交媒体互动量提高了 40%，公司品牌曝光度提升了 30%。

4. 关于个人品质与行为能力类问题

常见问题 1："你是如何平衡学业和课外活动的？"

问题解析：对于高校毕业生来说，面试官问这个问题是想考查其时间管理能力、学习能力以及平衡工作与生活的能力。

应对策略：时间管理+团队协作

展示良好的时间管理能力：解释你是如何在紧张的学业安排和课外活动中找到平衡并保证自己的工作效率的。

强调团队协作能力：通过描述参与过的课外活动和团队项目，展示你的团队协作能力。

标准回答示例：

我在大学期间积极参与了多个课外活动，例如担任社团活动的负责人。通过这些活动，我学会了合理安排时间，确保每个任务按时完成。同时，通过这些活动，我提升了自己的领导力、团队合作能力和沟通协调能力，这些能力也会帮助我更好地适应未来的工作环境。

常见问题 2："与他人意见不合时你是如何处理的？"

问题解析：对于没有工作经验的高校毕业生而言，面试官想通过这个问题了解你在团队合作中的表现和应对冲突的方式。

应对策略：冷静分析+良好沟通

冷静分析：展示你是如何冷静分析分歧、寻找共同点并做出理智决策的。

强调沟通与化解冲突：展示你愿意通过有效沟通化解冲突。

标准回答示例：

在大学期间，我与团队成员在某个项目中有过意见分歧。我们通过集体讨论，提出各自的看法，回归到共同完成目标这一主题上，最终找到了解决方案。我认为沟通是解决问题的关键，保持开放的心态和尊重他人的意见能够帮助团队走向更好的结果。

四、利用 AI 工具模拟面试

在《流浪地球 2》这部电影中，吴京饰演的角色去面试领航员时，是由一个高级的人工智能系统进行面试并且打分的。这一科幻场景如今在现实生活中已经实现了。现在很多互联网大厂、500 强企业的初试都是通过 AI 进行面试筛选的。在求职过程中，模拟面试能够有效地帮助同学们更好地准备和锻炼面试技巧。通过模拟面试，我们可以在实际面试前熟悉面试流程、了解自己的表现情况并有针对性地提高自己的能力。

因此，AI 模拟面试对毕业生而言，是一种高效且实用的面试准备工具。它不仅提供了接近真实场景的面试环境，帮助毕业生熟悉面试流程和常见问题，还能通过即时反馈指出模拟面试中的优缺点，为毕业生能够有针对性地进行改进。此外，AI 模拟面试节省了时间和成本，为毕业生提供了随时随地练习的机会。通过 AI 模拟面试，毕业生可以有效提升面试技能，增强自信心，从而在正式面试中展现出最佳状态，增加就业机会。

如"智面星"AI 面试工具（见图 6-2），便为我们提供覆盖全行业的岗位在线面试测评。在这个工具中，AI 模拟面试官替代 HR 进行宣导和提问，我们可通过手机录制短视频进行线上模拟演练。演练结束后，AI 会自动评分，自动出具评估报告，帮助我们在求职过程中更加有信心，准备得更充分。我们可以用手机扫码，进入小程序，了解面试流程以及要求，与 AI 面试官做一次面对面的交流。

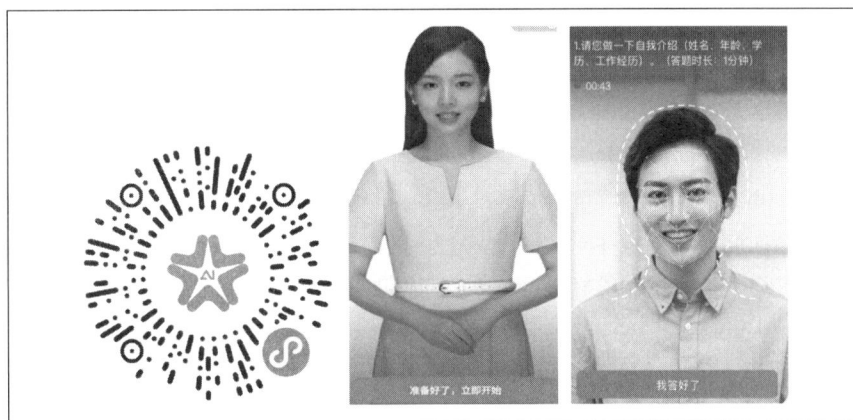

图 6-2　AI 面试工具体验

本节知识回顾

1. 在面试前，求职者需要详细了解公司背景、文化、使命等，并深入了解_____和_____，以帮助在面试中展现出对公司和行业的深入了解。

2. 在面试中，求职者的着装不仅是个人形象的体现，也代表了对面试官和用人单位的_____。

第六章第三节知识回顾答案

3. 在回答结构化面试问题时，求职者应尽量用_____、百分比或结果来量化自己的成就，从而更好展示过去的工作成果。

4. 面试中，求职者应通过清晰表达自己的观点来展示良好的_____和思维的条理性，避免冗长和含混不清的回答。

5. 在无领导小组讨论中，求职者应尽力发挥_____作用，提出建设性意见并鼓励他人发言，展示团队合作和沟通能力。

第四节　求职渠道网络建设

在求职过程中，利用合适的求职平台和渠道至关重要。如今，有多种线上平台可供毕业生选择，通过这些平台，学生可以快速找到适合自己的职位，并与企业建立联系。因此，了解如何高效使用这些平台，选择合适的求职渠道，对于提升毕业生的求职成功率至关重要。本节将介绍常见的求职渠道，并深入分析平台选择的策略，帮助毕业生提升就业竞争力。

一、常见网络求职渠道

1. 主流网络求职平台

1）就业桥（https://www.jiuyeqiao.com）

就业桥专注于高校毕业生求职服务，提供职位发布、简历管理、在线求职、职业咨询等全流程支持。该平台聚焦于毕业生需求，帮助毕业生轻松找到匹配的职位，其不仅有招聘信息，还提供职业咨询、面试辅导等服务，能够全面提升毕业生的求职体验。

2）应届生（https://www.yingjiesheng.com）

应届生网是面向应届毕业生的垂直平台，涵盖实习信息、校园宣讲会、笔面试经验分享、简历模板等实用资源，拥有大量针对初入职场的求职者设计的职位信息，特别适用于即将迈入职场的高校毕业生。

3）智联招聘（https://www.zhaopin.com）

智联招聘网是一个综合性招聘服务平台，覆盖全行业职位，职业测评、薪酬查询等工具助力职场规划。该网站涵盖了从普通岗位到高级职位的各种招聘信息，可帮助求职者了解市场动态、职场趋势，从校招找工作到社招换工作都可以使用该网站。

4）前程无忧（https://www.51job.com）

前程无忧又称为51Job，是国内知名的求职平台之一，覆盖了从传统行业到新兴行业的职位信息。它提供简历投递、职位搜索、招聘会信息、行业薪资报告等一系列求职服务，适合有一定工作经验或想要跳槽的求职者。

5）实习僧（https://www.shixiseng.com）

实习僧主要针对大学生和刚毕业的求职者，提供了大量的实习和全职职位信息。该平台有多种实习项目，涵盖互联网、金融、媒体、设计等多个行业，能够帮助学生更好地了解职场、积累经验，特别适合那些希望通过实习积累工作经验的毕业生。

6）猎聘（https://www.liepin.com）

猎聘是国内领先的中高端人才招聘平台之一，覆盖互联网、金融、制造、教育等多个行业，汇聚了大量知名企业及优质岗位。该平台可精准匹配高潜职位，提供职业咨询、薪酬查询、面试攻略等增值服务，适合目标明确、具备较强竞争力或希望进入行业头部企业的求职者。

7）BOSS直聘（https://www.zhipin.com）

BOSS直聘以"直接对话企业负责人"为特色，打破传统求职流程，支持求职者与招聘方实时沟通。该平台涵盖互联网、文化传媒等新兴领域，岗位更新快、反馈效率高，适合追求高效求职、希望快速了解企业需求的毕业生。

2. 政府支持的公共就业服务平台

1）国家大学生就业服务平台（https://job.ncss.cn）

国家大学生就业服务平台由教育部运营，整合全国高校就业资源，发布公务员、事业单位、国企等权威岗位信息，并定期举办"24365校园招聘服务"等大型联合招聘会。平台提供职业能力测评、就业政策解读等一站式服务，是应届毕业生获取公职类岗位和合规企业招聘信息的核心渠道。

2）国聘行动（https://gpxd.iguopin.com）

国聘行动由中央广播电视总台联合国务院国资委、教育部等多部门发起，聚焦国有企业、央企及战略性新兴产业的人才需求。平台以"稳就业"为目标，提供校招专场、直播带岗等特色活动，适合希望进入体制内或稳定型企业的毕业生。

3）中国国家人才网（https://www.newjobs.com.cn）

中国国家人才网是人力资源和社会保障部直属平台，主导国家级招聘活动如"百日千万网络招聘专项行动"，覆盖信息技术、医疗卫生、公共服务等重点领域。该平台岗位审核严格、信息真实可靠，适合寻求长期职业发展、重视就业安全性的毕业生。

4）特岗计划与三支一扶

（1）特岗计划（http://tg.ncss.cn）。特岗计划一般针对农村基础教育师资短缺问题，招募高校毕业生赴中西部农村中小学任教。服务期满后可享受考研加分、定向考编等政策，适合有志于教育事业、愿意扎根基层的毕业生。

（2）三支一扶（各省人社厅网站，如广东省：http://hrss.gd.gov.cn）。三支一扶一般指的是支农、支教、支医和扶贫，通过基层服务项目为乡镇输送人才，提供2～3年服务期岗位，期满后可通过定向招录进入事业单位或公务员体系，适合渴望积累基层经验、追求稳定发展的毕业生。

5）全国征兵网（https://www.gfbzb.gov.cn）

全国征兵网是国防部官方征兵平台，为大学生提供入伍政策咨询、在线报名、体格检查等全流程服务，适合身体素质优异、有军旅情怀的毕业生。

3. 其他实用求职渠道

1）行业垂直平台

拉勾招聘（https://www.lagou.com），该网站聚焦于互联网领域招聘。

丁香人才（https://www.jobmd.cn），该平台聚焦于医疗领域招聘。

猎云网（https://www.lieyunwang.com），该平台聚焦于创业领域招聘。

2）职场社交平台

脉脉（https://maimai.cn），该平台聚焦于企业内推机会与行业人脉拓展。

领英LinkedIn（https://www.linkedin.com），该平台聚焦于国际化企业与外企招聘。

3）地方性就业平台

如北方人才网、南方人才网、上海外服等，聚焦区域就业市场。

综上所述，当前的求职渠道涵盖网站、App、小程序等多种形式，使用场景灵活便捷，大学生可根据自己的喜好进行选择。当然，在选择的同时，同学们也要根据自身的专业方向、职业目标及实践经验，从各个平台中筛选匹配度高的求职工具。需注意的是，不同渠道的信息质量、企业类型各有差异，建议优先选择官方认证平台，同时结合个人职业规划理性甄别，这样才能找到最适合自身发展的机会。

二、求职策略选择

1. 线上线下相结合的求职策略

在求职过程中，单纯依赖线上平台可能面临一些局限。因此，结合线下求职渠道，采用线上线下相结合的策略，会大大提高求职的效率和成功率。

1）线上求职

通过各大招聘网站和职业社交平台，我们可以快速找到匹配的职位信息，并提交申请。线上求职平台提供了职位搜索、简历筛选、面试安排等一系列服务，能够大大节省时间。

2）线下求职

参加线下招聘会、行业展会、企业开放日等活动，能够更直接地接触到雇主和招聘经理。在这些场合中，我们可以通过面对面的交流展示自己，加深企业对自己的印象。

3）线上线下相结合

我们可以将线上求职和线下求职结合起来。例如，在招聘网站上找到合适的职位后，参加对应公司的线下招聘活动，进一步了解职位要求，展示自己的优势。同时，线下参加行业活动时，积极利用社交平台与企业代表保持联系，扩大人脉网络。

2. 注意事项

我们在使用求职平台时，应采取合理的策略来提高求职成功率。

1）多平台并用，增加曝光度

我们不应局限于一个平台，建议同时使用多个平台，这样可以增加简历的曝光度，拓宽求职渠道，获取更多的职位信息。

2）量身定制简历

根据不同平台的特点，量身定制简历。例如，猎云网更注重技术能力，简历中应突出与技术相关的项目经验；而在前程无忧等平台，简历中可以更多地展示工作经验和职业技能。

3）保持简历时效性

每个求职平台都有不同的简历推荐机制，简历更新的频率会影响求职结果。建议定期更新简历，确保时效性，并随时补充新的实习经历或技能认证。

4）利用平台资源

许多平台除了职位发布外，还提供职业指导、面试辅导、简历修改等增值服务。我们应充分利用这些资源，提高面试成功率。例如，参与平台提供的线上职业培训、模拟面试等课程，帮助自己更好地应对面试。

三、人脉网络圈建设

除了线上求职平台，职业社交平台也是求职过程中不可忽视的重要渠道。有效的网络人脉建设能够帮助毕业生在职场上更快地找到机会，拓展职业视野。以下是网络人脉建设的几种策略。

1）加入行业社群和圈子

我们可以通过加入行业相关社交平台、微信群、QQ 群、招聘软件 App 等，扩大自己的职业圈子。与行业内的前辈或同行建立联系，定期参加行业活动，能帮助我们了解行业趋势，获得行业内的职位信息。

2）主动联系招聘经理和 HR

通过职业社交平台，我们可以主动联系招聘经理和 HR，向他们介绍自己的职业目标和技能，通过主动展示自己的优势，在竞争中脱颖而出。

3）参加行业活动与招聘会

很多平台、学校和企业会组织线下招聘会、行业交流会等，毕业生应积极参加，通过这些活动与企业代表直接沟通，增加面试机会。这些活动还可以帮助毕业生了解市场需求，完善求职策略。

4）长期维护人脉关系

求职并非一蹴而就，建立长期的职业网络和人脉资源对职业发展的帮助巨大。我们在找到工作后，不应忽视与行业内专家、同事的关系维护。我们应该重视在求职过程中积累的每一份人脉，定期保持联系，分享工作经验和学习成果，并在今后的职业生涯中不断维护和扩展。以下是一些实用的建议：

（1）定期更新职业网络。即使已经找到工作，也应定期通过社交平台、职业活动等渠道更新自己的职业信息，与行业内的前辈保持联系。每年参加一次行业会议、在线培训等活动，扩大自己在行业中的影响力。

（2）建立个人品牌。通过社交媒体等途径建立自己的个人品牌，展示自己的职业经历、项目成果和专业能力。这样能够让我们在行业内更具知名度，并为未来的职业机会打下基础。

（3）积极参与行业活动。无论是行业会议、讲座，还是线上研讨会，我们都应积极参与。这些活动不仅能帮助我们提升专业技能，还能让我们结识更多行业内的专业人士。

本节知识回顾

1. 在求职过程中，结合_____和_____的求职渠道，能够大大提高求职的效率和成功率。

2. 使用多个求职平台可增加简历的_____，拓宽求职渠道，获取更多职位信息。

3. 在求职平台上，建议根据不同平台的特点_____简历，突出与职位相关的技能和经验。

第六章第四节知识回顾答案

4. 加入_____的社群和圈子，能帮助与行业内的前辈或同行建立联系，了解行业趋势，获得职位信息。

5. 在求职过程中求职者应定期更新简历，确保其时效性，以_____。

第五节　就业权益保护与陷阱防范

在求职过程中，大学生不仅要关注薪资待遇、工作内容等条件，还需要了解和保障自己的基本就业权益。随着就业市场复杂化，求职者需要面对合同条款的法律风险、试用期内的权益保护以及职场中各种潜在的权益陷阱。因此，了解就业合同的基本常识、试用期的应对策略以及防范常见职场陷阱，已经成为每一个职场新人必须掌握的基本技能。

一、劳动合同的基本法律常识

1. 劳动合同相关概念

劳动合同，又称劳动契约、劳动协议。劳动合同是调整劳动关系的基本法律形式，也是确立劳动者与用人单位劳动关系的基本前提，在《中华人民共和国劳动法》中占据核心地位。《中华人民共和国劳动法》第十六条规定："劳动合同是劳动者与用人单位确立劳动关系、明确双方权利和义务的协议。建立劳动关系应当订立劳动合同。"

2. 劳动合同的组成部分

《中华人民共和国劳动合同法》第十七条规定，劳动合同应当具备以下条款：

（1）用人单位的名称、住所和法定代表人或者主要负责人。

（2）劳动者的姓名、住址和居民身份证或者其他有效身份证件号码。

（3）劳动合同期限。

（4）工作内容和工作地点。

（5）工作时间和休息休假。

（6）劳动报酬。

（7）社会保险。

（8）劳动保护、劳动条件和职业危害防护。

（9）法律法规规定应当纳入劳动合同的其他事项。

劳动合同除前款规定的必备条款外，用人单位与劳动者可以约定试用期、培训、保守秘密、补充保险和福利待遇等其他事项。

3. 劳动合同类型

以合同期限为标准，劳动合同可分为三类：固定期限劳动合同、无固定期限劳动合同和以完成一定工作任务为期限的劳动合同。劳动合同期限，是指劳动合同的有效时间，是双方当事人所订立的劳动合同起始和终止的时间，也是劳动关系具有法律约束力的时间。高校毕业生所签订的劳动合同通常为固定期限劳动合同，第一次签订的期限一般情况下是1年或3年。

4. 劳动关系的建立

根据《中华人民共和国劳动合同法》第十条规定：

建立劳动关系，应当订立书面劳动合同。

已建立劳动关系，未同时订立书面劳动合同的，应当自用工之日起一个月内订立书面劳动合同。

用人单位与劳动者在用工前订立劳动合同的，劳动关系自用工之日起建立。

5. 试用期期限

劳动合同期限三个月以上不满一年的，试用期不得超过一个月；

劳动合同期限一年以上不满三年的，试用期不得超过两个月；

三年以上固定期限和无固定期限的劳动合同，试用期不得超过六个月。

同时，要注意，同一用人单位与同一劳动者只能约定一次试用期。以完成一定工作任务为期限的劳动合同或者劳动合同期限不满三个月的，不得约定试用期。试用期包含在劳动合同期限内。劳动合同仅约定试用期的，试用期不成立，该期限为劳动合同期限。

因此，试用期是有严格规定的，最长不得超过六个月，也不得变相以"实习期""适应期"等名义延长试用期。毕业生应该及时地避开这些试用期的坑，维护好自己的合法权益。

6. 试用期工资

《中华人民共和国劳动合同法》第二十条规定："劳动者在试用期的工资不得低于本单位同岗位最低档工资或者劳动合同约定工资的百分之八十，并不得低于用人单位所在地的最低工资标准。"

7. 劳动合同的解除和终止

1）劳动合同的解除

劳动合同的解除分为三种情形：协商一致解除劳动合同、劳动者提出解除劳动合同、用人单位提出解除劳动合同。

第一，协商一致解除。协商一致解除指用人单位与劳动者协商一致，可以解除劳动合同。

第二，劳动者提出解除。劳动者主动提出解除，需提前三十日以书面形式通知用人单位（试用期提前三日通知用人单位），可以解除劳动合同。劳动者因用人单位的原因提出解除，即用人单位有下列情形之一的，劳动者可以解除劳动合同：①未按照劳动合同约定提供劳动保护或者劳动条件的；②未及时足额支付劳动报酬的；③未依法为劳动者缴纳社会保险费的；④用人单位的规章制度违反法律法规的规定，损害劳动者权益的；⑤因本法第二十六条第一款（欺诈、胁迫、乘人之危）规定的情形致使劳动合同无效的；⑥法律、行政法规规定劳动者可以解除劳动合同的其他情形；⑦用人单位以暴力、威胁或者非法限制人身自由的手段强迫劳动者劳动的，或者用人单位违章指挥、强令冒险作业危及劳动者人身安全的，劳动者可以立即解除劳动合同，不需要事先告知用人单位。

用人单位需支付经济补偿金。劳动者在该单位的实际工作年限（N）×劳动合同解除或者终止前十二个月的平均工资。

第三，用人单位解除劳动合同。如出现以下情形，用人单位可以直接通知劳动者解除劳动合同，不受病假、"三期"等情形限制。单位需通知工会解除事由。

一方面，劳动者存在严重过错：①在试用期间被证明不符合录用条件的；②严重违反用人单位的规章制度的；③严重失职，营私舞弊，给用人单位造成重大损害的；④劳动者同时与其他用人单位建立劳动关系，对完成本单位的工作任务造成严重影响，或者经用人单位提出，拒不改正的；⑤因本法第二十六条第一款第一项（欺诈、胁迫、乘人之危）规定的情形致使劳动合同无效的；⑥被依法追究刑事责任的。

另一方面，劳动者不存在过错：①劳动者患病或者非因工负伤，在规定的医疗期满后不能从事原工作，也不能从事由用人单位另行安排的工作的；②劳动者不能胜任工作，经过培训或者调整工作岗位，仍不能胜任工作的；③劳动合同订立时所依据的客观情况发生重大变化，致使劳动合同无法履行，经用人单位与劳动者协商，未能就变更劳动合同内容达成协议的。

上述情形用人单位提前三十日以书面形式通知劳动者本人或者额外支付劳动者一个月工资后，可以解除劳动合同。用人单位需要支付经济补偿金。劳动者在该单位的实际工作年限（N）×劳动合同解除或者终止前十二个月的平均工资。

再则，用人单位无上述任何理由，单方面解除。

经济赔偿金：劳动者在该单位的实际工作年限（N）×劳动合同解除或者终止前十二个月的平均工资×2。

2）劳动合同的终止

若满足以下条件，劳动合同可终止：

第一，劳动合同期满。

第二，劳动者开始依法享受基本养老保险待遇。

第三，劳动者死亡，或者被人民法院宣告死亡或者宣告失踪。

第四，用人单位被依法宣告破产。

第五，用人单位被吊销营业执照、责令关闭、撤销或者用人单位决定提前解散。

二、试用期的完美蜕变：从学生到职场专业人士

对于初入职场的大学生而言，试用期是职业生涯的起点，也是从学生向职场专业人士转变的关键时期。此阶段不仅考验着个人的专业能力，更要求快速适应职场环境，成功融入团队，从而顺利度过试用期。以下是实现这一转变的几个关键策略。

1. 了解职场文化与规章制度：为职场适应奠定基础

刚进入新公司时，了解公司的文化与规章制度是首要任务。每家公司的文化和工作规范都有其独特之处，而这些文化、价值观和行为准则直接影响员工的日常工作及发展方向。新员工应迅速把握公司的核心价值观、工作理念，如创新、团队合作等，并在日常工作中积极践行。同时，新员工应熟悉公司的规章制度，如考勤、请假、考核流程等，避免因不了解规则而产生误会。通过展现对公司文化的理解和支持，可以快速融入团队，提升工作效率。

2. 顺利过渡：从学生到职场人的心态转换

学生到职场人的转变，核心在于心态的调整。职场新人需要树立职业责任感，学会自我管理，按时完成工作。在学校里，我们可能习惯了与同学讨论问题、依赖老师给出解答，而在职场上，我们需要独立思考、主动承担任务，并且快速解决问题。这要求我们将"被动接受"转变为"主动适应"，不再过多依赖他人的指引，而是通过自我学习、团队合作来完成任务。

3. 快速提升工作能力，赢得信任

试用期内，展现个人能力是赢得信任的关键。一方面，快速提升岗位所需的专业技能，如数据分析师快速掌握分析工具，参与项目，展示成果，以证明学习能力和适应能力。另一方面，加强软技能，如沟通能力、团队协作能力、时间管理能力的培养，这些技能对建立职场人际关系、提高工作效率至关重要。

4. 展现自我，快速积累经验

职场的竞争越来越激烈，而职场新人能否顺利晋升，不仅取决于个人能力的展现，还与如何在试用期内脱颖而出有关。主动承担责任，参与项目，是职场新人脱颖而出的有效途径。通过承担更多挑战性工作，展示个人能力和解决问题的能力，赢得领导和同事的认可。同时，学会适时向上级汇报工作进展和成果，让领导了解我们的工作状态，在团队中树立积极形象。

5. 不断自我反思，提升个人素质

试用期并非一蹴而就的阶段，职场新人需要通过不断的自我反思来提升自己的工作能力和素质。定期自我评估，检查进步与不足，接受来自同事和领导的反馈，虚心改进，不断调整和优化工作方式，是新员工成长的重要步骤。这种自我反思的态度有助于个人素质和工作能力的持续提升。

6. 应对挑战，稳定职业方向

试用期的完美蜕变不仅仅表现在能力提升方面，还表现在职业发展规划和挑战应对方面。新员工要想在职场中站稳脚跟，除了在试用期努力工作，还要学会在面对职场压力和挑战时，保持冷静，有效管理情绪，积极沟通，合理分配时间。同时，通过与上司、导师沟通，了解个人在团队中的角色和未来发展潜力，明确职业目标，为长远的职业发展奠定基础。

三、职场常见权益陷阱与防范

职场中的权益陷阱多种多样，往往不仅局限于薪资待遇问题，还涉及工作强度、个人隐私、职业晋升等多个方面。尤其是初入职场的大学生，由于缺乏经验，很容易在不知不觉中落入这些"陷阱"，个人的利益受到损害。了解职场常见的权益陷阱，并学会如何防范，是每一位职场新人必备的生存技能。下文将结合深刻的案例，向大家介绍几种常见的职场权益陷阱及其防范策略，帮助大家提高警惕，确保自身利益。

1. 低薪实习与"工作体验"陷阱

一些公司打着"提供工作体验、锻炼能力"的旗号，聘用大量"低薪实习生"，通过过度的工作量获取高额的价值回报，却不按国家规定支付合理的薪酬。很多职场新人，尤其是在职业生涯初期，可能会为了获得经验而选择不合理的实习工作，因此陷入低薪或无薪的困境，导致辛苦工作却得不到应有的回报。

下面以小李的故事为例来说明这一陷阱。

小李毕业后，经过一段时间的求职仍未找到合适的全职工作。他看到一家公司发布了一个产品经理的实习岗位，声称"提供实践经验，提前锻炼，机会难得"。小李心动了，认为这对自己的未来发展有帮助，于是没有仔细询问薪酬待遇就加入了该公司。入职后，小李发现公司安排了大量的工作任务，包括市场调研、产品规划、用户测试等，并要求实习生参与公司的核心项目。尽管他加班加点，表现出色，但薪酬依旧停留在低水平。最终，小李不仅错失了其他高薪的工作机会，还在这段"低薪实习"中浪费了大量的时间。

面对低薪实习与"工作体验"陷阱，我们可以采取以下防范策略：

（1）明确薪酬待遇。在接受实习或兼职工作时，应首先了解清楚薪酬待遇。如果公司承诺提供工作机会，应明确要求与之相匹配的报酬。尤其是对于那些需要投入大量时间和精力的工作，面对过低的薪资应保持警惕。

（2）利用合同保障权益。在签订实习或劳动合同时，确保约定了清晰的薪酬、工作内容和时长，若公司没有明确的实习待遇，可以拒绝其"工作体验"的诱惑。

（3）评估职业价值。实习经验当然重要，但我们也要评估这段经历对自己职业生涯的长远影响。如果这份工作无法提升自己的核心竞争力或无法为自己带来切实的收入回报，就应果断放弃。

2. 不合理的劳动合同与过度约束

有些企业在招聘时，会签订不合理的劳动合同，甚至设置不合理的竞业禁止条款或要求员工支付"违约金"。这些合同往往限制员工的自由选择和职业发展，给员工带来法律风险和经济损失。举例来说，小刘刚入职一家公司做市场营销人员，在签订劳动合同时，没有仔细阅读合同中的条款。后来，他发现合同中有这样一项要求：在公司离职后两年内，不得从事与公司业务相同或类似的工作，否则需要支付高额的违约金。对此小刘没有引起重视，直到他真正遇到职业发展瓶颈，想要跳槽时，才发现自己被这个条款束缚，面临着巨额违约金的威胁。

防范策略可从以下两点做起：

（1）仔细阅读劳动合同。签订劳动合同时，要确保每一项条款都经过充分理解。如果涉及竞业禁止、保密协议等敏感条款，应仔细考虑条款是否合规及是否合理。

（2）咨询法律意见。若合同中存在不合理条款，我们应尽早向律师或专业人士咨询，评估其合理性。如有必要，可以协商修改或明确该条款的具体适用范围，避免未来的法律纠纷。

3. 非法加班与隐性加班

许多职场新人刚入职时，由于对公司文化的不了解，往往不敢拒绝加班，甚至将过长的工作时长视为正常现象。而某些公司为了节约成本或是追求业绩，往往通过安排过度加班、压榨员工时间来获得更高的生产力。长期处于这种"隐性加班"状态，不仅影响身体健康，还会导致精神疲劳，损害职场新人发展潜力。例如，小张是某互联网公司的初级产品经理，刚入职时，虽然感到工作任务很重，但想到自己初来乍到，还不够"成熟"，便从不拒绝加班，甚至有时候会主动加班。但随着时间的推移，小张发现自己的工作时间逐渐增加，周末和假期也经常需要"无偿"加班。更糟糕的是，自己虽然经常加班到深夜，但工作成果并未得到上级的认可，反而经常被批评进度慢。由于不懂得合理拒绝，最终，小张不仅失去了生活与工作的平衡，也影响了身心健康。

针对非法加班和隐性加班，我们可从以下几方面去防范：

（1）明确工作时间。新员工在入职前，应与公司明确工作时间及加班安排，并了解是否有明确的加班补偿政策（如加班工资、调休等）。

（2）合理拒绝加班。如果加班超出合理范围，职场新人应学会与上级沟通，提出合适的工作时间安排。加班虽是某些行业的常态，但不应成为压榨员工的手段。

（3）记录加班情况。可以使用工具记录工作时间，如果出现长期加班的情况，应保留相关证据，以便在必要时与公司协商或寻求法律帮助。

4. 无效的职场晋升与"玻璃天花板"

许多企业在招聘时，会承诺提供"快速晋升通道"或"丰厚的职业发展机会"，但实际上，晋升的机会受到多种隐形因素的限制，常常出现所谓的"玻璃天花板"，即员工的职业晋升受到性别、年龄、经验等因素的隐性限制。对于很多职场新人来说，这类"诱人的职业发展"往往只是空头支票。举例如下。小周在进入一家知名公司担任销售代表时，公司领导不断强调"公司提供广阔的晋升空间，优秀员工半年内可以晋升为经理"。听到这样的承诺，小周充满了动力，不断努力工作，并取得了一些不错的成绩。然而，随着时间的推移，小周发现无论自己的业绩如何优秀，始终无法获得晋升机会。尽管自己经常向上级提出晋升申请，但总是被"公司正在调整管理结构"或"你还需要更多经验"这样的借口拒绝。最终，小周意识到，公司的晋升机会并不像宣传中那么真实可行。

针对这一情况，我们可做的防范策略有：

（1）了解晋升机制。入职前通过公司面试官或员工反馈了解公司的晋升制度、晋升标准及实际情况。一个合理的公司晋升机制应当清晰可见，而非模糊不清。

（2）量化业绩与职业目标。在工作中，要通过业绩数据、工作成果等具体数字来证明自己，为晋升争取更加实质性的证据。如果感觉晋升机会受阻，应主动与上级进行沟通，了解自身的不足，并要求公司提供透明的晋升标准和路径。

（3）规划职业发展。如果在公司无法实现职业发展目标，需要思考是否有更适合自己职业发展的平台，避免被"天花板"限制，错过更多的职业机会。

总之，法律知识和维权意识在保护自己的权益方面至关重要。每个职场人都应学会用法律武器来捍卫自己的权利，理解和运用劳动合同中的条款，避免因疏忽而落入不必要的法律陷阱。在职场中，合理的自我保护并不意味着防御，而是通过聪明、合法的方式争取应得的待遇和机会。只有时刻保持警觉、理性分析，职场新人才能在快速变化的工作环境中从容不迫，稳步迈向职业生涯的成功之路。

本节知识回顾

1. 劳动合同是_____的基本法律形式，是确立劳动者与用人单位劳动关系的基本前提。

2. 根据劳动合同法，劳动合同可以由用人单位和劳动者_____。

3. 在试用期内，劳动者的工资不得低于本单位同岗位最低档工资的_____。

4. 企业如果要求劳动者支付"违约金"或有不合理的竞业禁止条款，劳动者应_____。

5. 试用期的最长时间不能超过_____，以完成一定工作任务为期限的劳动合同除外。

第六章第五节知识回顾答案

即测即练

自学自测　　扫描此码

实践与练习

任务（一）简历制作训练

简历制作步骤引导							
姓名		专业		班级		学号	
简历制作思路梳理							
核心结构	你认为这一项需要有何内容			是否需要提升或改善			
个人信息							
求职目标							
教育背景							
工作/实习经历							
项目经验							
技能证书							
荣誉奖励							
兴趣爱好							
简历模板筛选							
获取渠道							
实战练习							
请根据选取的模板（或自行设计）制作一份自己的个人简历							

任务（二）根据简历完成自我介绍

自我介绍							
姓名		专业		班级		学号	
自我介绍							
总结与反思							
需要改进或提升之处							
如何改进或提升							

任务（三）面试问答演练

面试问答演练							
姓名		专业		班级		学号	

请找到一名"面试官"，进行模拟面试，根据问题结合自身情况进行回答	
面试问题	回答记录
问题1：	
问题2：	
问题3：	
问题4：	
问题5：	
问题6：	
总结与反思	

1. 通过本次任务，我发现自己在面试过程中问题有：_____
2. 我将这样改善：_____

终身学习与职业发展

学习重点

- 了解职业发展中的学习需求。
- 理解终身学习的概念与重要性。
- 掌握终身学习的途径与方法。
- 了解创业意识培养与创业准备。
- 掌握创业计划书的撰写方法。

扩展阅读 7.1　在不断学习
中成就创业梦想——顾浩

第一节　终身学习的理念与实践

在当今这个日新月异、信息爆炸的时代，知识的更新速度超乎想象。无论是科技、经济、文化还是社会结构，都在不断地发展和变化。因此，传统的一次性学习（即在学校接受教育后就不再系统学习）已经无法满足现代社会的需求，终身学习的理念应运而生。终身学习强调个人在一生中都要持续学习，以适应不断变化的外部环境，实现个人价值和社会价值的最大化。

一、终身学习的含义

终身学习是指个体在一生中持续不断地获取新知识、新技能和新态度的过程。这个过程不仅包括在学校接受正规教育，还包括在工作、生活、休闲等各个领域中进行的非正式学习和自我提升。

终身学习这一概念，超越了传统教育体系的限制，将学习视为一种贯穿生命始终的过程，而非仅限于学校教育的某个阶段，它具有以下几个特征：

第一，持续性。终身学习强调学习是一个不间断的过程，从儿童时期到老年阶段，每个时期都有其特定的学习需求和目标。

第二，全面性。终身学习不仅包括正规教育，如学校教育，也涵盖非正式学习和自学，如在线课程、阅读书籍、工作实践等。

第三，自主性。终身学习鼓励个体根据自身兴趣、职业发展和生活需要，自主选择学习内容和方法，实现个性化学习。

第四，目的性。终身学习是有明确目标的，旨在提升个人能力、拓展知识视野、实现个人价值和社会贡献。

二、终身学习的理念基础

在快速变化的 21 世纪，知识更新速度之快前所未有，技术的迭代、社会的演进以及个人职业发展的需求，共同构筑了一个要求个体不断学习、持续适应的新时代。终身学习不仅仅是一种对知识的无尽追求，更是一种生活态度和价值观的体现。终身学习强调在任何年龄、任何阶段，个体都应保持对学习的热情和对新知的渴望。

1. 人类潜能的无限性

每个人都拥有独特的天赋和潜能，这些潜能需要通过不断的学习和实践来发掘和提升。终身学习的理念认为，人的学习能力不应随着年龄的增长而减退，相反，通过持续的学习，可以不断挖掘自身的潜能，实现自我价值的最大化。这一理念鼓励人们勇于探索未知，不断挑战自我，追求更高层次的精神和智力发展。

2. 社会变迁的加速性

随着科技的飞速发展和全球化的深入，社会变迁的速度日益加快，新知识、新技术层出不穷。在这样的背景下，传统的教育模式已难以满足个人和社会发展的需求。终身学习的理念强调，学习是一个持续不断的过程，必须贯穿于个人的一生，以适应不断变化的社会环境。通过终身学习，可以保持对新知识的敏感性和适应性，不断提升自己的竞争力，为社会的可持续发展贡献力量。

3. 知识更新的快速性

在信息时代，知识的更新速度前所未有地加快，新的科学发现、技术革新和理论创新不断涌现。终身学习的理念认为，学习不应局限于某一阶段或某一领域，而应是一种全面、系统的过程，旨在不断获取新知识、更新旧观念，以适应知识社会的需求。通过终身学习，可以保持对新知识的渴望和好奇心，不断拓展自己的知识边界，成为终身学习者。

4. 个人成长的自主性

终身学习的理念强调个人在学习过程中的主体地位和自主性。该理念认为学习是一种自我驱动、自我管理的过程，需要个人根据自己的兴趣、需求和目标来制订学习计划，选择适合自己的学习方式。这一理念鼓励人们发挥主观能动性，积极寻求学习资源，主动探索未知领域，实现个人成长的自主性和可持续性。

终身学习的理念基础建立在对人类潜能、社会变迁及知识本质的深刻认识之上。这一理念不仅为个人的全面发展提供了重要支撑，也为社会的持续进步注入了强大动力。每个人在不同阶段都有不同的职业和生活需求，通过学习可以实现自我成长和满足个人发展的需要。

三、终身学习的实践方式

理念是行动的先导，而实践则是理念落地的桥梁。在终身学习的广阔天地里，探索并实践多样化的学习方式，成为人类不断前行、深化自我认知的关键。无论是通过传统教育体系的延续学习，还是利用现代科技手段的自我提升，或者是在日常生活和工作中不断积累经验，每一种实践方式都是通往知识殿堂的不同路径。

下文将详细阐述几种主流的终身学习实践方式，为大家提供一套全面而实用的行动指南，帮助大家将终身学习的理念转化为实实在在的行动，从而在个人成长和职业发展的道路上越走越远。

1. 传统教育与进修课程

传统教育，包括学校教育、大学进修以及专业培训机构提供的课程，是终身学习的重要基石。这些教育形式通常提供系统而全面的知识框架，有助于我们打下坚实的学术基础。通过参加这些课程，我们可以接触到最新的研究成果和学术动态，与志同道合的同学和导师交流，进行思维碰撞、激发灵感火花。

2. 在线学习与自学

随着互联网技术的飞速发展，在线学习已成为终身学习的重要组成部分。通过在线课程、网络研讨会、电子书籍等资源，我们可以随时随地获取所需的知识和技能。自学则更加灵活自由，它要求我们具备高度的自律性和自我驱动力，通过自我探索和实践来掌握新知识。

3. 工作场所学习与实践

工作场所是终身学习的另一个重要舞台。在工作中，我们不断面临新的挑战和问题，需要不断学习和适应。通过参加职业培训、内部研讨会、导师制度等，我们可以不断提升自己的专业技能和领导力。同时，与同事和客户的交流互动也能帮助我们拓宽视野，了解行业动态和市场需求。

4. 社交与实践社群

加入社交与实践社群是终身学习的又一有效途径。这些社群通常由志同道合的人组成，他们彼此分享知识和经验，共同探讨问题并寻找解决方案。通过参与社群活动，我们可以结识来自不同领域的专业人士，拓宽人脉资源，同时也可以在实践中学习和成长。

5. 旅行与体验学习

旅行不仅是一种放松身心的方式，更是一种拓宽视野、增长见识的绝佳途径。通过体验不同的文化、风俗和自然环境，我们可以从中汲取灵感和智慧，丰富自己的内心世界。同时，旅行也能激发我们的创造力和创新能力，为终身学习注入新的活力。

终身学习的实践方式多种多样，每一种方式都有其独特的优势和价值。我们应该根据自己的兴趣、需求和目标，选择最适合自己的学习方式，并在实践中不断探索和调整。只有这样，才能在终身学习的道路上越走越远，不断实现自我超越和成长。

四、终身学习面临的挑战与应对策略

在追求终身学习的道路上，尽管人们满怀热情和憧憬，但也不得不面对一系列挑战。这些挑战可能源于个人、社会或技术等多个层面，它们构成了我们实现终身学习目标的障碍。然而，挑战与机遇并存，理解并有效应对这些挑战，不仅能够克服障碍，还能激发更大的学习潜力和创新能力。

1. 终身学习面临的挑战

（1）个人层面的挑战。

第一，时间管理。在忙碌的工作和生活中，找到足够的时间进行学习是一项重大挑战。

第二，动力与毅力。持续保持学习的热情和动力，尤其是在遇到困难和挫折时仍不放弃，需要强大的毅力和自我激励。

第三，学习方法。随着知识的更新和技术的变革，个人需要不断调整和优化学习方法，以适应新的学习需求。

（2）社会层面的挑战。

第一，资源分配不均。优质教育资源在不同地区、不同群体间的分配存在不均衡，影响了终身学习的普及和公平。

第二，文化观念。部分社会和文化观念可能将学习局限于学校教育阶段，缺乏对终身学习的理解和支持。

第三，技术普及。虽然技术为终身学习提供了便利，但技术普及的不均衡和技术的快速迭代也可能成为学习的障碍。

（3）技术层面的挑战。

第一，数字鸿沟。技术快速发展带来的数字鸿沟，使得一部分人难以利用现代技术进行有效学习。

第二，信息过载。互联网上的信息海量且复杂，如何筛选和有效利用信息成为一项挑战。

第三，网络安全。在线学习过程中，个人信息安全和隐私保护是不容忽视的问题。

2. 应对策略

（1）个人层面。

第一，学习时间管理技巧。学习高效的时间管理技巧，如通过制订学习计划、利用碎片时间等优化时间利用。

第二，借力学习社群。加入学习小组或社群，与他人分享学习资源和经验，相互激励，增强学习动力。

第三，持续学习与创新。保持好奇心和开放心态，不断探索新的学习方法和工具，以适应不断变化的学习环境。

（2）社会层面。

第一，优化资源配置。政府和社会组织应努力优化教育资源配置，提高教育公平性和可及性，为终身学习创造良好条件。

第二，倡导终身学习文化。通过媒体、教育机构和社区活动等多种渠道，宣传终身学习的理念，营造支持终身学习的文化氛围。

第三，技术普及与培训。加强技术普及和培训，帮助更多人掌握利用现代技术进行学习的能力。

（3）技术层面。

第一，缩小数字鸿沟。通过政策支持和社会合作，努力缩小数字鸿沟，让更多人能够享受技术带来的学习便利。

第二，信息筛选与评估。培养信息筛选和评估的能力，学会从海量信息中筛选出有价值的内容。

第三，加强网络安全保护。提高网络安全意识，使用安全的网络学习平台和工具，保护个人信息和隐私。

总之，终身学习面临着多方面的挑战，但通过个人、社会和技术层面的共同努力，人们可以有效应对这些挑战，推动终身学习的理念和实践不断向前发展。终身学习不仅是个人成长的需要，更是社会进步和持续发展的关键。

终身学习的理念是现代社会发展的必然趋势，要求个体在不同阶段都要持续学习，以适应外部环境的变化。通过学校教育、职业培训、自我学习等多种方式，我们可以不断提升自己的知识和技能水平，实现个人价值和社会价值的最大化。同时，面对终身学习的挑战，我们要合理安排时间、筛选有用信息并激发学习动力，以克服学习过程中的困难。

本节知识回顾

1. 终身学习的实践方式包括＿＿＿＿＿、＿＿＿＿＿、工作场所学习与实践、＿＿＿＿＿、旅行与体验学习等。

2. 终身学习面临的主要个人挑战包括＿＿＿＿＿、＿＿＿＿＿的维持，以及＿＿＿＿＿的不断调整与优化。

3. 为了有效应对个人层面的挑战，个人可以＿＿＿＿＿、＿＿＿＿＿以增强动力，并持续探索＿＿＿＿＿。

第七章第一节知识回顾答案

第二节　职业发展中的终身学习

在快速变化的现代社会中，职业发展不再是一个静态的过程，而是一个充满挑战与机遇的动态旅程。在这个过程中，学习需求成为推动个人成长、适应行业变革和实现职业目标的关键因素。

一、职业发展的阶段性学习需求

职业发展通常可以划分为几个关键阶段，每个阶段都有其特定的学习需求和目标。以下是对这些阶段及其学习需求的详细分析。

1. 入职初期：基础技能与职业素养的积累

在职业生涯的初期，个人需要迅速掌握岗位所需的基本技能和职业素养。这包括专业知识的学习、行业规范的了解、团队协作能力的培养以及沟通技巧的掌握。此阶段的学习需求侧重于基础性和实践性，通过入职培训、实践操作和导师指导等方式，快速融入团队，提升工作效率。

2. 成长期：专业技能的深化与拓展

随着工作经验的积累，职场人士进入成长期，此时的学习需求转变为对专业技能的深化和拓展。这包括掌握更高级的技术工具、学习行业前沿知识、提升项目管理能力等。此阶段的学习需求更加注重专业性和创新性，通过参加专业培训、行业会议、在线课程等方式，不断拓宽视野，提升竞争力。

3. 成熟期：领导力与战略思维的培养

当职场人士达到一定的职业高度，进入成熟期时，学习需求转变为对领导力和战略思维的培养。这包括学习如何管理团队、制定战略规划、处理复杂问题等。此阶段的学习需求更加侧重于领导力和战略视野的提升，可通过参加高级管理培训、阅读行业报告、参与行业论坛等方式，不断提升自己的领导力和决策能力。

4. 转型期：适应新角色与行业的挑战

在职业生涯的某个阶段，个人可能会面临转型的需求，如转行、跳槽或创业等。此时的学习需求转变为适应新角色和新行业的挑战。这包括学习新领域的知识、了解新行业的趋势、掌握新技能等。此阶段的学习需求更加注重灵活性和适应性，可通过自学、参加相关培训课程、寻求行业专家的指导等方式，帮助自己顺利转型，迎接新的挑战。

总之，职业发展的每个阶段都有其特定的学习需求和目标。明确这些需求，制订相应的学习计划，并持续投入时间和精力进行学习，是个人在职场中不断成长的关键。

二、行业变革带来的学习需求

在瞬息万变的现代社会，行业变革如同一股不可阻挡的潮流，不断重塑着职业发展的版图。技术的进步、市场的演变、消费者偏好的变化，都在推动各行各业的深刻转型。行业变革是职业发展中不可忽视的重要因素，它不断催生新的学习需求，推动每个职场人士不断提升自我。

面对这样的外部环境，一个成功的职场人士必须敏锐地捕捉到行业变革带来的学习需求，及时调整自己的知识和技能结构，才能在激烈的竞争中立于不败之地。

1. 技术进步的驱动

随着科技的飞速发展，新技术不断涌现，对各行各业产生了深远的影响。例如，人工智能、大数据、云计算等技术的普及，正在推动制造业、金融业、医疗业等多个行业的数字化转型。因此，我们需要不断学习新技术，掌握其应用方法和原理，以适应行业变革带来的新要求。这不仅包括技术层面的学习，如编程、数据分析等，还包括对新技术的理解和思考，如怎样将其应用于实际工作中，提升工作效率和竞争力。

2. 市场趋势的变化

市场趋势的变化也是行业变革的重要驱动力。随着消费者偏好的变化、市场竞争的加剧，企业需要不断调整产品和服务策略，以适应市场需求。这要求我们具备敏锐的市场洞察力，能够准确捕捉市场趋势，及时调整自己的知识和技能结构。例如，在零售业，随着电商的兴起和消费者购物习惯的变化，职场人士需要学习电商运营、数字营销等新技能，以适应市场变革带来的新要求。

3. 行业规范的更新

行业规范的更新也是成功的职场人士需要关注的学习需求。随着行业发展的不断深入，行业规范也在不断更新和完善。这要求我们不断学习新的行业标准和法规，确保自己的工作符合行业规范的要求。例如，在金融业，随着监管政策的不断变化，职场人士需要学习新的监管要求和合规标准，以确保业务操作的合法性和合规性。

4. 跨领域能力的培养

行业变革往往伴随着跨领域合作和创新的趋势。随着行业边界的模糊和融合，职场人士需要具备跨领域的能力，以适应不同领域的合作需求。这要求我们不断学习其他领域的知识和技能，提升自己的综合素质。例如，在科技行业，随着物联网、人工智能等技术的普及，职场人士需要学习通信技术、传感器技术等相关领域的知识，以适应跨领域合作的需求。

综上所述，行业变革带来的学习需求是每一个职场人不可忽视的重要方面。面对行业变革的挑战，我们需要敏锐地捕捉学习需求，及时调整自己的知识和技能结构，不断提升自我，以适应行业变革带来的新要求。

同时，企业和教育机构也需要关注行业变革的趋势，为相关领域的职场人员提供有针对性的培训和教育资源，帮助他们更好地应对行业变革的挑战。

三、个人职业目标与终身学习需求的匹配

在职业发展的征途中，个人职业目标如同指引方向的灯塔，它不仅能照亮前行的道路，还能激发我们不断追求进步与成长。而终身学习，则是实现这些职业目标不可或缺的钥匙。

个人职业目标与终身学习需求的匹配，是职业发展中至关重要的一环。明确个人职业目标，并据此制订相应的学习计划，是实现职业成长和满足未来职场需求的关键。

1. 理解个人职业目标

个人职业目标是指个体在职业生涯中希望达到的职业地位、职业成就和职业满足感。明确个人职业目标是制订学习计划的基础。这包括思考自己的职业兴趣、优势、价值观以及长期和短期的职业愿景。例如，一名希望成为行业专家的职场人士，可能会将提升专业技能、发表专业论文、参与行业论坛等作为自己的职业目标。

2. 分析职业目标所需技能

明确职业目标后，接下来要分析实现这些目标所需的具体技能。这包括专业技能、软技能以及行业知识等。例如，对于希望成为项目经理的人，可能需要掌握项目管理工具、团队沟通技巧、风险应对策略等技能。通过深入分析，可以更加清晰地了解自己在哪些方面存在知识或技能的缺口。

3. 制订终身学习计划

基于职业目标所需技能的分析，制订终身学习计划是实现职业目标的关键步骤。终身学习计划应该包括学习目标、学习内容、学习方法、学习时间以及学习成果的评估标准等。

例如，对于希望提升英语沟通能力的人，可以制订一个为期一年的英语学习计划，包括每天学习一定时间的英语、参加英语角活动、阅读英文文献等。

4. 保持学习的灵活性和适应性

在职业生涯中，个人职业目标可能会随着时间和环境的变化而调整。因此，终身学习需求也需要保持灵活性和适应性。这意味着我们需要定期评估自己的学习计划，根据职业目标的变化进行调整。例如，当某位员工发现所在行业正在向数字化转型时，他可能需要将学习重心转移到数据分析、人工智能等新技术上。

5. 利用多种学习资源

在终身学习的过程中，我们需要充分利用多种学习资源。这包括在线课程、专业书籍、行业报告、工作坊、导师指导等。通过多元化的学习资源，可以更加全面地了解行业动态、掌握前沿技能，为职业目标的实现提供有力支持。

6. 建立学习社群，促进知识共享

加入学习社群是提升学习效果的有效途径。通过与其他职场人士的交流与合作，可以共享学习资源、分享学习心得、相互激励与监督。这不仅可以加快学习进度，还可以拓宽职业视野，为职业目标的实现创造更多机会。

总之，个人职业目标与终身学习需求的匹配是职业发展中不可或缺的一环。通过明确职业目标、分析所需技能、制订学习计划、保持灵活性和适应性、利用多种学习资源以及建立学习社群等措施，我们可以不断提升自己的职业竞争力，实现个人职业愿景。

四、终身学习理念在职业发展中的应用

在快速变化的现代社会，终身学习不再仅仅是一种教育理念，它已成为每个人适应环境、提升自我、实现职业跃迁的必备策略。终身学习的理念强调个体在一生中持续不断地学习新知识、新技能，以适应不断变化的社会和职业环境。在职业发展中，这一理念的应用至关重要，它不仅能够有助于我们保持竞争力，还能促进个人职业成长，满足未来职场的需求。

1. 适应职业变化

随着科技的进步和全球化的加速，职业环境正在经历前所未有的变化。新兴行业的崛起、传统行业的转型、工作方式的革新等，都对我们提出了新的挑战。终身学习的理念使我们能够主动适应这些变化，通过不断学习新知识、新技能，来保持与职业发展的同步。例如，随着人工智能和大数据技术的普及，我们需要学习相关的编程和数据分析技能，以适应新的工作需求。

2. 提升职业竞争力

在竞争激烈的职场中，拥有持续学习和自我提升的能力是职场人士脱颖而出的关键。通过终身学习，我们可以不断更新自己的知识库，提升专业技能和软技能，从而在求职、晋升和职业发展等方面占据优势。例如，通过参加行业研讨会、在线课程和专业认证，我们可以展示自己的学习能力和专业素养，增加被用人单位青睐的机会。

3. 促进个人职业成长

终身学习不仅有助于我们适应职业变化和提升竞争力，还能促进个人职业成长。通过不断学习，我们可以拓宽职业视野，了解行业趋势和发展方向，从而更加明确自己的职业目标和职业规划。此外，学习过程中的挑战和成就也能激发我们的内在动力，增强自信心和满足感，为职业成长提供源源不断的动力。

4. 培养创新思维和解决问题的能力

终身学习有助于培养创新思维和解决问题的能力。在不断学习的过程中，我们会遇到各种新的问题和挑战，这促使我们不断思考、探索和尝试新的解决方案。这种经历不仅能锻炼思维能力，还可以培养创新意识和解决问题的能力，使我们在面对复杂问题时能够迅速找到有效的解决方案。

5. 加入学习社群，共享学习资源

终身学习的理念还鼓励每个职场人加入学习社群，与其他职场人士共享学习资源、交流学习心得和经验。通过加入学习社群，我们可以结识志同道合的朋友，拓展职业人脉，了解行业动态和最新技术。同时，学习社群中的互动和合作也能激发我们的学习热情和创造力，为职业发展提供更多的机会和可能性。

总而言之，终身学习的理念在职业发展中的应用具有广泛而深远的影响。它不仅能够帮助职场人士适应职业变化、提升竞争力、促进个人职业成长，还能培养创新思维和解决问题的能力，为我们的职业发展注入源源不断的活力。因此，职场人士应该树立终身学习的理念，不断追求进步和成长，以应对未来职场的挑战和机遇。

本节知识回顾

1. 终身学习的理念强调个体在一生中持续不断地学习新知识、新技能，以适应_____和_____的不断变化。

2. 在职业发展中，终身学习不仅能够帮助职场人士保持_____，还能促进个人_____和满足未来职场的需求。

3. 通过终身学习，职场人士可以不断更新自己的知识库，提升_____和_____，从而在求职、晋升和职业发展等方面占据优势。

第七章第二节知识回顾答案

4. 终身学习不仅有助于职场人士适应职业变化和提升竞争力，还能培养职场人士的_____和_____的能力。

5. 终身学习的理念鼓励职场人士建立_____，与其他职场人士共享学习资源、交流学习心得和经验，从而拓展职业人脉，了解_____。

第三节 终身学习的途径与方法

在当前知识爆炸的时代，终身学习已成为个人成长与社会进步的必然要求。无论我们处于人生的哪个阶段，都需要不断地学习新知识、新技能，以适应快速变化的世界。那么，如何有效地进行终身学习呢？

一、终身学习的途径

在探索终身学习的广阔天地中，了解并掌握多样化的学习途径是开启智慧之门的钥匙。从正规的学术殿堂到灵活的网络空间，从实践的广阔天地到社交的温馨角落，每一种途径都为我们提供了汲取新知识、提升自我的无限可能。

1. 正式教育

（1）高等教育：通过大学等正规教育机构，系统学习专业知识，获得学位证书。

（2）职业培训：参加专业培训机构的课程，提升职业技能，为职业生涯发展做准备。

2. 非正式教育

（1）在线学习：利用网络平台，如 MOOC（慕课）等在线教育平台，自主学习感兴趣的内容。

（2）工作坊与研讨会：参与由专家或行业领袖组织的研讨会和工作坊，获取前沿信息和实战经验。

3. 自我学习

（1）阅读：通过阅读书籍、期刊、报纸等，拓宽知识面，提升理解能力。

（2）实践：通过实际操作、实验等方式，将理论知识转化为实践能力。

4. 社交学习

（1）导师制：寻找导师或教练，获得一对一的指导与反馈。

（2）社群学习：加入学习社群，与志同道合的人共同学习、交流心得。

二、终身学习的方法

在明确了终身学习的多样途径之后，掌握高效的学习方法便成为实现知识深化与技能精进的关键。

1. 自我导向学习法

自我导向学习法强调个体的主动性与独立性，它鼓励学习者根据自己的兴趣、目标及学习节奏，设定学习计划，选择学习资源，监控学习过程，并评估学习成果。实践此方法的关键在于培养自律性、批判性思维和解决问题的能力。

通过设定 SMART（具体、可测量、可实现、相关性、时限性）目标，以及利用学习日志等工具进行反思，我们可以不断提升自我驱动的学习效率。

2. 合作学习法

合作学习法强调团队间的互动与合作，通过小组讨论、项目协作、角色扮演等形式，促进知识的共享与深化。

这种方法不仅能够拓宽学习视野，还能培养沟通、协作与领导能力。在合作中，每个人既是学习者也是教师，通过教授他人来巩固自己的理解，同时从他人的视角中获得新见解。利用在线论坛、学习小组或工作坊等平台，可以有效实施合作学习，跨越地域限制，实现全球范围内的知识交流。

3. 反思性实践法

反思性实践法鼓励我们在行动中学习，通过实践、观察、反思、再实践的循环，不断深化对知识的理解与应用。

这种方法强调理论与实践的结合，鼓励我们从经验中学习，将所学知识应用于解决实际问题中。撰写反思日记、进行案例研究、参与模拟演练等，都是有效的反思性实践策略。通过不断迭代与优化，我们能够形成更加深刻的见解，提升解决问题的能力。

4. 技术辅助学习法

技术辅助学习法利用现代信息技术，如在线课程、移动学习应用、虚拟现实（VR）、增强现实（AR）等，为我们提供丰富多样的学习资源与交互体验。

这种方法打破了传统教育时间与空间的限制，使学习更加灵活便捷。选择适合自己的技术工具，如利用MOOC（慕课）进行系统学习，或利用社交媒体和专业论坛进行知识分享与交流，可以极大地丰富学习体验，提升学习效率。

终身学习的方法多种多样，每一种都有其独特的价值与应用场景。关键在于找到最适合自己的方法，并灵活运用，不断调整与优化。正如一位智者所言："学习不是填满水桶，而是点燃火焰。"愿我们都能在终身学习的旅程中，点燃内心的求知之火，照亮前行的道路，成就更加精彩的人生。

本节知识回顾

1. 自我导向学习法的核心在于培养_____、_____和_____的能力，通过设定_____，并利用_____工具进行反思，以提升自我驱动的学习效率。

2. 合作学习法强调团队间的_____与_____，通过_____、项目协作、角色扮演等形式，促进知识的共享与深化，同时培养_____、_____与_____能力。

第七章第三节知识回顾答案

3. 技术辅助学习法利用现代信息技术，如_____、移动学习应用、_____、_____等，为学习者提供丰富多样的学习资源与交互体验，打破了传统教育的_____与_____限制。

第四节　创业意识培养与创业准备

一、创业意识培养

在创业的浩瀚星海中，每一位梦想家都是一艘即将启航的船。而创业意识，便是那指引航向的北极星，它不仅是激发创业行动的内在动力，更是面对未知挑战时的精神支柱。

1. 创业意识的内涵

创业意识，是指个体对创业活动的认知、态度、价值观以及由此产生的创业冲动和创业欲望。它不仅包括对创业机会的敏感

扩展阅读 7.2　南京"95后"硕士小伙开包子店

度，还涉及对创业风险的认知与承受能力，以及面对创业挑战时的坚韧不拔。

创业意识的培养，是创业者从"我想创业"到"我能创业"的重要转变过程。

2. 培养创业意识的重要性

1）激发探索与创新的动力

拥有创业意识能够激发我们探索未知、追求创新的内在动力。这种动力不仅促使我们在面对挑战时保持坚持不懈的精神，还鼓励我们勇于尝试新事物，不断突破自我限制。即使我们最终不选择成为一名创业者，这种探索和创新的精神也能在我们的学习、工作乃至日常生活中发挥积极作用。

2）提高对市场与社会动态的敏锐度

培养创业意识使我们更加关注市场和社会的发展趋势。通过敏锐地观察市场动态、技术革新以及社会需求的变化，我们能够更好地理解外部环境的演变，这不仅有助于我们做出更加明智的职业选择，还能提升我们的社会适应能力，使我们更好地融入并服务于社会。

3）增强风险管理与决策能力

创业意识的培养有助于我们更加全面地评估潜在的风险，并学会制定有效的风险应对策略。这种能力不仅对创业者至关重要，对于任何需要在复杂多变的环境中做出决策的人来说都是宝贵的财富。它使我们能够更加冷静地面对不确定性，做出更加明智的选择。

4）塑造正确价值观

创业意识的培养还有助于我们形成一系列积极向上的价值观，如诚信、创新、责任感等。这些价值观不仅对创业成功至关重要，更是我们个人成长和社会交往中的重要基石。它们引导我们以更加积极、正面的态度面对生活中的各种挑战，促进我们的全面发展。

3. 培养创业意识的方法

1）学习与积累

广泛阅读创业相关的书籍、文章和报告，观看创业纪录片，参加线上或线下的创业讲座和研讨会，都能让我们深入了解创业的理论框架、成功案例以及失败教训。这些知识和经验不仅能够拓宽我们的视野，还能激发我们的创业灵感，为我们提供宝贵的参考。

2）实践体验

通过在初创公司或相关企业实习、参与兼职项目，或者加入校园创业社团，我们可以亲身体验创业的氛围，了解创业的实际运作机制和面临的挑战。这种亲身经历能够让我们更加直观地感受到创业的不易，同时也能够锻炼我们的实际操作能力和解决问题的能力。

3）模拟创业

参加创业大赛、利用创业模拟游戏来模拟真实的创业环境，都可以让我们在安全的环境中锻炼创业思维和决策能力。这些活动不仅能够提升我们的创业技能，还能够增强我们的自信心和应变能力。

4）寻求指导

寻找创业导师或加入创业社群，与经验丰富的创业者交流，获取创业指导和建议，都是提升创业意识的好方法。导师的指导可以让我们少走弯路，而社群的交流则能够让我们获得不同角度的观点和建议，从而更加全面地了解创业。

5）自我反思

自我反思与持续改进是不可或缺的环节。定期进行自我反思，评估自己的创业意识水平，识别需要改进的地方，并制订具体的提升计划。同时，设定明确的创业意识提升目标，并跟踪自己的进度，确保自己始终朝着目标前进。这种自我驱动的学习和改进过程，将使我们能够不断提升自己的创业意识，为未来的创业之路奠定坚实的基础。

二、创业准备

创业准备是指创业前的各项筹备工作，从市场调研到资源整合，从团队构建到财务规划，每一步都至关重要，它们共同构成了创业成功的基石。

如果说创业意识是点燃梦想的火花，那么创业准备则是将这火花转化为熊熊烈焰的燃料。创业准备是创业者将创业意识转化为实际行动的关键阶段，它不仅关乎创业项目的成败，更影响着创业者的信心与决心。

创业准备包括市场调研、资源整合、团队建设、财务规划、法律合规等内容。充分的创业准备能够帮助创业者更好地了解市场、评估风险、整合资源，从而制订出更为科学合理的创业计划，提高创业成功率。

1. 市场调研

（1）目标市场分析。明确目标市场的定位、规模、增长趋势及消费者需求，为产品或服务的开发提供方向。

（2）竞争对手分析。了解主要竞争对手的产品、价格、营销策略等，寻找差异化竞争优势。

（3）趋势预测。关注行业动态和技术发展，预测未来市场趋势，为长期战略规划提供依据。

2. 资源整合

（1）资金筹集。根据创业项目的资金需求，制订融资计划，通过自筹、银行贷款、风险投资等方式筹集资金。

（2）人脉网络。建立广泛的行业联系，寻找合作伙伴、顾问和导师，为创业过程提供智力支持和资源互补。

（3）技术支持。根据创业项目的需要，寻求技术合作或购买专利，确保产品或服务的技术优势。

3. 团队构建

（1）明确角色。根据团队成员的专长和兴趣，合理分配职责，确保团队高效协作。

（2）文化塑造。建立积极向上的团队文化，鼓励创新思维和团队合作，提升团队凝聚力。

（3）培训与发展。定期为团队成员提供专业培训和个人发展计划，提升团队整体实力。

4. 财务规划

（1）预算编制。详细列出创业初期的各项开支，制定合理的预算，确保资金的有效利用。

（2）盈利模式。明确产品或服务的盈利点，设计可行的盈利模式，确保企业的长期盈利能力。

（3）风险管理。识别潜在财务风险，制定应对措施，如建立风险准备金、购买保险等，以应对突发情况。

5. 法律合规

（1）注册登记。了解相关法律法规，完成企业注册登记，确保合法经营。

（2）知识产权保护。申请专利、商标等，保护企业的核心技术和品牌形象。

（3）合同与协议。在合作过程中，签订正式的合同和协议，明确双方权利和义务，避免法律纠纷。

综上所述，创业者需要综合运用各种资源和能力，确保在创业之初就打下坚实的基础。记住，成功的创业始于充分的准备，只有经过精心策划和周密部署，才能在激烈的市场竞争中脱颖而出，实现创业梦想。

本节知识回顾

1. 创业准备是创业者将_____转化为实际行动的关键阶段，它关乎创业项目的成败，影响着创业者的信心与决心。充分的创业准备能够帮助创业者更好地了解市场、评估风险、_____，从而制订出更为科学合理的创业计划。

2. 在市场调研中，创业者需要进行目标市场分析、_____和趋势预测。其中，目标市场分析主要是明确目标市场的定位、规模、增长趋势及_____。

第七章第四节知识回顾答案

3. 创业准备中的团队构建包括明确角色、_____和_____。一个高效的团队需要每个成员都能发挥所长，同时也要注重团队文化的塑造和成员的培训与发展。

第五节　创业计划书的撰写

创业计划书是创业者向投资者、合作伙伴、潜在员工以及自身展示创业项目愿景、战略、运营计划和财务预测的重要文档。它不仅是一份详细的业务规划，更是创业者对项目的深思熟虑和承诺的体现。

一、创业计划书的重要性

创业计划书不仅是创业者心中的蓝图，更是向外界展示创业愿景、吸引资源和赢得信任的桥梁。它如同航海图，为创业者指引方向，确保每一步都朝着既定的目标前进。

1. 创业计划书：创业梦想的载体

创业计划书是创业者对创业项目进行全面规划与展望的书面表达，它涵盖了市场分析、产品服务、营销策略、财务预测等多个维度。通过创业计划书，创业者能够系统地梳理自己的创业思路，明确目标市场、竞争优势及盈利模式，为后续的行动提供坚实的理论基础。

2. 吸引投资者与合作伙伴的敲门砖

对于寻求外部融资的创业者而言，一份翔实、专业的创业计划书是通往成功的第一步。它不仅能够展现创业者的专业素养和市场洞察力，还能通过具体的财务数据、市场分析等，增强投资者对项目的信心。此外，创业计划书也是与潜在合作伙伴建立信任、达成合作意向的重要工具。

3. 内部管理与团队凝聚力的强化剂

创业计划书不仅是向外界展示的工具，更是内部管理与团队建设的指导手册。通过制定明确的目标、分工与时间表，创业计划书有助于团队成员达成共识，增强团队凝聚力。同时，它也是评估项目进展、调整战略方向的重要依据，可确保团队在创业过程中始终保持正确的航向。

4. 应对挑战与风险的策略库

创业之路充满未知与挑战，创业计划书作为项目的全面规划，为创业者提供了应对各种风险的策略与预案。通过深入分析市场趋势、竞争对手及潜在风险，创业者能够提前制定应对措施，确保项目在遭遇挑战时能够迅速调整、稳健前行。

5. 提升创业者个人能力的催化剂

撰写创业计划书的过程，也是创业者自我提升的过程。它要求创业者具备市场分析、财务规划、策略制定等多方面的能力，促使创业者不断学习、成长。通过反复推敲、完善计划书，创业者的逻辑思维、表达能力及解决问题的能力都将得到显著提升。

总之，创业计划书不仅是创业项目成功的基石，更是创业者个人成长与团队建设的催化剂。因此，每一位有志于创业的大学生都应高度重视创业计划书的撰写，确保它能够成为引领自己走向成功的强大武器。

二、创业计划书的主要内容

创业计划书，作为创业旅程中的导航灯，其内容不仅涵盖了项目的全方位信息，更是创业者智慧与决心的结晶。

1. 封面与目录：第一印象的塑造

创业计划书的封面应简洁明了，包含项目名称、创业者姓名、联系方式及提交日期等基本信息，给人以专业、正式的印象。目录则作为全书的概览，清晰列出各章节标题及页码，便于读者快速查找所需信息。

2. 执行摘要：项目的精简概述

执行摘要是创业计划书的灵魂，是对整个项目的精炼描述。它应涵盖项目的核心价值、市场机会、财务概览、资金需求及团队介绍等关键信息，旨在吸引读者的注意力，为后续详细阅读奠定基础。

3. 市场分析：洞察市场的窗口

市场分析部分需要深入剖析目标市场、市场规模、市场增长率、竞争态势及消费者行为等。通过 SWOT 分析等工具，评估项目在市场中的定位与竞争力，为制定营销策略提供依据。

4. 产品与服务：创新与价值的展现

详细阐述项目的产品或服务，包括产品特性、技术创新点、用户需求满足程度及竞争优势等。同时，介绍产品开发计划、生产流程、质量控制及售后服务体系，确保读者对项目产品或服务有全面而深入的了解。

5. 营销策略：打开市场的钥匙

营销策略部分应包含定价策略、推广渠道、销售渠道、品牌建设及客户关系管理等。通过详细的市场定位、目标市场细分及营销策略组合，展示项目如何吸引并留住客户，实现市场份额的逐步扩大。

6. 运营计划：稳健前行的保障

运营计划涵盖了生产、物流、供应链管理、人力资源规划及组织结构等方面。通过详细的运营流程、资源需求、成本控制及风险管理措施，确保项目在日常运营中的高效与稳定。

7. 财务预测：量化成功的蓝图

财务预测部分应包含收入预测、成本预算、利润分析、现金流预测及资金需求计划等。通过详细的财务数据，展示项目的盈利能力、财务健康状况及投资回报预期，为投资者提供决策依据。

8. 附录：补充信息的宝库

附录部分可包含市场调研数据、产品图片、团队成员简历、法律文件及其他支持性材料。这些补充信息有助于增强计划书的可信度，为投资者提供更全面的项目评估视角。

综上所述，创业计划书的主要内容构成了项目成功的基础框架，每一部分都不可或缺。创业者应细致规划、精心撰写，确保计划书能够全面、准确地反映项目价值，为项目的顺利推进赢得更多支持与机遇。

三、创业计划书的撰写要求

创业计划书的撰写不仅仅是文字的堆砌，而是一门将创意、热情与理性思考完美结合的艺术。创业计划书的撰写要求，从结构清晰到语言精准，从数据翔实到逻辑严密，每一项要求都是确保计划书能够打动人心的关键。

1. 结构清晰，逻辑连贯

创业计划书应具备良好的组织结构，各部分内容之间应逻辑清晰、相互支撑。从封面到执行摘要，再到市场分析、产品与服务、营销策略、运营计划、财务预测及附录，每一章节都应紧扣主题，层层递进，确保读者能够顺畅地理解项目的全貌。

2. 语言精准，表达清晰

使用简洁、准确的语言撰写计划书，避免使用过于复杂或模糊的表述。确保每一句话都能清晰传达信息，每一个观点都有充分的数据或事实支持。同时，注意使用专业术语时给予必要的解释，以保证非专业人士也能理解计划书的精髓。

3. 数据翔实，分析深入

在创业计划书中，数据是支撑论点的重要基础。市场分析、财务预测等部分应提供翔实的数据支持，包括市场调研数据、销售预测、成本分析等。同时，对这些数据进行深入分析，揭示数据背后的趋势和规律，为项目决策提供科学依据。

4. 实事求是，避免夸大

在撰写计划书时，应坚持实事求是的原则，避免夸大项目的优势或隐瞒潜在风险。通过客观、真实的描述，展现项目的真实面貌，增强投资者的信任感。同时，对于项目面临的挑战和困难，应提出切实可行的解决方案，展现团队的应对能力。

5. 视觉吸引，排版美观

除了内容本身，创业计划书的视觉呈现同样重要。使用清晰的字体、合理的行距和边距，以及适当的图表和图片，提升计划书的可读性和吸引力。同时，注意保持整体风格的统一和协调性，确保计划书在视觉上给人留下深刻印象。

6. 尊重版权，引用规范

在撰写计划书时，如需引用他人的观点、数据或图表，应注明出处，尊重他人的知识产权。这不仅体现了创业者的专业素养，也有助于避免潜在的版权纠纷。

总之，创业计划书的撰写要求涵盖了结构、语言、数据、态度、视觉呈现及版权等多个方面。创业者应全面考虑这些要求，确保计划书能够全面、准确地展现项目的价值，为项目的成功铺平道路。

四、创业计划书的修改与完善

创业计划书的初稿只是起点，而非终点。在正式发布前，还需对创业计划书进行修改和完善，从细节调整到整体优化，确保计划书能够以最佳状态呈现给潜在投资者和合作伙伴。

1. 初步审查：细节决定成败

在完成创业计划书的初稿后，首要任务是进行初步审查。这包括检查语法错误、拼写错误和标点符号错误等基础性错误。同时，确保所有数据和事实的准确性，避免任何可能的误导。细节决定成败，一个看似微不足道的错误也可能影响投资者对计划书整体质量的判断。

2. 逻辑梳理：构建严谨框架

接下来，对计划书进行逻辑梳理，确保各部分内容之间的连贯性和一致性。检查章节之间的过渡是否自然，观点是否支撑有力，数据是否相互印证。构建一个严谨、有条理的逻辑框架，有助于读者更好地理解项目的核心价值和潜在价值。

3. 内容优化：强化核心卖点

在初步审查和逻辑梳理的基础上，对计划书的内容进行优化。突出项目的核心卖点，用更加生动、有力的语言描述项目的独特性和竞争优势。同时，针对潜在投资者的关注点，提供详细、有说服力的证据，如市场调研数据、成功案例等，以增强计划书的吸引力。

4. 视觉提升：打造专业形象

视觉呈现是计划书给人的第一印象。通过调整字体、颜色、图表和图片等元素，提升计划书的整体视觉效果。确保排版整洁、美观，图表清晰易懂，图片与文字内容紧密相关。一个专业、吸引人的视觉设计能够提升计划书的阅读体验，增加投资者的好感。

5. 反馈收集：倾听多方意见

邀请导师、同行、潜在投资者或合作伙伴审阅计划书，并收集他们的反馈意见。这些来自不同背景和专业领域的观点，能够为计划书的修改和完善提供宝贵的参考。认真倾听并考虑他们的建议，对计划书进行针对性的调整，以更好地满足市场需求和投资者的期望。

6. 迭代修订：精益求精

创业计划书的修改和完善是一个持续迭代的过程。根据反馈意见和市场需求的变化，不断对计划书进行修订和优化。每一次修订都应关注细节，通过不断的迭代和修订，提升计划书的质量和说服力。

7. 最终审阅：确保完美呈现

在计划书即将提交之前，进行最终审阅，确保计划书的内容、逻辑、视觉和格式都达到最佳状态。同时，再次确认所有数据和事实的准确性，避免任何可能的疏漏。最终审阅是确保计划书能以最佳状态呈现给潜在投资者的关键环节。

通过初步审查、逻辑梳理、内容优化、视觉提升、反馈收集、迭代修订和最终审阅等步骤，创业计划书将不断完善。

总之，撰写创业计划书是一个系统而细致的过程，需要创业者对项目有深入的理解和全面的规划。通过遵循上述指南和要求，创业者可以撰写出一份高质量的创业计划书，为项目的成功奠定坚实的基础。

本节知识回顾

1. 创业计划书的主要内容包括封面目录、执行摘要、产品与服务、_____、营销策略、财务预测等关键部分，每部分都承载着不同的信息和目的。

2. 在撰写创业计划书时，要求内容必须_____，即所有数据、事实和预测都应有可靠的来源和依据，以确保计划书的真实性和可信度。

3. 创业计划书的主要部分包括对企业_____的详细描述，包括其特点、优势、开发进度、生产或提供方式等，以展现企业的核心竞争力。

4. 撰写创业计划书时，还需注意_____，即语言要清晰、简洁，逻辑要连贯，避免使用过于复杂或模糊的表述，以便于读

第七章第五节知识回顾答案

者理解和接受。

5. 创业计划书初稿完成后，需要进行_____，根据反馈意见进行调整和优化，确保计划书更加完善、具有说服力。

即测即练

自学自测  扫描此码

实践与练习

任务（一）个人学习计划与职业发展路径规划

<table>
<tr><td colspan="8" align="center">个人学习计划与职业发展路径规划</td></tr>
<tr><td>姓名</td><td></td><td>专业</td><td></td><td>班级</td><td></td><td>学号</td><td></td></tr>
<tr><td colspan="8" align="center">任务目标</td></tr>
<tr><td colspan="8">1. 认识终身学习对职业发展的重要性
2. 制订个人学习计划，以支持职业目标的实现
3. 培养规划职业发展路径的能力</td></tr>
<tr><td colspan="8" align="center">主要操作步骤</td></tr>
<tr><td colspan="2">第一步：终身学习理念探讨</td><td colspan="6">通过小组讨论或讲座形式，深入理解终身学习的概念、重要性及其对职业发展的积极影响</td></tr>
<tr><td colspan="2">第二步：自我评估与职业定位</td><td colspan="6">使用 SWOT 分析或其他职业评估工具，识别自己的优势、劣势、机会和威胁，明确职业兴趣和目标</td></tr>
<tr><td colspan="2">第三步：制订个人学习计划</td><td colspan="6">基于自我评估和职业定位，制订一份详细的个人学习计划，包括学习目标、学习内容、学习资源和时间表等
学习内容应涵盖硬技能（如专业技能、语言能力）和软技能（如沟通能力、团队合作能力、领导力）</td></tr>
<tr><td colspan="2">第四步：职业发展路径规划</td><td colspan="6">结合个人学习计划，明确规划职业发展路径，设定短期和长期职业目标，并思考如何通过持续学习来实现这些目标</td></tr>
<tr><td colspan="2">第五步：分享与反馈</td><td colspan="6">以小组为单位分享自己的个人学习计划和职业发展路径规划，与小组成员相互学习，提供建设性反馈</td></tr>
<tr><td colspan="8" align="center">活动感悟（请根据讨论内容，写下活动感悟）</td></tr>
</table>

任务（二）创业点子孵化与可行性分析

创业点子孵化与可行性分析							
姓名		专业		班级		学号	

任务目标

1. 激发创新思维，产生并筛选具有潜力的创业点子
2. 学习如何进行初步的市场调研和可行性分析

主要操作步骤

第一步：创意风暴	以小组为单位，在限定时间内（如 20 分钟），组内成员轮流提出至少一个创业点子，点子可以是基于现有问题的解决方案、未被充分满足的市场需求或新技术应用等。鼓励大胆想象，不拘泥于传统行业
第二步：点子筛选	使用 SWOT 分析对每组提出的点子进行评估，筛选出最具潜力和可行性的 1～2 个点子进行深入探讨
第三步：市场调研	针对筛选出的点子进行初步的市场调研，包括目标客户群分析、竞争对手分析、市场规模估算等。可以通过问卷调查、网络研究、小规模访谈等方式收集数据
第四步：可行性报告	基于调研结果，每组撰写一份简短的创业点子可行性报告，包括市场分析、资源需求、潜在风险及应对策略等内容
第五步：分享与反馈	以小组为单位进行分享，各组展示其创业点子及可行性分析报告，其他组成员和教师提供反馈和建议

活动感悟（请根据讨论内容，写下活动感悟）

参 考 文 献

[1] 史小英，侯晓方，孙超. 大学生职业生涯规划[M]. 北京：人民邮电出版社，2023.

[2] 刘锐，王雅赟，李妍. 职业生涯发展与就业指导：慕课版[M]. 北京：人民邮电出版社，2023.

[3] 苏文平. 大学生职业生涯规划与发展（第 2 版）[M]. 北京：中国人民大学出版社，2024.

[4] 苏文平. 职业生涯规划与就业创业指导（第 3 版）[M]. 北京：中国人民大学出版社，2023.

[5] 周文霞，李梦宜，辛迅. 职业生涯管理教程[M]. 北京：中国人民大学出版社，2021.

[6] 张丹，贺珊刚，李文善. 领航职场：大学生职业发展与就业指导[M]. 北京：首都师范大学出版社，2021.

[7] 沈长生，等. 职业生涯规划与就业指导[M]. 北京：中国人民大学出版社，2020.

[8] 柳君芳，等. 职业生涯规划（第四版）[M]. 北京：中国人民大学出版社，2021.

[9] 周莉. 职业生涯规划（第二版）[M]. 北京：中国人民大学出版社，2022.

[10] 郑美群，等. 职业生涯管理[M]. 北京：机械工业出版社，2022.

[11] 陈芳，等. 职业生涯规划与职业素养提升[M]. 北京：机械工业出版社，2023.

[12] 胡琼妃，刘定巧. 大学生职业生涯规划与就业指导[M]. 北京：中国人民大学出版社，2017.

[13] 庄明科，谢伟. 大学生职业生涯规划（第 3 版）[M]. 北京：中国人民大学出版社，2024.

[14] 人力资源和社会保障部职业能力建设司. 创办你的企业（大学生版）[M]. 北京：中国劳动社会保障出版社，2016.

[15] 史枫. 终身学习视域的职业教育论略——基于北京职教的创新实践[M]. 北京：中国人民大学出版社，2022.

[16] 广西日报. 柳州融水苗家女杨宁获评"感动中国 2022 年度人物"[EB/OL]. 2023-03-05. <http://www.gxzf.gov.cn/zt/jd/xczx/gzdt/t15953097.shtml>.

[17] 中国科学报. 陈清泉：爱拼才会赢[EB/OL]. 韩扬眉，2023-11-23. <https://www.cae.cn/cae/html/main/col36/2023-11/23/20231123104450213514779_1.html>.

[18] 中国科学报. 王昊昊. 袁隆平：稻田逐梦，用一粒种子改变世界[EB/OL]. 2024-06-07. <https://news.sciencenet.cn/sbhtmlnews/2024/6/379864.shtm>.

[19] 郑州晚报数字报. 新华社，生活新报. 袁隆平身价千亿，却偏爱 15 元衬衫[EB/OL]. 2008-09-19. <https://zzwb.zynews.cn/html/2008-09/19/content_15795.htm>.

[20] 胡宇芬，周阳乐. 击水中流|喜看稻菽千重浪[EB/OL]. 湖南省人民政府，2021-06-24. <https://www.hunan.gov.cn/hnyw/zwdt/202106/t20210624_19767649.html>.

[21] 张文举. 黄文秀：长治学院走出来的"时代楷模"[EB/OL]. 人民网，2019-07-05. <http://cpc.people.com.cn/n1/2019/0705/c64104-31215565.html>.

[22] 杨云慧，欧媚. 为大山女孩打开广阔人生——记 2020 年全国教书育人楷模、云南省华坪县女子高中教师张桂梅[EB/OL]. 中华人民共和国教育部政府，2020-09-07. <http://www.moe.gov.cn/jyb_xwfb/moe_2082/zl_2020n/2020_zl48/202009/t20200907_485839.html>.

[23] 姜迪，谢龙. 黄大年被授予"人民教育家"国家荣誉称号[EB/OL]. 人民网，2024-09-15. <http://jl.people.com.cn/n2/2024/0915/c349771-40979158.html>.

[24] 吉利汽车学院. 在不断学习中成就创业梦想——顾浩案例-吉利汽车学院 2022[EB/OL]. 杭州职业技术学院，2018-09-26. <https://jlqc.hzvtc.edu.cn/info/1063/2618.htm>.

[25] 闫春旭. 南京"95 后"硕士小伙开包子店 5 毛钱两个馒头，收获上千位老年朋友[EB/OL]. 扬子晚报，2023-09-05. <https://baijiahao.baidu.com/s?id=1776200609232194962&wfr=spider&for=pc>.

附　　录

附录一　常见面试 108 问（含参考评价标准）

附录二　心理压力测试与气质测试

附录三　无领导小组讨论经典 26 题

教师服务

感谢您选用清华大学出版社的教材！为了更好地服务教学，我们为授课教师提供本书的教学辅助资源，以及本学科重点教材信息。请您扫码获取。

≫ 教辅获取

本书教辅资源，授课教师扫码获取

≫ 样书赠送

公共基础课类重点教材，教师扫码获取样书

清华大学出版社

E-mail: tupfuwu@163.com
电话：010-83470332 / 83470142
地址：北京市海淀区双清路学研大厦 B 座 509

网址：https://www.tup.com.cn/
传真：8610-83470107
邮编：100084